U0895918

2022

湖北调查年鉴

Hubei Survey Yearbook

国家统计局湖北调查总队　编

Survey Office of the National Bureau of Statistics in Hubei

关注“湖北调查”

中国统计出版社
China Statistics Press

图书在版编目（CIP）数据

湖北调查年鉴. 2022 = Hubei Survey Yearbook 2022 : 汉、英 / 国家统计局湖北调查总队编. -- 北京 : 中国统计出版社, 2022.8
ISBN 978-7-5037-9749-1

Ⅰ. ①湖… Ⅱ. ①国… Ⅲ. ①统计资料－湖北－2022－年鉴－汉、英 Ⅳ. ①C832.63-54

中国版本图书馆 CIP 数据核字(2022)第 127943 号

湖北调查年鉴 2022

作　　者/国家统计局湖北调查总队
责任编辑/张　洁
封面设计/李雪燕
出版发行/中国统计出版社有限公司
通信地址/北京市丰台区西三环南路甲 6 号　邮政编码/100073
发行电话/邮购（010）63376909　书店（010）68783171
网　　址/http://www.zgtjcbs.com/
印　　刷/河北鑫兆源印刷有限公司
经　　销/新华书店
开　　本/890mm×1240mm　1/16
字　　数/490 千字
印　　张/15.5
版　　别/2022 年 8 月第 1 版
版　　次/2022 年 8 月第 1 次印刷
定　　价/380.00 元

《湖北调查年鉴 2022》
编委会和编辑人员

编 委 会

主　　任：胡国亮

副 主 任：阳俊雄　时明国　张小青　程良世　刘水国

编　　委：（以姓氏笔画排序）

万凤国　马俊凯　王　林　王　楠　文　峰
尹汉华　邓智红　叶祯祥　付晓芳　朱利明
刘　荣　许　平　李国家　杨　琳　肖　强
别友平　余　南　余东碧　宋克传　张永云
陈　南　范拥军　周家庆　周银华　周雁峰
赵国雄　胡　敏　胡　憬　胡先红　徐　迟
徐纯银　韩　莉　谢文捷　蓝耀春　赖建军

编辑工作人员

总 编 辑：叶祯祥

副总编辑：罗昭斌　邹晓琳　赵艳君

执行编辑：邹晓琳　赵艳君

Hubei Survey Yearbook 2022
Editorial Board and Editorial Staff

Ⅰ. Editorial Board

Ⅱ. Editorial Staff

编者说明

一、《湖北调查年鉴2022》是国家统计局湖北调查总队独立编辑出版的资料性年刊。本年鉴主要收录了2010—2021年全省农村、城市和企业等方面的各项统计调查数据，以及全国和各省（自治区、直辖市）重要历史年份主要统计调查数据。

二、本年鉴统计调查数据分为5个篇章，即：1．综合；2．农业调查；3．人民生活；4．价格调查；5．全国及各省（自治区、直辖市）主要指标。为方便读者使用，各篇章末附有主要统计指标解释。

三、国家统计局从2012年起，进行城乡住户一体化改革，城镇居民人均可支配收入和农村居民人均可支配收入指标的计算口径和范围均发生了变化。本年鉴涉及的范围为城镇常住居民人均可支配收入和农村常住居民人均可支配收入，与改革前的年份的指标数据存在一定程度不可比的情况，使用时务请斟酌。

四、本年鉴农业调查数据中，部分年份数据为根据第三次全国农业普查资料修订数据。

五、本年鉴所使用的度量衡单位均采用国际统一标准计量单位，并统一使用最新颁布实施的产品目录。

六、本年鉴所涉及的全国性统计数据均未包括香港、澳门特别行政区和台湾省数据。

七、本年鉴中部分统计调查数据合计数或相对数由于单位取舍不同而产生的计算误差，均未做机械调整。

八、符号使用说明：年鉴各表中的“空格”表示该项统计指标数据不足本表最小单位数、数据不详或无该项数据；“#”表示其中的主要项；“*”或“①”表示本表下有注解。

Editor's Notes

I. *Hubei Survey Yearbook 2022* is an annual statistical publication compiled by Survey Office of National Bureau of Statistics in Hubei, which reflects comprehensively the rural, urban and enterprise of Hubei province. It covers data from 2010 to 2021 and key statistical data in recent years and some historically important years at the national level and the local levels of province, autonomous region and municipality directly under the Central Government.

II. The Yearbook contains 5 chapters: 1. General Survey; 2. Rural Survey; 3. People's Living Conditions; 4. Price Survey; 5. Main Statistics of Provinces (autonomous regions, municipalities) in the Whole Country. Explanatory Notes on Main Statistical Indicators is attached to the end of each chapter to help the readers to use the statistical data in this book.

Ⅲ. Since 2012， the calculation of the size and scope of the urban residents per capita disposable income and rural residents per capita disposable income have changed because of the reform of urban and rural residents integration by the National Bureau of Statistics. Indexes and data of the urban residents per capita disposable income and rural residents per capita disposable income are incomparable with the data before the reform. Please consider about it before use.

IV. In the agricultural survey data of this yearbook, part of the year data are revised according to the third national agricultural census data.

Ⅴ. The units of measurement used in this yearbook are internationally standard measurement units, and newly published and implemented Product Categories are uniformly used.

Ⅵ. The national data in this book do not include those of the Hong Kong Special Administrative Region, the Macao Special Administrative Region and Taiwan Province.

Ⅶ. Statistical discrepancies on totals and relative figures due to rounding are not adjusted in the Yearbook.

Ⅷ. Notations used in the yearbook：“blank space” indicates that the figure is not large enough to be measured with the smallest unit in the table, or data are unknown, or are not available; “#” indicates a major breakdown of the total; and “*” or “①” indicates footnotes at the end of the table.

目　　录

Contents

一、综　　合

Chapter 1　General Survey

二、农业调查

Chapter 2　Rural Survey

三、人民生活

Chapter 3 People’s Living Conditions

四、价格调查

Chapter 4 Price Survey

五、全国及各省（自治区、直辖市）主要指标

Chapter 5 Main Statistics of Provinces (autonomous regions, municipalities) in the Whole Country

综　合

Chapter 1

General Survey

资料整理：邹晓琳　赵艳君

2021 年全年湖北经济运行情况

湖北省统计局　国家统计局湖北调查总队

2021 年，在省委、省政府的坚强领导下，全省上下认真贯彻落实习近平总书记重要讲话和重要指示批示精神，坚决贯彻党中央决策部署，坚持稳中求进工作总基调，科学统筹疫情防控和经济社会发展，扎实做好“六稳”工作、全面落实“六保”任务，全省经济持续稳定恢复，高质量发展取得新成效，实现“十四五”良好开局。

根据地区生产总值统一核算结果，2021 年全省地区生产总值 50012.94 亿元，按可比价格计算，比上年增长 12.9%，比 2019 年增长 6.8%，两年平均增长 3.3%。从产业看，第一产业增加值 4661.67 亿元，比上年增长 11.1%；第二产业增加值 18952.90 亿元，增长 13.6%；第三产业增加值 26398.37 亿元，增长 12.6%。

一、粮食产量稳中有升，生猪产能快速恢复

2021 年，全省农林牧渔业增加值 4923.06 亿元，比上年增长 11.3%。粮食总产量 2764.33 万吨，比上年增长 1.4%，连续 9 年稳定在 500 亿斤以上。其中夏粮产量 473.44 万吨，增长 0.3%；早稻产量 71.38 万吨，增长 4.5%；秋粮产量 2219.51 万吨，增长 1.5%。蔬菜产量 4299.80 万吨，增长 4.4%；园林水果产量 758.23 万吨，增长 5.8%。生猪出栏 4115.08 万头，增长 56.4%；牛出栏 104.98 万头，增长 3.0%；羊出栏 580.75 万只，增长 9.0%。

二、工业生产平稳发展，高技术制造业较快增长

2021 年，全省规模以上工业增加值比上年增长 14.8%，两年平均增长 3.8%。41 个大类行业中 39 个实现正增长，31 个行业保持两位数增长。从三大门类看，采矿业增加值增长 19.0%，制造业增长 14.8%，电力、热力、燃气及水生产和供应业增长 13.8%。高技术制造业增加值增长 30.2%，两年平均增长 16.4%。从产品产量看，新能源汽车、液晶显示屏、手机、平板电脑产品产量分别增长 3.8 倍、2.9 倍、76.2%、24.6%。

1—11 月，全省规上工业利润同比增长 22.7%，比 2019 年同期增长 11.5%，两年平均增长 5.6%。

三、固定资产投资保持增长，转型升级步伐持续加快

2021 年，全省固定资产投资（不含农户）比上年增长 20.4%。分领域看，房地产开发投资增长 25.2%；基础设施投资增长 9.9%；制造业投资增长 18.9%。工业技改投资比上年增长 37.9%，占工业投资比重达 47.1%，比上年提高 6.2 个百分点。卫生投资、教育投资分别增长 81.0%、53.6%。民间投资持续活跃。民间投资增长 25.0%，占全省投资比重达 62.1%，比上年提高 2.3 个百分点。

四、消费市场稳定恢复，基本生活类和升级类商品销售增长较快

2021 年，全省社会消费品零售总额达 21561.37 亿元，比上年增长 19.9%。其中，限额以上消费品零售额增长 23.4%。从行业看，限额以上批发业、零售业、住宿业、餐饮业销售额（营业额）分别增长 17.6%、

23.3%、31.0%、42.0%。基本生活消费增势较好，限上粮油食品类、饮料类商品零售额分别增长25.1%、25.3%。升级类消费需求持续释放，限额以上单位金银珠宝类、通讯器材类商品零售额分别增长43.3%、36.4%。限额以上企业通过公共网络实现商品销售额增长25.9%，占限上商品零售额的比重由上年的16.5%提高到18.2%。

五、进出口快速增长，利用外资稳步增长

2021年，全省进出口总额达5374.4亿元，比上年增长24.8%，比2019年增长36.2%。其中，出口3509.3亿元，增长29.9%；进口1865.1亿元，增长16.3%。12月，进出口总额达514.2亿元，同比增长14.8%。其中，出口377.9亿元，增长23.9%；进口136.3亿元，下降4.6%。

2021年，全省实际使用外资124.56亿美元，增长20.3%。

六、财政收入稳定增长，金融市场运行平稳

2021年，全省地方一般公共预算收入完成3283.30亿元，比上年增长30.7%。其中税收收入2559.65亿元，增长33.1%。地方一般公共预算支出7937.28亿元，下降6.0%。

12月末，全省金融机构本外币各项存款余额为72476.67亿元，比上年末增长7.9%，比年初增加5317.34亿元。各项贷款余额为67037.99亿元，比上年末增长12.0%，比年初增加7166.09亿元。

七、居民消费价格温和上涨，工业生产者价格涨幅较快

2021年，全省居民消费价格总水平比上年上涨0.3%，其中，城市上涨0.4%，农村与上年持平。全省工业生产者出厂价格比上年上涨4.1%，工业生产者购进价格上涨8.5%。

八、就业形势总体稳定，居民收入稳步增长

2021年，全省城镇新增就业人员93.77万人，完成全年目标任务的133.95%。全省城镇居民人均可支配收入40278元，比上年增长9.7%，比2019年增长7.1%，两年平均增长3.5%；农村居民人均可支配收入18259元，比上年增长12.0%，比2019年增长11.4%，两年年均增长5.5%。

总的来看，2021年全省经济持续稳定恢复，重回“主赛道”，实现“全年精彩”预期目标。但也要看到，当前国际环境不确定性因素增多，国内经济面临需求收缩、供给冲击、预期转弱三重压力。2022年，要坚持以习近平新时代中国特色社会主义思想为指导，全面贯彻落实党中央决策部署和省委、省政府工作要求，坚持稳中求进工作总基调，奋力实现“开局企稳、复元打平、再续精彩”，以高质量发展实绩实效迎接党的二十大胜利召开。

2021 年湖北粮食产量增加　存在问题不容忽视

2021 年，全省上下坚决落实粮食安全党政同责要求，始终把重粮抓粮放在重要位置，千方百计落实促进粮食生产的各项强农惠农政策，全年气候条件对粮食生产有利有弊，全年粮食产量小幅增加，但仍存在农田水利基础设施薄弱环节、小麦抗病害能力还有待加强和农资价格上涨挤压农户种植收益等问题。

一、全年粮食总产增加

据国家统计局湖北调查总队调查，并经国家统计局最终核定，2021 年湖北粮食总产量 2764.33 万吨（552.87 亿斤），比上年增加 36.90 万吨（7.38 亿斤），增长 1.4%。主要粮食作物产量“三增两减”，即早稻、中稻、玉米总产量增加，小麦、晚稻总产量减少。

（一）粮食播种面积增加

2021 年，湖北粮食播种面积 7028.97 万亩，比上年增加 61.06 万亩，增长 0.9%。粮食播种面积的增加为稳定全年粮食生产起到了重要作用。

1. 夏粮播种面积稳步增加。2021 年湖北夏粮播种面积 1958.76 万亩，比上年增加 44.67 万亩，增长 2.3%。在政策扶持和预期效益的推动下，农户压减冬闲田扩种小麦，2021 年湖北小麦播种面积为 1578.08 万亩，比上年增加 31.01 万亩，增长 2.0%。

2. 早稻播种面积有所下降。早稻播种面积呈“一般农户减、种植大户增”的局面，种植大户受政策影响，早稻种植积极性较高，对稳定早稻生产起到了积极作用；一般农户是湖北早稻生产的主体，受劳动力短缺、种植成本上涨及去年遭受洪涝灾害等因素的影响，早稻种植积极性不高，调减了早稻播种面积。2021 年，湖北早稻播种面积 180.33 万亩，比上年减少 3.32 万亩，下降 1.8%。

3. 秋粮播种面积持平略增。作为湖北最为重要的一季粮食作物，农户种植结构调整偏向增加秋粮播种面积，2021 年秋粮播种面积 4889.89 万亩，比上年增加 19.72 万亩，增长 0.4%。其中，中稻、玉米、豆类、薯类播种面积分别比上年增长 1.0%、1.4%、1.9%、3.1%，晚稻播种面积比上年下降 16.4%。

（二）粮食单产稳中略增

2021 年，湖北粮食单产 393.28 公斤/亩，比上年增加 1.85 公斤/亩，增长 0.5%。

1. 夏粮单产受不利气候条件和病害影响。小麦生产期间整体气象条件差于上年，尤其是抽穗扬花期连阴雨使小麦花粉受损，孕穗不充分，影响颗粒饱满度，小麦赤霉病重于往年。2021 年，湖北夏粮单产 241.70 公斤/亩，比上年减少 4.87 公斤/亩，下降 2.0%，其中，小麦单产 253.05 公斤/亩，比上年减少 5.93 公斤/亩，下降 2.3%。

2. 有利气候条件促早稻单产增加。早稻播种期间受低温阴雨天气影响，播种期比往年推迟 10 天左右；进入扬花期后，光照、积温利于早稻扬花授粉，结实率较高；收获期间全省以晴好天气为主，利于早稻收割晾晒。早稻单产 395.85 公斤/亩，比上年增加 23.95 公斤/亩，增长 6.4%。

3. 秋粮单产增加得益于总体生长条件好于上年。秋粮作物播种以后，大部分地区、大部分时段气温适中、降水适中，日照偏少，干旱、高温热害发生程度轻、影响小，洪涝灾害对秋粮产量形成影响较小，秋粮生长期间整体气象条件好于上年。阴雨寡照造成病虫害偏重发生，但比上年遭受水灾影响程度要轻，秋粮单产呈小幅回升。2021 年秋粮单产 453.90 公斤/亩，比上年增加 4.80 公斤/亩，增长 1.1%。其中，中稻、晚稻、玉米、豆类、薯类单产分别比上年增长 0.9%、2.0%、2.4%、2.8%、1.6%。

二、存在问题不容忽视

（一）农田水利基础设施存在薄弱环节

近年来，湖北农田水利基础设施建设和高标准农田建设取得了显著成效，但自然灾害频发，给粮食生产带来较大影响，部分地区仍存在农田水利基础设施薄弱、抵抗大灾大害能力不足的短板。据调查，武汉市新洲区某村存在水利设施老化、水渠受损并淤积等问题导致农业生产用水困难。咸宁市通城县左港水库西干渠年久失修，东干渠主体虽已修好，但支渠、毛渠因资金不足而未修整。

（二）小麦抗病害能力还有待加强

2021 年受不利气象条件影响，湖北小麦单产下降，不完善粒比重偏高，达到国家收购标准的小麦占比较低。部分小麦只能作为禽类和鱼类饲料，少量超标严重的改作工业用粉，对农户小麦出售价格产生不利影响。受小麦单产下降和出售价格下跌影响，2021 年湖北小麦亩平种植收益偏低，部分因灾减产严重、小麦品质较差的种植户出现亏损。

（三）农资价格上涨挤压农户种植收益

受原材料价格上涨影响，农资价格普遍涨价。随州市某生态科技公司反映，其生产的氮磷钾三元复合肥 2021 年 10 月份出厂价 2675 元/吨，较上年同期增加 1127 元/吨，上涨 72.8%。荆州市松滋市某农资经销商介绍，2021 年硫酸钾复合肥（含量 45%）价格为 3.3 元/公斤，比上年增加 1.1 元/公斤，上涨 50.0%。据农户测算，因肥料价格上涨，每亩粮食生产成本将增加 50 元以上。种子方面，恩施州利川市反映 2020 年广受农户欢迎的玉米种子利单 5 号 2021 年涨价明显且市场供应不足，价格达 60 元/公斤，同比上涨 50%。

三、几点建议

（一）加大高标准农田和水利基础设施建设投入力度

要落实好“藏粮于地、藏粮于技”战略，加大资金投入，科学规划，系统实施，建立完善维修基金政策，对年久失修、失去作用的农田水利基础设施进行修缮维护，鼓励新型农业经营主体在符合政策的前提下，参与高标准农田建设和农田水利基础设施建设，确保其能长期稳定发挥作用，增强粮食生产防灾减灾能力，稳定粮食生产能力。

（二）加快种子研发进度，做好新品种更换

小麦赤霉病素有“小麦癌症”之称，在全省属高发病害，要重视小麦产销中的品质、价格引致的销量、效益问题，推进“藏粮于技”工作。当前，我国在抗赤霉病高产小麦品种方面取得重大突破，相关部门应实时关注研发进度，适时完成试种和推广工作。

（三）维护农资市场价格稳定降低生产成本

充分发挥党委政府在规划设计、政策引导推动、市场监管等方面的职能作用，保障农业生产物资供应充足，维护农资市场价格稳定，降低农业生产特别是粮食生产成本，增加农民收入，保护和提高农民种粮积极性。

撰稿：李　鹏
核稿：朱利明

2021 年湖北畜牧业生产整体回稳

【内容提要】2021 年，湖北克服新冠肺炎疫情和非洲猪瘟疫情的持续困扰，落实各项支持政策，巩固生猪生产恢复势头，生猪和能繁母猪存栏基本恢复至正常水平，出栏量同比大幅增长，家禽养殖行业借生猪前期供应不足的时机实现新突破。但饲料成本持续处于高位、动物疫情持续困扰、牛羊生产潜力释放不足等问题值得关注。

一、猪牛羊生产回暖，家禽生产创新高

（一）生猪生产恢复正常

2021 年末，湖北生猪存栏 2530.14 万头，同比增长 17.1%，较 2019 年同期增长 56.4%，两年年均增长 25.1%，年末存栏达到 2017 年末的 98.1%，恢复至正常年份水平；其中能繁母猪存栏 248.22 万头，同比增长 12.5%，较 2019 年同期增长 52.7%，两年年均增长 23.6%；生猪出栏 4115.08 万头，同比增长 56.4%，比全国平均水平高 29.0 个百分点，在中部六省位列第一（见表 1），生猪出栏较 2019 年同期增长 29.0%，两年年均增长 13.6%。在稳产保供政策推动下，湖北生猪产能持续恢复，生猪存栏延续了前期增长势头，但增长速度有所放缓。

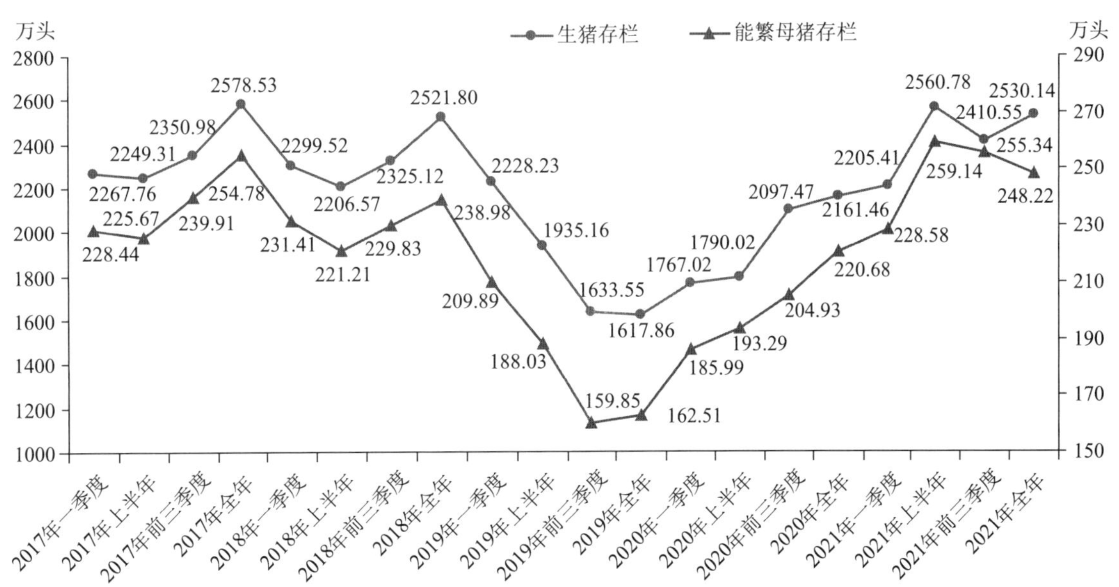

图 1　2017—2021 年湖北生猪和能繁母猪存栏情况

表 1　全国及中部六省 2020—2021 年生猪出栏情况

单位：万头

地　区	2020 年生猪出栏	2021 年生猪出栏	增　幅
全　国	**52704.1**	**67128**	**27.4%**
湖　北	2631.1	4115.1	56.4%
山　西	797.6	1130.5	41.7%
安　徽	2150.5	2797.8	30.1%
江　西	2218.3	2910.4	31.2%
河　南	4311.1	5802.8	34.6%
湖　南	4658.9	6121.8	31.4%

（二）牛羊生产尚需再加力

2021年末，湖北牛存栏239.66万头，同比减少1.0%，较2019年同期下降1.4%，牛出栏104.98万头，同比增长3.0%，较2019年同期下降4.1%；羊存栏536.81万只，同比增长0.7%，较2019年同期下降3.0%，羊出栏580.75万只，同比增长9.0%，较2019年同期下降5.7%。湖北牛羊生产在经历了新冠肺炎疫情后快速恢复，产能超过"十三五"初期水平，但要进一步发展湖北牛羊生产，还需加大扶持力度。

（三）家禽生产实现新突破

2021年末，湖北家禽存栏41653.49万只，同比增长8.8%，较2019年同期增长15.0%，两年年均增长7.2%；家禽出栏61233.01万只，同比增长3.2%，较2019年同期增长3.1%，两年年均增长1.5%；禽蛋产量196.72万吨，同比增长1.9%，较2019年同期增长10.1%，两年年均增长4.9%，非洲猪瘟疫情后，鸡肉作为猪肉的主要替代品，需求量不断上涨，带动湖北家禽养殖行业较快发展，家禽存栏、出栏、禽蛋产量均创历史新高。

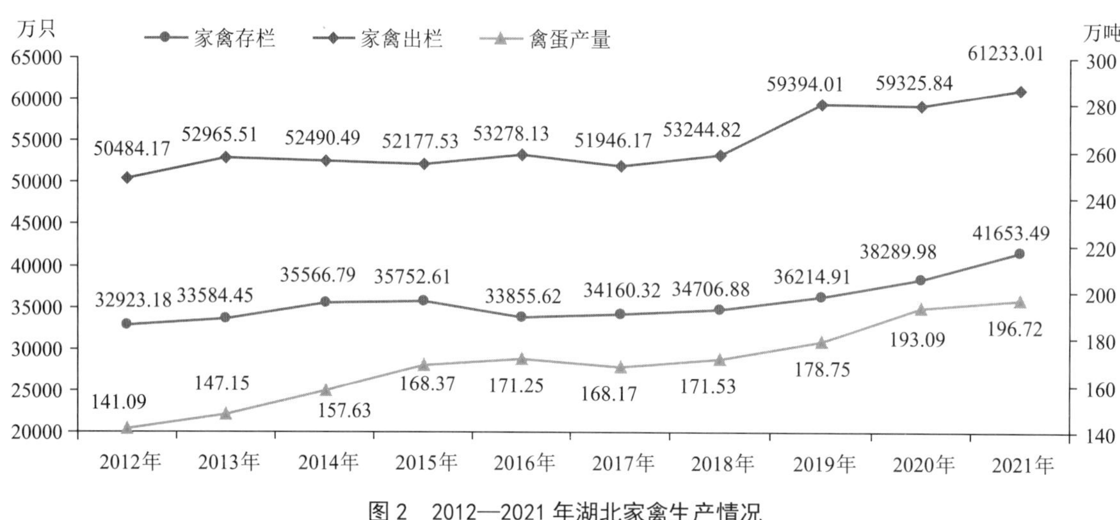

图2 2012—2021年湖北家禽生产情况

二、畜牧业生产中面临的主要问题

（一）生猪养殖成本持续上涨

受前期疫情持续影响，养殖场（户）需投入大额资金对养殖场地、设备进行更新，同时饲料、消毒防疫、水电费、雇工费等生产成本快速上涨，生猪养殖行业进入高投入、高成本、高风险阶段。2021年末专题调研结果显示（见表2），生猪养殖成本较非洲猪瘟疫情前上涨24.4%，其饲料成本上涨38.2%，防疫成本上涨82.8%，人工成本上涨38.6%，仅仔猪成本有所下降。正常年份饲料成本占养殖成本的六成以上，近年受原材料（玉米、大豆等）价格上涨影响，饲料价格持续处于高位，带动养殖成本整体上涨，2021年末饲料成本已占养殖成本七成以上，养殖场（户）负担增大。

表2 不同时期生猪养殖成本比较

单位：元/头

成 本	正常年份（2018年6月）	发生非洲猪瘟疫情后（2019年9月）	2021年12月	当前比正常年份涨跌（%）
饲料成本	1023.73	1229.48	1415.19	38.2
防疫成本	49.65	87.48	90.75	82.8
人工成本	75.81	97.29	105.05	38.6
仔猪成本	460.12	948.72	390.37	-15.2
合 计	1609.31	2362.97	2001.36	24.4

（二）动物疫情袭扰生猪养殖

专题调研结果显示，54.6%的受访户表示其生产受各类动物疫情影响。当前，国内外动物疫情形势复杂，非洲猪瘟、蓝耳病等动物疫情持续影响养殖户生产，疫病防控难度较大，尤其是部分中小型养殖场（户）生物安全防护水平仍然较低，病毒传播风险较高，导致部分养殖场（户）养殖心存忧虑，不敢全力投入产能扩张，对生猪生产发展产生消极影响。

（三）牛羊生产潜力释放不足

长期以来牛羊产业在湖北受到的重视程度不够，产业扶持政策效果不明显，导致其生产水平止步不前。湖北拥有大量天然草地，每年饲料玉米、饲料油菜种植面积也较大，为牛羊生产提供了丰富的食物来源，适合发展牛羊生产，但湖北牛羊生产水平在全国及中部六省中排名靠后，发展较慢，2017—2021 年，湖北牛存栏年均增长仅 1.0%，2021 年羊存栏量和牛、羊出栏量均不及 2017 年，是湖北畜牧业短板和潜力所在。随着人们肉类消费需求日趋多样化、品质化，牛羊肉需求不断加大，需要加快湖北草牧业发展。

三、对症下药促“十四五”时期湖北畜牧业生产再上新台阶

“十四五”时期，要稳定生猪生产，需加大支持力度，增强养殖信心，防止养殖户过度退出，同时要有序淘汰落后养殖产能，精准支持高效养殖主体，发挥好大型规模养殖场（户）“压舱石”作用。同时要补齐牛羊养殖短板，发挥资源优势，促进湖北畜牧业全面均衡发展。

（一）科技兴牧降成本，释放养殖压力

一是大力发展畜禽标准化规模养殖，发挥大型养殖企业信息、经验、技术等方面的优势，提升养殖水平，降低养殖成本，维持养殖规模稳定；二是在规模化、标准化养殖的基础上，鼓励养殖场加快技术升级改造，提高自动化、智能化、设施化装备水平；三是依托本地教育、科技、人才、信息优势，提升畜禽养殖行业生产技术水平，通过加强饲料作物良种研发、寻找高质低价生产原料替代品等方式降低养殖成本。

（二）紧抓防疫稳信心，确保养殖安全

从源头做起，盯紧关键环节，做好动物疫情防控，一要强化防疫队伍建设，完善基层畜牧兽医站人员、装备配备。指导基层畜牧兽医站及时与涉农高职高专和高校对接，吸纳优秀畜牧兽医毕业生从事相关专业工作；二要加强对养殖户疫病防控技术培训和分类指导，强化养殖技术、防疫知识宣传普及，规范防疫流程；三要加强疫情监测预警，及时掌握疫情动态，建立健全全过程、全要素、全环节的质量安全监管体系和应急预案，确保落实重大疫病防控措施，提高突发重大动物疫情应急处置能力。

（三）因地制宜育牛羊，调整养殖结构

调整畜种结构抓短板，按照“猪禽提质、牛羊增量”原则，因地制宜，分区施策，开展草地建设，加快建设现代饲草料生产体系。通过加大招商引资力度，强化科技支撑，夯实生产基础，补齐牛羊生产能力不足的短板，推动以牛羊为主的草食畜牧业可持续发展，增加草食畜牧业在畜牧产业中的比重。

撰稿：雷　迪

核稿：周雁峰

2021 年湖北农产品生产者价格稳中有涨

2021 年，湖北省在习近平新时代中国特色社会主义思想指引下，在省委、省政府的坚强领导下，全省上下勠力同心，经济发展重回“主赛道”，打赢了农产品稳产保供的主动仗和农业产业强省建设的攻坚战，粮食产量连续 9 年稳定在 500 亿斤以上，生猪生产也恢复至正常年份水平，重要农产品供应充足，农产品生产者价格稳中有涨。

一、全年湖北农产品生产者价格运行的主要特征

（一）农林牧渔“三升一降”

2021 年湖北农产品生产者价格同比上涨 1%。其中，农业产品价格同比上涨 8.8%，林产品价格同比上涨 1.4%；畜牧业产品价格受全年猪肉价格大幅下降影响，同比下降 23.3%；水产品价格受淡水鱼价格上涨带动，同比上涨 20.4%。

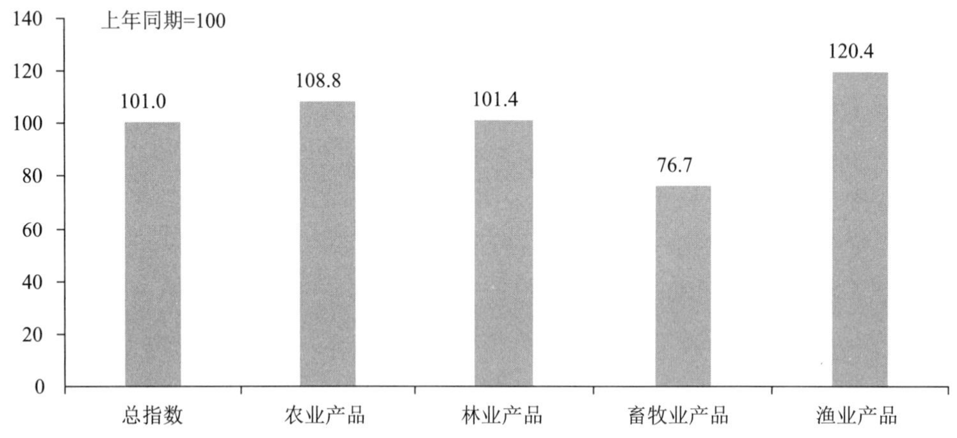

图 1　2021 年湖北农产品生产者价格指数

（二）全年走势“先抑后扬”

2021 年一季度，受农历春节效应带动、节前消费旺盛等因素影响，湖北农产品生产者价格同比上涨 9%，二季度同比下降 1.3%，降至 2019 年以来的低点，三季度同比上涨 0.3%，四季度同比上涨 0.4%，较前两个季度继续回升。

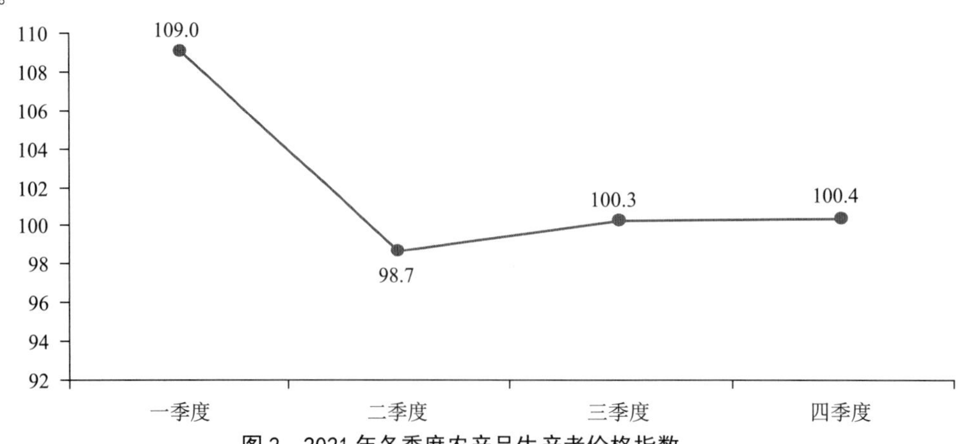

图 2　2021 年各季度农产品生产者价格指数

（三）湖北位于全国中等偏上水平

2021 年，全国农产品生产者价格同比下降 2.2%，全国 30 个省级行政单位中，有 18 个省份价格同比上涨，12 个省份价格同比下降；中部六省中，河南、江西、湖南省指数有所下降，山西、安徽、湖北呈现不同程度上涨。其中，山西上涨 4.8%，安徽上涨 1.3%，河南下降 2.0%，江西下降 3.9%，湖南下降 9.9%。

表 1　2021 年中部六省农产品生产者价格指数

地　区	生产价格总指数	种植业产品	林业产品	畜牧业产品	渔业产品
全　国	97.8	110.6	102.4	82.1	108.8
湖　北	101.0	108.8	101.4	76.7	120.4
山　西	104.8	111.2	60.0	94.5	96.5
安　徽	101.3	107.6	102.2	83.7	109.2
江　西	96.1	102.1	104.7	77.4	110.6
河　南	98.0	108.8	114.5	81.0	111.6
湖　南	90.1	101.3	99.5	74.3	112.3

二、全年主要农产品生产者价格和影响因素分析

（一）农业产品价格上涨 8.8%

农业产品价格全线上涨，其中，稻谷价格同比上涨 5.2%，小麦价格上涨 6.0%，玉米价格上涨 32.9%，大豆价格上涨 10.2%，油菜籽价格上涨 14.4%，棉花价格上涨 15.1%，蔬菜价格上涨 6.0%，水果类上涨 2.7%，茶叶价格上涨 17.0%。

影响农业产品价格上涨主要有几方面因素：一是受国际大宗商品上涨、新冠肺炎疫情、东南亚旱灾等多重因素影响，部分国家限制粮食出口，一定程度上带动了国内粮、棉、油整体上涨；二是受畜禽养殖恢复、饲料需求旺盛等因素影响，以玉米为代表的饲料价格持续上涨；三是受极端气候因素、生产成本上涨影响，蔬菜季节性供应紧张导致价格上涨较为显著。

（二）林业产品价格上涨 1.4%

林业产品价格总体稳中略涨，其中，木材类价格同比上涨 3.8%。主要的影响因素，一是人工成本上涨，请工困难、中间成本上升致林产品价格略涨；二是受疫情影响，国外进口木材大幅减少，国内木材供不应求，以四季度杂原木为例，出售均价 679.21 元/立方米，比上年同期上涨 13.56%。

（三）畜牧产品价格下降 23.3%

2021 年以来，生猪产能持续恢复，生猪出栏同比大幅度增长，市场供应充足，引起价格下跌，生猪价格同比下跌 37.3%。牛、羊、家禽、蛋价格同比分别上涨 2.0%、4.4%、16.8%、22.2%。禽蛋价格上涨主要受两方面因素影响，一是饲料成本上升，从监利温氏集团了解到，2019 年、2000 年、2021 年成品鸡饲料价格分别为 2514.42 元/吨、2576.60 元/吨、2977.11 元/吨，呈逐年上涨态势；二是上年同期受疫情影响销售受阻价格处于低位，2021 年活鸡、鸡蛋价格呈恢复性上涨。

（四）渔业产品价格上涨 20.4%

2021 年，湖北淡水鱼产量连续 25 年居全国第一，渔业产品价格涨幅较为显著。其中，淡水鱼价格上涨 20.0%，淡水虾价格上涨 30.3%。主要受几方面因素影响：一是受长江禁渔和淡水鱼养殖周期双重因素影响，导致淡水鱼产能较上年同期下降；二是养殖成本上涨，鱼苗、饲料、人工、物流等价格上涨，成本增加带动价格上涨；三是消费需求旺盛，随着消费习惯的逐步升级、对健康饮食的需求，同时对进口水产品信心不足，影响 2021 年全年国内鲜活水产品价格上涨明显。

2021 年下半年以来，淡水养殖产品价格较上半年有所回落，主要是下半年淡水鱼、虾蟹等养殖产品集中进入出塘期，市场供应量增加，价格有所下跌，但受成本支撑等因素影响，全年价格同比仍呈增长态势。

撰稿：赵艳君

核稿：周雁峰

2021 年湖北工业生产持续回升　PPI 整体走高

【内容提要】2021 年，湖北工业经济呈现全面稳定恢复、快速增长的良好态势，受生产需求带动，以及国际大宗商品价格上涨，“能耗双控”等政策因素影响，湖北工业生产者出厂价格（PPI）全年上涨 4.1%，购进价格（IPI）上涨 8.5%。随着保供稳价政策作用逐步显现，部分行业价格上涨势头初步遏制，年底价格有所回稳。

一、工业生产者价格运行特点

（一）全年 PPI 呈波动上行整体走高态势

2021 年，湖北 PPI 上涨 4.1%，其中，生产资料价格上涨 5.8%，对总指数贡献率 98.2%；生活资料价格走势相对平稳，上涨 0.2% 。

从各月环比看，1—12 月 PPI 均呈涨势，涨幅在 0.1%~1.1%之间，10 月份涨幅最大，上涨 1.1%。在保供稳价政策作用下，11、12 月价格上涨势头初步遏制，PPI 环比分别上涨 0.6%、0.1%，连续两个月涨幅回落。

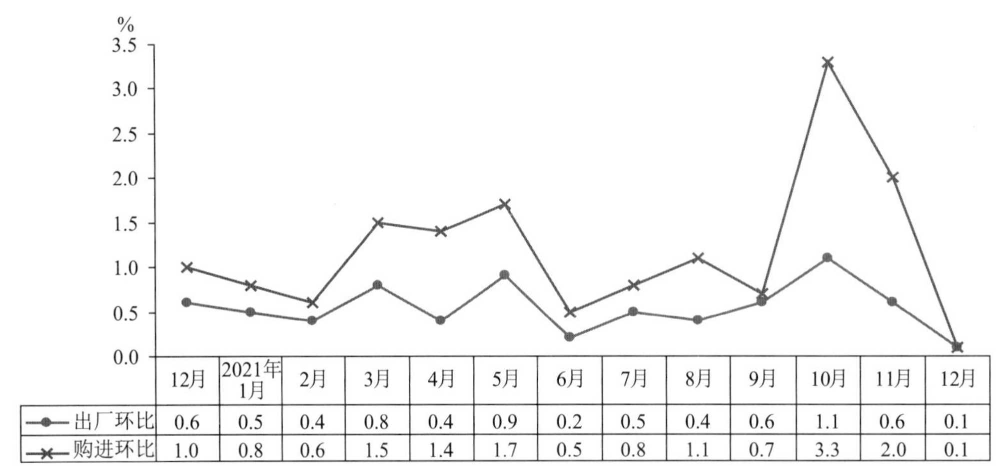

	12月	2021年1月	2月	3月	4月	5月	6月	7月	8月	9月	10月	11月	12月
出厂环比	0.6	0.5	0.4	0.8	0.4	0.9	0.2	0.5	0.4	0.6	1.1	0.6	0.1
购进环比	1.0	0.8	0.6	1.5	1.4	1.7	0.5	0.8	1.1	0.7	3.3	2.0	0.1

图 1　工业生产者价格环比涨幅

从各月同比看，PPI 同比 1 月份由负转平，2—11 月涨幅逐月扩大，12 月份上涨 6.8%，涨幅年内首次回落。

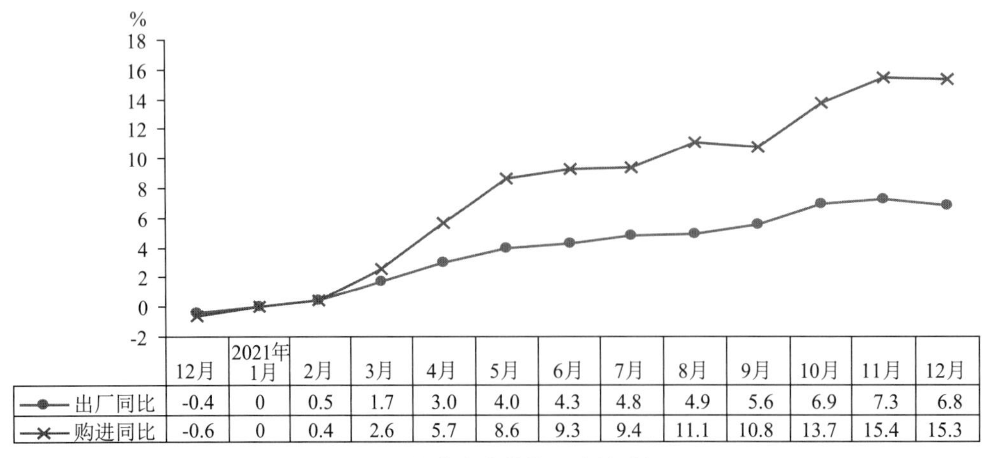

	12月	2021年1月	2月	3月	4月	5月	6月	7月	8月	9月	10月	11月	12月
出厂同比	-0.4	0	0.5	1.7	3.0	4.0	4.3	4.8	4.9	5.6	6.9	7.3	6.8
购进同比	-0.6	0	0.4	2.6	5.7	8.6	9.3	9.4	11.1	10.8	13.7	15.4	15.3

图 2　工业生产者价格同比涨跌幅

（二）全年工业生产者出厂价格行业上涨面扩大

2021年，调查的38个工业行业大类出厂价格“28涨10降”，上涨面73.7%，上涨面比上年扩大35.9个百分点。从各月环比涨跌面看，3月、9月环比上涨行业24个，上涨面63.2%，为年内最大环比上涨面，12月上涨行业明显减少，上涨面44.7%，为年内最小环比上涨面。

（三）湖北PPI涨幅低于全国平均水平

2021年湖北PPI涨幅比全国平均水平低4个百分点，在全国31个省（区、市）中位列第26位；在中部六省中位列第6位，具体位次为：山西30.2%、江西10.5%、河南7.8%、安徽7.7%、湖南5.9%、湖北4.1%。

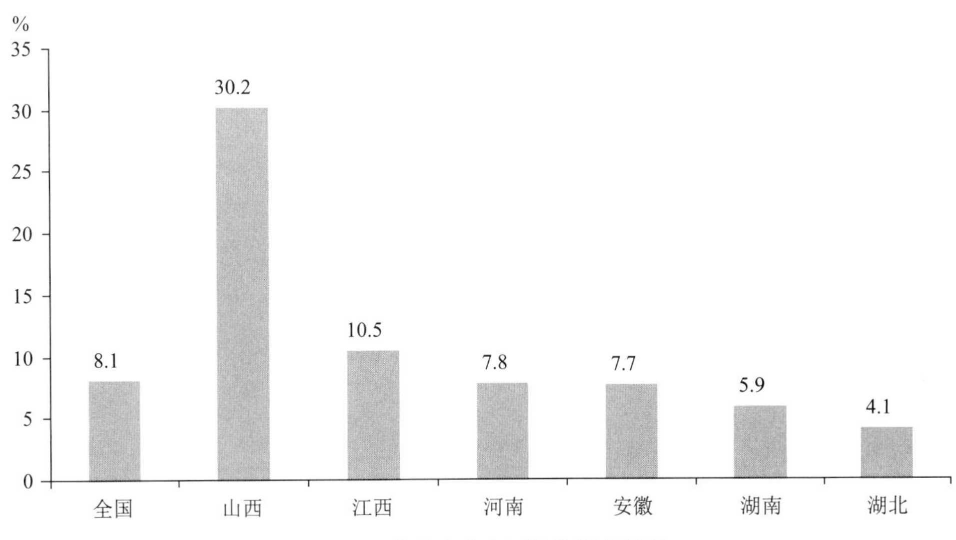

图3　工业生产者出厂价格涨幅排位

从PPI整体涨幅波动因素分析，今年以来，受国际原油、铁矿石、有色金属等大宗商品价格上涨影响，煤炭、石油、钢铁、有色等“三黑一色”行业价格涨幅居前，是造成PPI走高的主要原因，据测算，全省“三黑一色”及其关联度较高的石油化工行业对湖北PPI总涨幅贡献率达八成。“三黑一色”行业价格上涨幅度与全国基本一致，其中，石油相关行业产品同比上涨23.5%（全国26.0%），钢铁相关行业产品同比上涨24.6%（全国28.6%），有色相关行业产品同比上涨27.1%（全国22.1%）。但与中部其他省份相比，湖北作为工业制造业大省，“三黑一色”行业比重在中部六省最低。

表1　三黑一色行业价格涨幅

项目名称	1—12月平均涨幅（湖北）%	1—12月平均涨幅（全国）%
三黑一色	25.0	28.7
1. 煤炭相关行业	—	46.0
2. 石油相关行业	23.5	26.0
石油和天然气开采业	45.8	38.7
石油煤炭及其他燃料加工业	22.1	28.2
3. 钢铁相关行业	24.6	28.6
黑色金属矿采选业	41.0	31.0
黑色金属冶炼和压延加工业	23.3	28.5
4. 有色相关行业	27.1	22.1
有色金属矿采选业	35.7	13.1
有色金属冶炼和压延加工业	26.6	22.7

（四）企业原材料成本压力持续加大

2021 年，湖北工业生产者购进价格上涨 8.5%，高于出厂价格指数 4.4 个百分点。其中，12 月份购进价格同比上涨 15.3%，高于出厂价格指数 8.5 个百分点，购进与出厂价格指数差加大（见图 4），企业原材料成本压力持续加大。

从企业购进原材料分类看，九大类原材料价格均呈涨势，其中，6 类价格涨幅高于全国。涨幅最大的两大类分别是：有色金属材料及电线类上涨 29.8%（全国 20.9%）、黑色金属材料类上涨 21.6%（全国 20.3%）；对湖北工业生产购进价格影响最大的两大类原材料中，其他工业原材料及半成品类上涨 3.5%（全国 3.3%），农副产品类价格上涨 6.6%（全国 4.4%）；此外，纺织原料类价格上涨 12.2%（全国 5.0%），建筑材料及非金属类价格上涨 6.0%（全国 5.5%）。

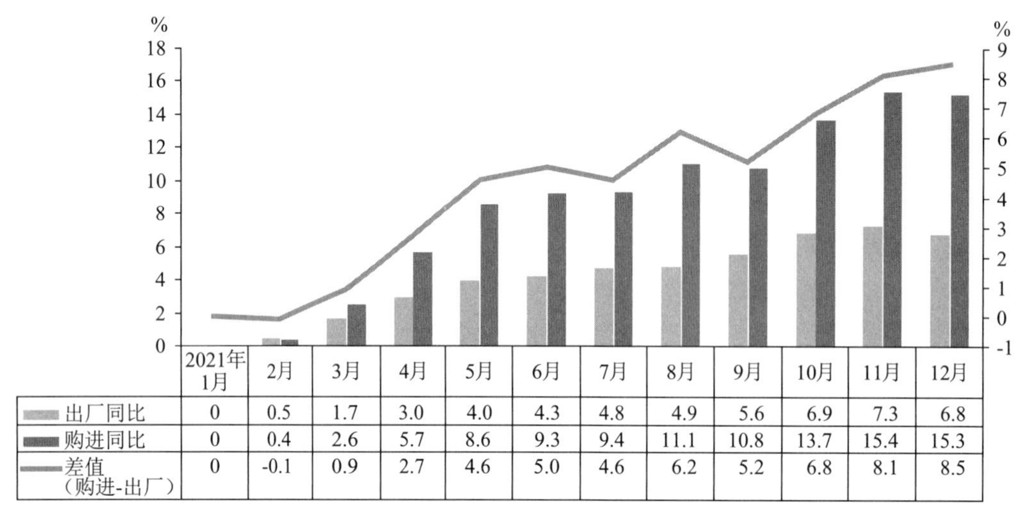

	2021年1月	2月	3月	4月	5月	6月	7月	8月	9月	10月	11月	12月
出厂同比	0	0.5	1.7	3.0	4.0	4.3	4.8	4.9	5.6	6.9	7.3	6.8
购进同比	0	0.4	2.6	5.7	8.6	9.3	9.4	11.1	10.8	13.7	15.4	15.3
差值（购进-出厂）	0	-0.1	0.9	2.7	4.6	5.0	4.6	6.2	5.2	6.8	8.1	8.5

图 4　工业生产者价格同比涨跌幅及差值

二、重点行业及战略性新兴产业价格走势

（一）汽车行业出厂价格稳中有降

受竞争激烈、产品更新换代快的影响，2021 年湖北汽车行业出厂价格下降 0.3%（全国-0.4%），影响总指数下降 0.05 个百分点。从各月价格走势看，2021 年汽车行业价格整体稳定，1—12 月环比涨跌幅在-1.2%~1.3%之间。

（二）农副食品加工业价格稳步上涨

受原材料价格上涨和需求向好的影响，2021 年湖北农副食品加工业出厂价格上涨 2.9%（全国 3.9%），对总指数贡献率约 6.0%。从各月价格走势看，3—6 月生猪生产稳步恢复，存、出栏量较大幅度增长，7—8 月植物油、谷物等库存较高，导致 3—8 月农副食品加工业价格下降；9 月份环比持平，其余月份上涨，1 月份受年底需求上涨影响，涨幅最大，上涨 1.7%。

（三）化学原料和化学制品业价格涨幅较大

2021 年湖北化学原料和化学制品制造业出厂价格上涨 15.2%（全国 19.1%），对总指数贡献率约 28.4%。从各月价格走势看，1—11 月环比均呈涨势，上涨区间为 0.8%~5.2%，10 月份国际原油价格震荡上行，叠加能源供应紧张，部分地区限电影响生产，涨幅最大。12 月在保供稳价政策作用下，环比价格由涨转降，下降 0.9%。

（四）纺织业价格波动上涨

受去产能等因素影响，棉花、棉纱等纺织原材料价格上涨，成本增加，2021 年湖北纺织业出厂价格上涨 2.0%（全国 4.1%），对总指数贡献率约 2.3%。从各月价格走势看，环比“7 涨 1 平 4 降”，年中部分医疗相关纺织品供应充足，部分月份纺织业价格有所下降，6 月份环比持平，其他月份均呈涨势。

（五）战略性新兴产业出厂价格涨幅明显

2021 年湖北战略性新兴产业出厂价格上涨 4.3%，对总指数贡献率约 57.2%。

表 2　部分重点行业及战略新兴产业涨跌幅

工业行业大类名称	1—12 月涨幅（湖北）%	1—12 月涨幅（全国）%
化学原料和化学制品制造业	15.2	19.1
农副食品加工业	2.9	3.9
纺织业	2.0	4.1
汽车制造业	-0.3	-0.4
战略性新兴产业	4.3	8.0

三、影响工业生产者价格变动的原因分析

（一）工业生产平稳发展，拉动工业品价格走高

今年以来，湖北工业经济持续恢复，平稳发展。2021 年，湖北省规模以上工业增加值比上年增长 14.8%，比全国平均水平（9.6%）高 5.2 个百分点，两年平均增长 3.8%。12 月份，湖北制造业采购经理指数为 50.5%，工业制造业继续加强，带动工业品价格走高。

（二）“三黑一色”行业价格上涨是拉动 PPI 上涨的主要因素

在全球经济复苏共振、供需缺口拉大、货币超发市场流动性宽裕等因素影响下，原油、铁矿石、铜等国际大宗商品价格自去年底迅速上涨，推动“三黑一色”行业等原材料价格上涨。2021 年湖北“三黑一色”行业的石油和天然气开采业、黑色金属矿采选业、有色金属矿采选业、石油煤炭及其他燃料加工业、黑色金属冶炼和压延加工业、有色金属冶炼和压延加工业，以及与“三黑一色”行业关联度较高的化学原料和化学制品制造业合计影响总指数上涨约 3.3 个百分点，约占总涨幅的 80%。

（三）保供稳价政策显效，PPI 持续上涨势头初步遏制

10 月份，国务院常务会对进一步做好能源的生产供应工作作出了部署和安排，相关部门积极贯彻落实会议精神，迅速出台了一系列改革和保供稳价措施。11 月份以来，煤炭产量和市场供应量持续增加，11 月份原煤产量同比增长 4.6%，比上月加快 0.6 个百分点，集中限产限电和生产供应紧张情况有所缓解，11、12 月份湖北工业生产者出厂价格连续两个月环比涨幅回落，12 月份同比涨幅年内首次回落。

（四）市场调控政策影响部分行业价格

一是“能耗双控”措施影响高耗能产品价格上涨。在能耗双控以及“碳中和”“碳达峰”政策背景下，湖北大力推行双控降耗、改造升级等措施，部分高耗能钢材、化工等产品价格大幅上涨，带动 PPI 上行。二是电价市场化推动电价上调。据国家统计局数据显示，1—9 月全国电力、热力生产和供应企业利润总额同期减少 24.6%，火电企业购煤成本不断增加与出厂价格不涨的矛盾突出，造成电力企业亏损严重。10 月，国家发展改革委发布《关于进一步深化燃煤发电上网电价市场化改革的通知》，扩大市场交易电价上下浮动范围，12 月湖北电力、热力生产和供应业价格环比上涨 7.1%，影响环比总指数上涨 0.3%的百分点，超过环比总指数涨幅，是 12 月湖北 PPI 环比保持涨势的主要原因。随着电价的市场化，电力价格将成为短期内推涨 PPI 的新因素。

撰稿：潘　路

核稿：肖　强

2021 年湖北房地产市场运行总体平稳

2021 年，在中央“房住不炒”和“三稳”总基调下，全省商品住宅销售价格小幅波动，随着房地产企业“三道红线”、金融贷款 “两条红线”等调控政策逐步显效，市场呈现先升后降态势，全年运行总体平稳。

一、商品住宅销售价格窄幅波动

2021 年湖北实施“一主引领、两翼驱动、全域协同”区域发展布局，从国家统计局公布的 70 个大中城市新建商品住宅销售价格指数变动情况看，作为“一主”和 “两翼”引领城市，武汉、宜昌、襄阳商品住宅销售价格波动平稳。

（一）新建商品住宅价格整体窄幅上涨

1—12 月武汉、宜昌、襄阳新建商品住宅环比价格和同比价格涨幅变动整体呈倒“V”型。从同比看，三个城市涨幅上半年逐月扩大，下半年逐月收窄。从环比看，一季度武汉、宜昌、襄阳新建商品住宅环比价格总体温和上涨，4 月份因热点板块拉动效应和部分学区房带动，涨幅分别达到全年最高，5 月份随着金融贷款政策影响和各地陆续出台调控政策，涨幅开始逐月收窄。从第四季度开始，受金融收缩政策持续影响，房企资金面承受较大压力，楼盘打折促销活动加大，环比价格持续下降。

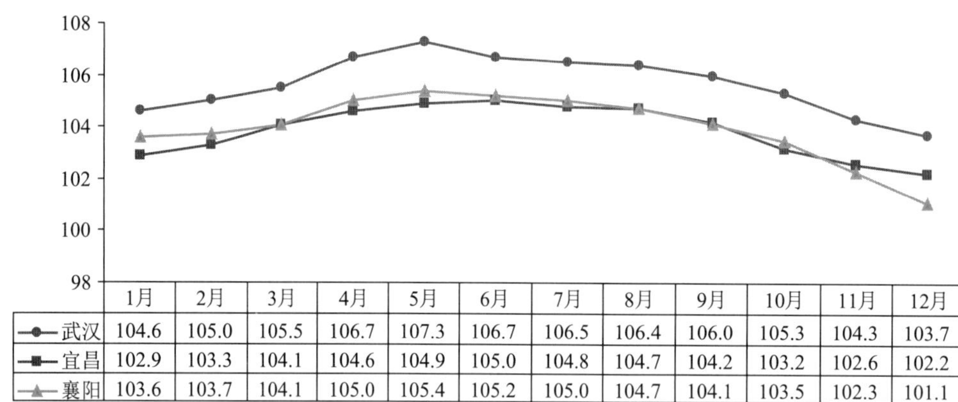

	1月	2月	3月	4月	5月	6月	7月	8月	9月	10月	11月	12月
武汉	104.6	105.0	105.5	106.7	107.3	106.7	106.5	106.4	106.0	105.3	104.3	103.7
宜昌	102.9	103.3	104.1	104.6	104.9	105.0	104.8	104.7	104.2	103.2	102.6	102.2
襄阳	103.6	103.7	104.1	105.0	105.4	105.2	105.0	104.7	104.1	103.5	102.3	101.1

图 1　2021 年 1—12 月武汉、宜昌、襄阳新建商品住宅同比指数

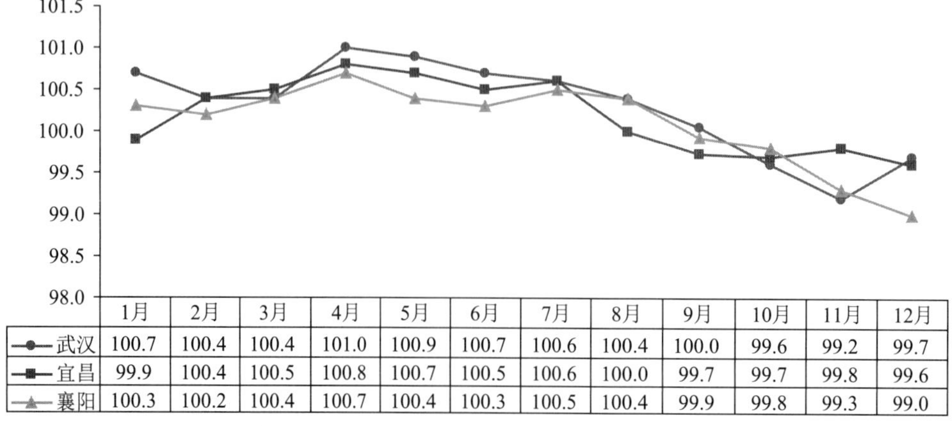

	1月	2月	3月	4月	5月	6月	7月	8月	9月	10月	11月	12月
武汉	100.7	100.4	100.4	101.0	100.9	100.7	100.6	100.4	100.0	99.6	99.2	99.7
宜昌	99.9	100.4	100.5	100.8	100.7	100.5	100.6	100.0	99.7	99.7	99.8	99.6
襄阳	100.3	100.2	100.4	100.7	100.4	100.3	100.5	100.4	99.9	99.8	99.3	99.0

图 2　2021 年 1—12 月武汉、宜昌、襄阳新建商品住宅环比指数

（二）二手住宅销售价格总体稳中下行

从同比看，武汉与宜昌、襄阳价格走势分化。武汉各月均保持上涨态势，上半年涨幅逐月扩大，从 7 月份开始逐月收窄；宜昌、襄阳整体处于下降趋势。从环比看，1—6 月学区房持续升温带动武汉、襄阳二手房环比价格小幅上涨。7 月份开始信贷收缩提升了二手房交易难度，降低了二手房的流动性，同时重点学校周边二手房市场进入销售淡季，二手房市场开始转冷。武汉 7、8 月份环比价格涨幅连续收窄，从 9 月份开始下跌。襄阳下半年环比价格均处下降态势。宜昌二手房市场买卖双方观望情绪较浓，环比价格除 3 月份上涨 0.2%，其他月份呈稳中略降的趋势。

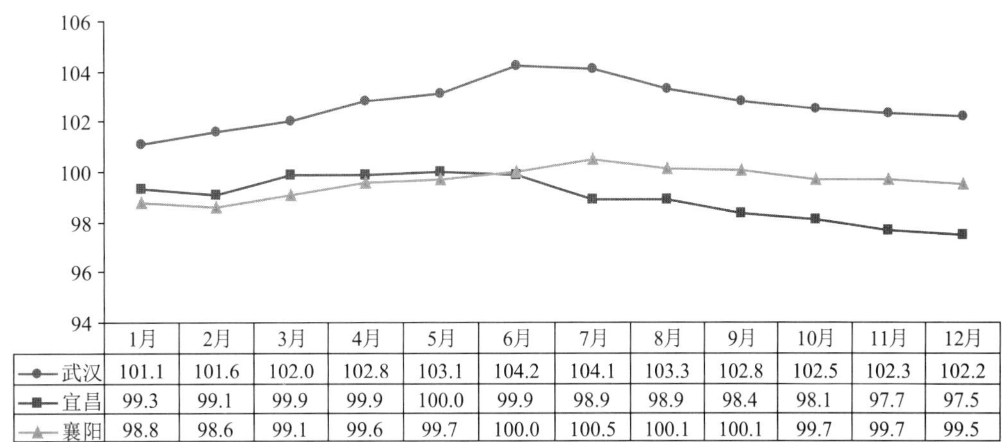

	1月	2月	3月	4月	5月	6月	7月	8月	9月	10月	11月	12月
武汉	101.1	101.6	102.0	102.8	103.1	104.2	104.1	103.3	102.8	102.5	102.3	102.2
宜昌	99.3	99.1	99.9	99.9	100.0	99.9	98.9	98.9	98.4	98.1	97.7	97.5
襄阳	98.8	98.6	99.1	99.6	99.7	100.0	100.5	100.1	100.1	99.7	99.7	99.5

图 3　2021 年 1—12 月武汉、宜昌、襄阳二手住宅同比指数

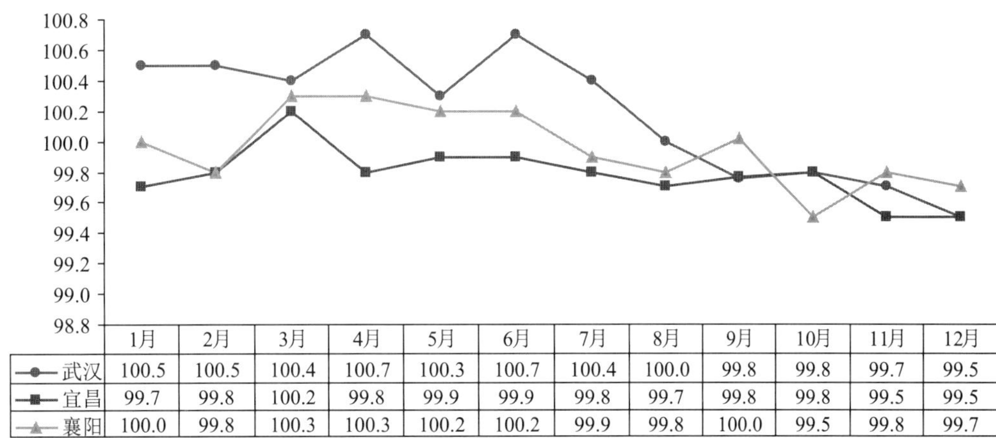

	1月	2月	3月	4月	5月	6月	7月	8月	9月	10月	11月	12月
武汉	100.5	100.5	100.4	100.7	100.3	100.7	100.4	100.0	99.8	99.8	99.7	99.5
宜昌	99.7	99.8	100.2	99.8	99.9	99.9	99.8	99.7	99.8	99.8	99.5	99.5
襄阳	100.0	99.8	100.3	100.3	100.2	100.2	99.9	99.8	100.0	99.5	99.8	99.7

图 4　2021 年 1—12 月武汉、宜昌、襄阳二手住宅环比指数

二、商品住宅成交量“前高后低”，下半年市场活跃度下降

（一）新建商品住宅网签量超上年同期，总体呈“前高后低”态势

随着疫情的逐渐稳定，湖北经济社会的持续恢复，刚需购房信心提升，全省新建商品住宅网签量 57.8 万套，同比上涨 16.9%，武汉等调查城市全年新建商品住宅网签量稳中有升。分月来看，以武汉为例，2 月份受七天春节假期、各地响应“就地过年”返乡客流有所减少等因素影响，网签量较低；3、4、5 月份房地产市场整体回暖迹象明显，武汉在强劲需求支撑下，1—6 月网签量达 10.5 万套，达到近 5 年最高；7 月份开始转为传统楼市淡季，8 月份后受贷款新政和个别房企债务违约事件影响，市场持续降温，网签量逐月下滑。9 月份开始，恒大相关项目对市场影响的不确定性显现，为化解房地产企业经营风险，保护购房者权益，对恒大等有烂尾风险的项目进行快速网签或集中网签，9—12 月期间网签量波动上涨。

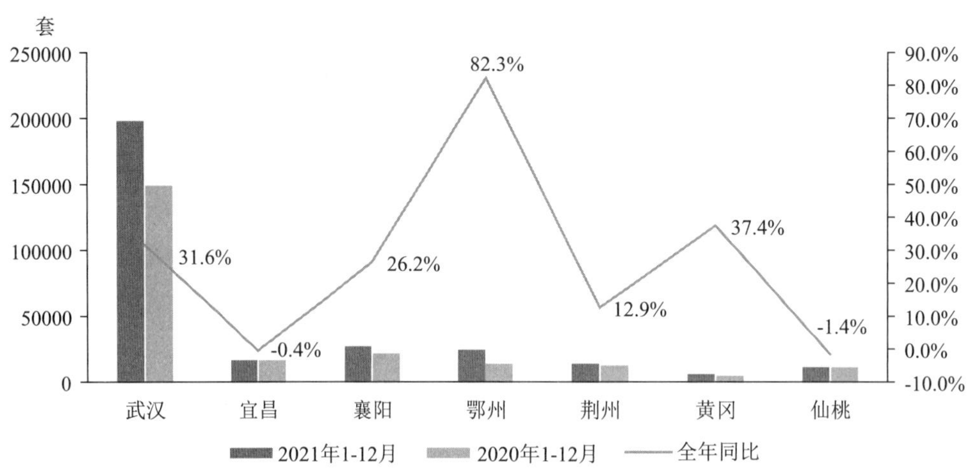

图 5　2021、2020 年调查城市全年新建商品住宅网签套数及涨幅

图 6　武汉 2021 年与 2020 年各月新房网签套数

（二）二手住宅网签量走势分化

武汉二手住宅网签量上涨，其他三线城市整体成交走弱。上半年，调查城市二手房市场在学区房和次新房成交的带动下，市场不断向好。下半年随着学区房成交热度下降、房贷新规后二手房出现放款减缓、周期延长等情况，市场逐步降温。从调查城市网签量变化看，武汉二手住宅网签量较去年上涨 7.9%，襄阳、鄂州、荆州、黄冈受二手房整体市场不景气、交易税费过高、新房供给充足、倾向于购买新房习惯等影响，网签量同比分别下降 11.8%、39.4%、2.2%、8.8%。

三、房地产开发投资保持较快增长,去化周期位于合理区间

2021 年，湖北房地产开发投资持续保持较快增长态势，全年完成开发投资 6121.93 亿元，较上年增长 25.2%。以 2019 年为基期，两年平均增速 9.4%，快于全国平均水平 3.7 个百分点，位居全国第 4 位。

截至 2021 年 12 月底，武汉、宜昌、襄阳、鄂州、荆州、黄冈新建商品住宅可售面积分别为 2262.6、199.2、398.2、59.4、185.3、83.49 万平方米，去化周期分别为 9.0、11.3、14.5、8.5、13.0、12.5 个月，处于住建部门 6-15 个月的合理区间。

四、相关调控政策影响分析

（一）强化房地产金融监管促楼市平稳发展

2021 年以来，涉房金融政策发生较大调整变化，特别是房地产开发企业“三道红线”，以及银行业金

融机构“房地产贷款集中度管理制度”等政策出台，房企降杠杆成效逐步显现，房地产长效机制进一步落实。

（二）落实土地供应“两集中”稳地价

2021 年 2 月全国 22 个重点城市供地“两集中”政策出台。武汉作为重点城市之一，土地市场全年共推出 3 次集中供地，累计成交房地产开发用地 167 宗，土地面积 1122.1 公顷，同比减少 19.5%；规划建筑面积 2789.5 万平方米，同比减少 12.6%。从武汉第二批集中供地看，已成交的 40 宗土地中有 92.5%以底价成交，仅 7.5%的地有溢价，与第一批集中供地相比，开发企业拿地谨慎，土地市场明显降温。宜昌等城市国企大规模低溢价进入土地市场，通过稳地价的方式，来实现稳“住”大局的市场决心。

（三）加强房地产市场秩序管控稳预期

武汉、宜昌、鄂州等省内多城市加强了对房企降价销售行为的规范，对开发商销售时间、备案折扣等予以明确。为化解房地产企业经营风险，保护购房者权益，武汉、宜昌、鄂州等地涉及债务违约项目的已售商品房实现了“应签尽签”，对部分存在烂尾风险的项目采取以网签的方式转入政府平台名下等措施保全资产。购房者对房地产市场的预期一定程度上得到稳定。

（四）放宽落户政策门槛注活力

6 月 11 日湖北省取消了除武汉市外全省其他地区落户限制，9 月 11 日武汉落户政策再放松，发布《武汉市人民政府关于调整完善落户政策相关条件的实施意见》，进一步吸引人口流入，积聚城市发展内生动力。人口快速增长可以带来大量住房需求，提振房地产市场活跃度。

撰稿：邱　慧

核稿：肖　强

2021 年湖北居民消费价格总体平稳

【内容提要】2021 年，湖北居民消费价格上涨 0.3%，涨幅较上年回落 2.4 个百分点，总体保持平稳。据测算，在 0.3%的涨幅中，新涨价因素约为 1.1 个百分点。随着经济运行延续恢复态势，经济发展韧性持续显现，外部因素影响总体可控，预计 2022 年 CPI 总体将温和上涨，保持在合理区间运行。

2021 年，湖北统筹推进疫情防控和经济社会发展各项工作，市场供求总体稳定，物价走势基本平稳，居民消费价格较上年上涨 0.3%。其中，城市上涨 0.4%，农村与上年持平；食品价格下降 3.3%，非食品价格上涨 1.2%；消费品价格上涨 0.1%，服务价格上涨 0.7%。

一、居民消费价格运行特征

（一）分月看，环比运行总体平稳，同比前低后升

从环比看，受寒冷天气和节日需求旺盛影响，1 月和 2 月湖北 CPI 分别上涨 1.0%和 0.7%。3 月份起，随着节日效应较弱、天气回暖、生猪产能逐步恢复、鲜菜、蛋等主要食品供应增加等因素影响，CPI 连续 4 个月下降，降幅在 0.1%～0.5%之间。7 月后，受天气因素、局部地区散发新冠疫情、季节性消费等因素影响，CPI 环比整体呈波动上涨态势。

从同比看，CPI 运行呈“低位回升”走势。受上年基数较高和猪周期下行影响，1—4 月价格持续下降（分别为-1.1%、-1.8%、-1.6%和-0.4%）；5 月起涨幅回正，且连续 6 个月在 2%以下；11 月，受猪价反弹、菜价高位等因素影响，CPI 涨幅短暂回升至 2%以上，12 月再次回落，同比上涨 1.5%。

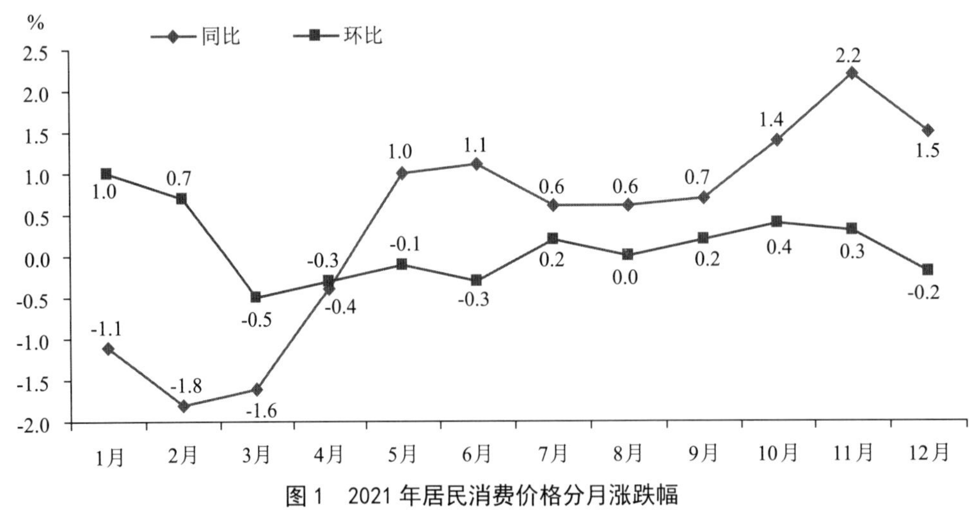

图 1　2021 年居民消费价格分月涨跌幅

（二）八大类商品及服务价格四涨二降二平

2021 年，湖北八大类商品和服务价格四涨二降二平。其中，交通通信价格上涨 4.0%，教育文化娱乐价格上涨 2.4%，生活用品及服务价格上涨 0.4%，医疗保健价格上涨 0.1%；其他用品及服务价格下降 2.3%，食品烟酒价格下降 1.5%；居住和衣着价格与上年持平。

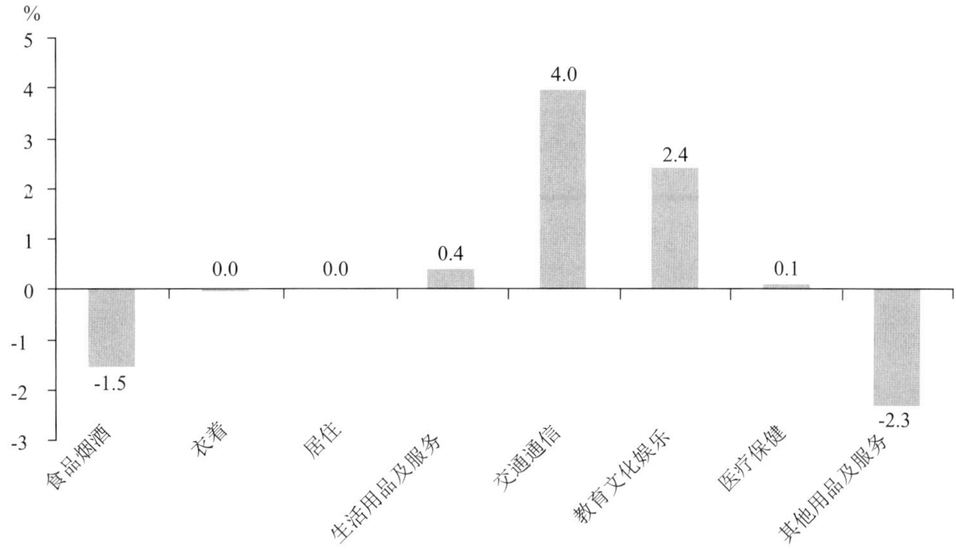

图 2　2021 年八大类商品及服务价格涨跌幅

（三）核心 CPI 小幅上涨

2021 年，扣除食品和能源价格的核心 CPI 同比上涨 0.6%，拉动 CPI 上涨 0.47 个百分点。从环比看，核心 CPI 整体保持上涨态势，小幅波动。从同比看，1—4 月核心 CPI 降幅持续收窄，5 月份由跌转涨并保持上涨态势，说明随着统筹疫情防控和经济社会发展的成效持续显现，市场有效需求逐步恢复，服务消费潜力得到释放。

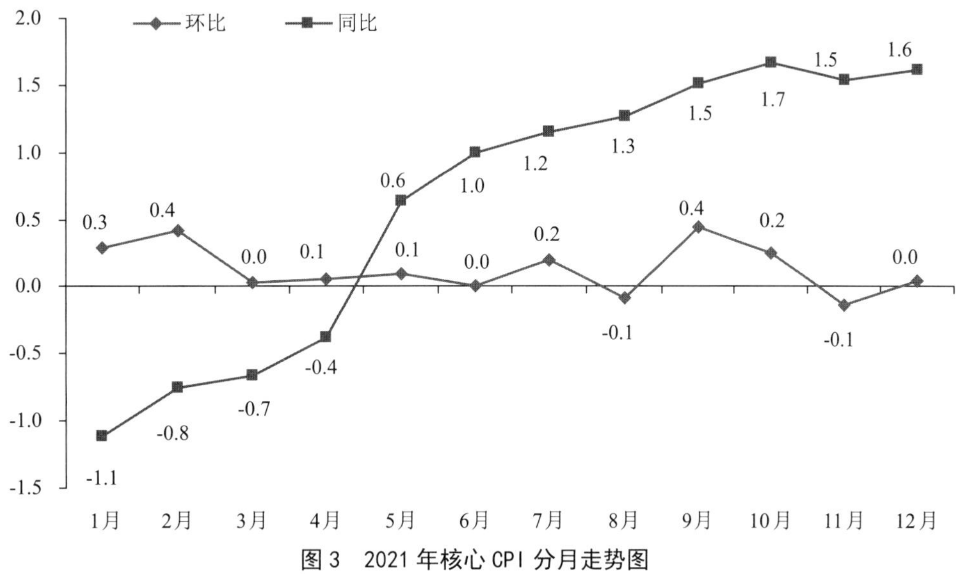

图 3　2021 年核心 CPI 分月走势图

（四）超六成基本分类上涨

2021 年 CPI 调查的 268 个基本分类中，170 个商品及服务项目价格上涨，占比 63.4%；72 个下降，占比 26.9%；26 个持平，占比 9.7%。涨幅较大的商品主要集中在食品类和教育文化娱乐类，部分衣着、家电、交通费用及生活用品价格呈降势。

（五）涨幅低于全国平均水平

2021 年，湖北居民消费价格同比涨幅比全国平均水平（0.9%）低 0.6 个百分点，在全国 31 个省（区、市）中居第 26 位。在中部六省中居第 6 位，涨幅比山西（1.0%）、河南（0.9%）、安徽（0.9%）、江西（0.9%）和湖南（0.5%）分别低 0.7、0.6、0.6、0.6 和 0.2 个百分点。

二、主要商品及服务价格变动情况及原因分析

（一）食品价格是影响居民消费价格变动的主要因素

2021 年，湖北食品价格较上年下跌 3.3%，拉动 CPI 下跌 0.61 个百分点，是影响居民消费价格变动的主要因素。

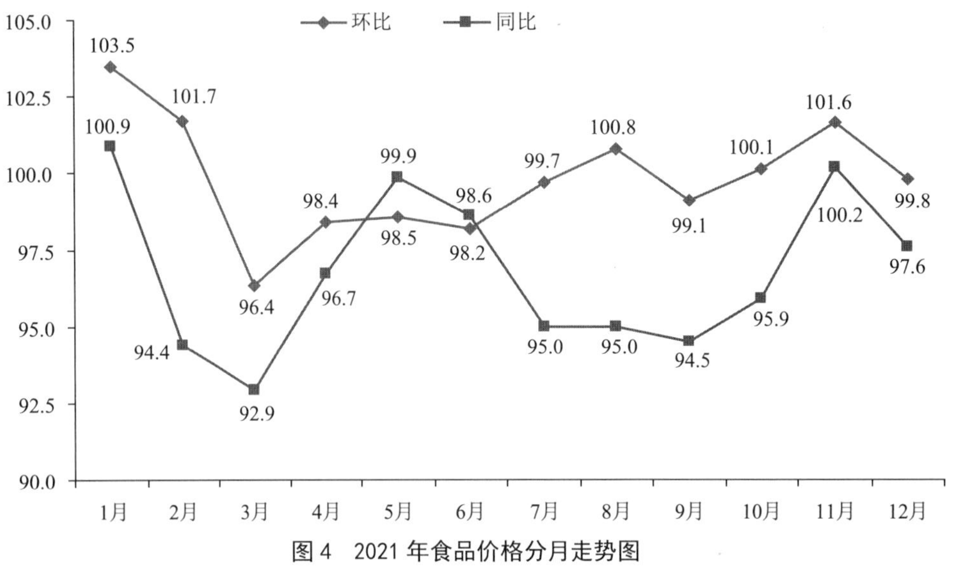

图 4　2021 年食品价格分月走势图

1. 猪肉价格大幅下降。2 月以来，猪肉价格连续 6 个月环比下跌，全年同比下降 32.2%，拉动居民消费价格下降 0.91 个百分点。2021 年，生猪产能持续恢复，存栏明显增加，生猪大量出栏，市场供给大于需求，猪肉价格明显下跌。8 月起，中央和地方陆续启动两轮猪肉储备收储工作，叠加冬季季节性消费需求增长，猪肉价格出现两次反弹，但总体仍处低位。

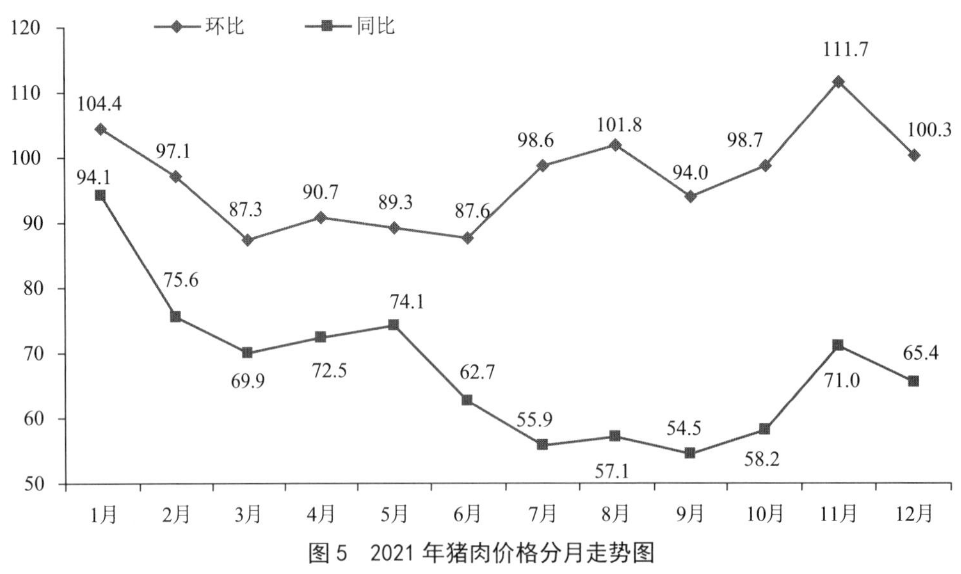

图 5　2021 年猪肉价格分月走势图

2. 淡水鱼价格高位运行。2021 年，淡水鱼价格同比上涨 26.9%，拉动居民消费价格上涨 0.24 个百分点。总体供应偏紧是淡水鱼价格上涨的主要原因。一是淡水鱼养殖效益下滑，养殖户缩减养殖规模。二是环保政策收紧，养殖结构调整，渔业资源生产性捕捞量下降，进一步减少了市场供应量。三是今年鱼苗、饲料、人工成本全线上涨，养殖成本上涨推高鱼价。自 7 月起，全省淡水鱼陆续出水上市，鱼价逐步下降，但淡水鱼供应偏紧的局面一时难以改善，价格在一段时间内仍高于上年同期。

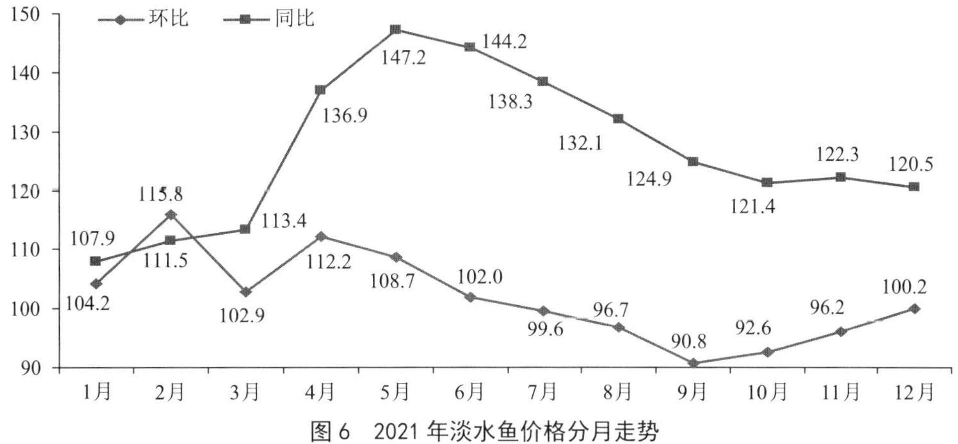

图 6 2021 年淡水鱼价格分月走势

（二）工业品价格上涨是 CPI 上涨的主要支撑因素

工业品价格同比上涨 1.6%，拉动 CPI 上涨 0.51 个百分点，是 CPI 上涨的主要支撑因素。一是国际大宗商品价格波动带动全省 PPI 较大幅度上涨，对消费市场上部分工业品价格有一定传导作用。二是国际原油价格回升支撑工业消费品上涨。2021 年，汽、柴油价格同比分别上涨 17.6%和 19.5%，拉动 CPI 上涨 0.46 个百分点。

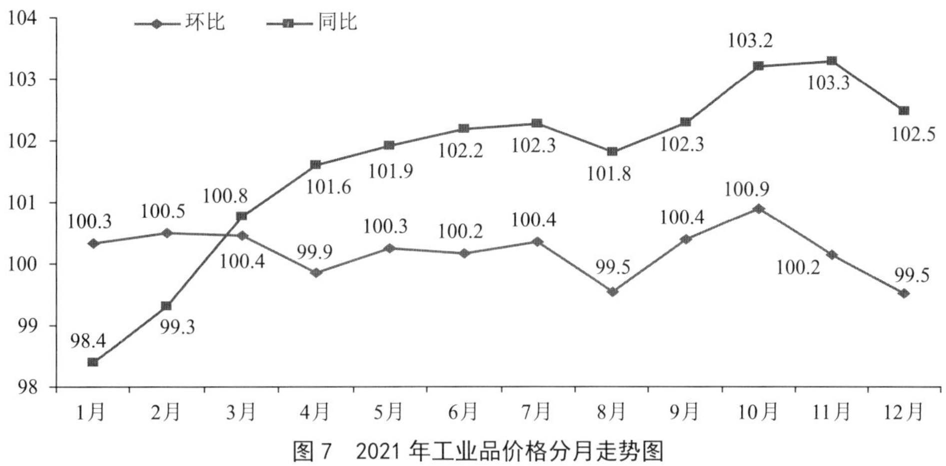

图 7 2021 年工业品价格分月走势图

（三）服务价格小幅上涨

2021 年，散发式疫情间歇性影响了接触性消费和服务业的恢复，消费需求较弱，服务价格上涨 0.7%，拉动 CPI 上涨 0.26 个百分点。居民出行、旅游等消费需求逐步恢复，电影及演出票上涨 3.8%，旅行社收费上涨 4.6%，景点门票上涨 36.2%。受防疫成本增加、人工工资上涨及市场因素影响，家庭服务、教育服务分别上涨 2.6%和 1.7%。部分地区调整部分医疗项目收费价格，医疗服务价格上涨 0.6%。

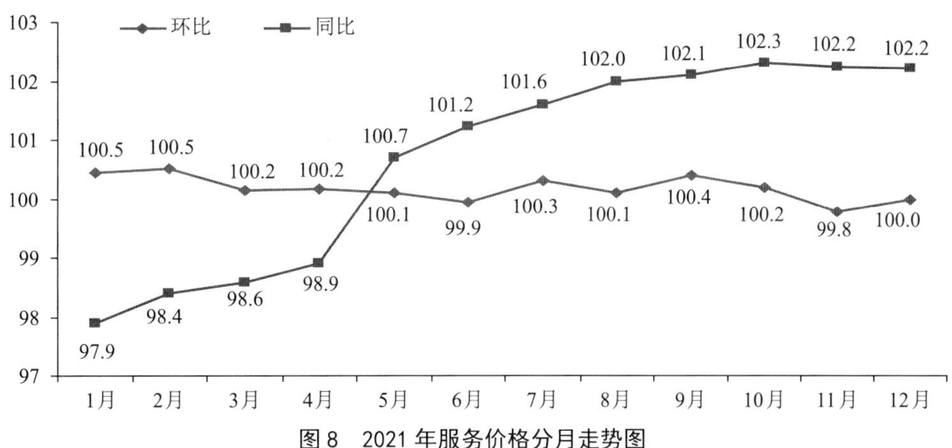

图 8 2021 年服务价格分月走势图

撰稿：蔡燕妮

核稿：刘 荣

2021 年湖北城乡居民收入较快增长

【内容提要】2021 年，在以习近平同志为核心的党中央坚强领导下，湖北统筹疫情防控和经济社会发展，努力推进脱贫攻坚成果与乡村振兴有效衔接，农业生产平稳有序，民生改善有力有效，城乡居民收入继续呈现恢复增长态势。2021 年湖北城镇居民人均可支配收入 40278 元，增长 9.7%，农村居民人均可支配收入 18259 元，增长 12.0%，两者增速均高于全国平均水平 1.5 个百分点。城乡居民收入在全国排位有所上升，实现“十四五”良好开局。

一、城镇居民收入基本情况

2021 年湖北城镇居民人均可支配收入 40278 元，比 2020 年增长 9.7%。收入绝对额比全国平均水平 47412 元低 7134 元，位居全国第 19 位，中部第 4 位，全国位次比 2020 年提升 2 位；增速比全国平均水平高 1.5 个百分点，位居全国第 2 位，中部第 1 位。

表 1　2021 年中部省份城镇居民收入及位次

地　区	人均可支配收入（元）	收入位次		收入增速（%）	增速位次	
		全国	中部		全国	中部
全　国	47412	—	—	8.2	—	—
湖　北	40278	19	4	9.7	2	1
山　西	37433	27	5	7.6	21	5
安　徽	43009	14	2	9.0	6	2
江　西	41684	15	3	8.1	14	3
河　南	37095	28	6	6.7	27	6
湖　南	44866	10	1	7.6	20	4

在城镇居民收入四项构成中，工资性收入占比最大，占可支配收入的 55.7%；经营净收入增长最快，增长 13.1%。

表 2　2021 年湖北城镇居民人均可支配收入

指标名称	2021 年（元）	2020 年（元）	增加额（元）	增长（%）	占比（%）	2019—2021 年平均增长（%）
可支配收入	40278	36706	3572	9.7	100.0	3.5
（一）工资性收入	22416	20071	2345	11.7	55.7	3.8
（二）经营净收入	5350	4728	622	13.1	13.3	0.1
（三）财产净收入	3689	3470	218	6.3	9.2	5.7
（四）转移净收入	8823	8436	387	4.6	21.9	4.1

城镇居民可支配收入延续恢复增长得益于以下主要因素：

（一）就业稳定和工时增加，推动工资性收入稳步回升

2021 年湖北城镇居民工资性收入 22416 元，比 2020 年增长 11.7%，比 2019 年增长 7.7%，两年平均增长 3.8%。2021 年以来，湖北经济运行稳定恢复向好，主要经济指标稳步增长，政府出台真金白银的稳岗扩岗措施、"春风行动"、规范人力资源市场等政策得到有效落实，全省就业形势保持稳定，新增就业目标任务提前完成，为居民工资性收入增长奠定了基础。

（二）消费活力增强与政策纾困，带动经营净收入继续恢复

2021 年湖北城镇居民人均经营净收入 5350 元，比 2020 年增长 13.1%，比 2019 年增长 0.2%，两年平均增长 0.1%。经营净收入增长的主要原因：一是服务行业消费活力增强。随着国内疫情防控形势趋稳，居民恐疫心理消除，各地强举措积极发展旅游文化等服务产业，通过发放湖北消费券、优惠景点门票、举办刺激消费的展销会等举措激活居民消费需求，引导企业通过直播电商推出餐饮、旅游、文化、体育等优质在线服务，带动服务行业向好。据调查，2021 年交通运输、批发零售、居民服务修理和其他服务业人均净收入比 2020 年分别增长 31.6%、7.4%和 38.6%。二是政策纾困助经营。减税缓税力度不降、陆续出台多项强保障措施，持续加力优化营商环境，有利于市场主体的良性发展。

（三）惠民政策落实、外出务工情况好转，助推转移净收入持续增长

2021 年湖北城镇居民人均转移净收入 8823 元，比 2020 年增长 4.6%，比 2019 年增长 8.3%，两年平均增长 4.1%。转移净收入增长的主要原因：一是养老金上调发放到位。到 2021 年养老金实现 17 连涨，各地对 2021 年 1 月份以来待调增加的养老金集中发放，惠及全省 778 万城乡居民基本养老保险领取待遇人员，有力促进了转移净收入的增长。二是寄带回收入、赡养收入稳步增长。2021 年来，各地生产生活秩序持续向好，经济稳定恢复，外出务工人员工作时长、工资水平提升，寄带回及赡养收入随之增加。三是各地积极落实困难残疾人、低保和特困人员社会救助，各地企事业单位加大爱心消费扶贫帮扶力度，助推转移净收入较快增长。

二、农村居民收入基本情况

2021 年湖北农村居民人均可支配收入 18259 元，比 2020 年增长 12.0%。收入绝对额比全国平均水平 18931 元低 672 元，位居全国第 14 位，中部第 4 位，全国位次比 2020 年提升 2 位；增速比全国平均水平高 1.5 个百分点，位居全国第 2 位，中部第 1 位。

表 3　2021 年中部省份农村居民收入及位次

地　区	人均可支配收入（元）	收入位次		收入增速（%）	增速位次	
		全国	中部		全国	中部
全　国	18931	—	—	10.5	—	—
湖　北	18259	14	4	12.0	2	1
山　西	15308	26	6	10.3	25	4
安　徽	18368	11	2	10.5	16	2
江　西	18684	10	1	10.0	28	5
河　南	17533	21	5	8.8	30	6
湖　南	18295	13	3	10.3	24	3

在农村居民收入四项构成中，经营净收入占比最大，占可支配收入的 41.4%；财产净收入增长最快，增长 18.4%。

表4　2021年湖北农村居民人均可支配收入

指标名称	2021年（元）	2020年（元）	增加额（元）	增长（%）	占比（%）	2019—2021年平均增长（%）
可支配收入	18259	16306	1953	12.0	100	5.5
（一）工资性收入	5949	5272	677	12.8	32.6	5.4
（二）经营净收入	7553	6745	808	12.0	41.4	5.3
1.第一产业	4837	4605	232	5.0	—	6.5
2.第二产业	784	567	216	38.1	—	9.5
3.第三产业	1932	1573	359	22.8	—	1.0
（三）财产净收入	254	214	39	18.4	1.4	9.8
（四）转移净收入	4504	4075	429	10.5	24.7	5.9

农村居民可支配收入呈现恢复增长得益于以下主要因素：

（一）经济恢复就业稳定，带动工资性收入稳步增长

2021年湖北农村居民人均工资性收入5949元，比2020年增长12.8%，比2019年增长11.1%，两年平均增长5.4%，增速快于城镇居民1.6个百分点。工资性收入增长的主要原因：一是宏观经济全面恢复向好奠定基础。各地支持实体经济发展和保供稳价力度加大，最低工资标准上调、持续推进“6+1”劳务协作、“春风行动”等稳岗促就业举措落实落地，助推工资性收入增长。二是各地经济建设项目、招商引资项目增加带动农村居民务工时间和工资水平提升。据农民工监测数据显示，2021年全省农民工本地务工时长人均8.2个月，比2020年增长7.3%，本地务工工资增长4.8%。三是持续做好脱贫人口、边缘易返贫人口等重点人员稳岗就业，脱贫攻坚成果得到进一步巩固。

（二）民生保障有力寄带回增加，促进转移净收入增长

2021年湖北农村居民人均转移净收入4504元，比2020年增长10.5%，比2019年增长12.0%，两年平均增长5.9%。转移净收入较快增长的主要原因：一是居民基本养老金标准上调惠及面广，对农村居民收入带动作用明显。二是居民基本医保筹资标准提高。三是失业保险保障金扩围、农业种植补贴、退捕渔民船网证补贴等相关群体保障政策缓解了居民增收压力。四是经济回暖带动市场用工需求增加，各地有序组织劳务输出，促进了居民来自寄带回和赡养收入增加。

（三）农业生产稳定乡村游蓬勃发展，助推经营净收入恢复

2021年湖北农村居民人均经营净收入7553元，比2020年增长12.0%，比2019年增长10.9%，两年平均增长5.3%。分产业看，第一产业经营净收入比2020年增长5.0%，第二、三产业经营净收入分别增长38.1%和22.8%。经营净收入增长的主要原因：一是第一产业生产经营总体平稳，主要农产品量增价涨：2021年全省粮食总产量2764.33万吨，比2020年增长1.4%；全年农产品价格上涨1.0%，其中蔬菜、淡水鱼价格分别上涨8.3%和20.4%；消费扶贫、农业产业化力度加大，带动水果、茶叶、木耳、香菇、蜂蜜等特色农产品经营净收入增长。二是第二、三产业继续恢复。各地以乡村振兴为抓手积极打造农村特色优势资源，农村电商蓬勃发展以及湖北消费券的大量发放，助推休闲农业、乡村旅游以及民宿经济较快恢复发展，带动农村第二、三产业经营净收入增加。三是政策纾困效果持续显现。各地密集出台并持续实施一系列纾困惠企政策，从减税降费、金融支持、灵活就业等方面加大援企稳岗力度，有效促进企业生产经营活动全面恢复。

三、城乡居民增收的难点及建议

总体上，湖北经济民生疫后重振稳定恢复态势没有改变，城乡居民收入持续稳步回升。但当前国际环境仍然复杂严峻，国内疫情多点散发等对城乡居民增收产生负面影响：

一是工资性收入增长基础仍需巩固。部分重点群体就业压力仍然较大，就业结构性、区域性矛盾及不同行业冷热不均现象仍然存在。部分企业和个体经营户反映存在订单需求不旺，同质化竞争激烈，原材料大幅涨价的压力，用工状况有波动，并直接导致相关行业企业务工人员就业状态、收入水平不稳定。

二是居民生产经营恢复仍需加力。部分传统种植业在农资、饲料、人工费用快速上涨的情况下，经营抗风险能力较弱，增收难度加大。线下服务行业因输入性疫情影响导致市场需求不足，中小微企业和个体经营户的人工、房租等成本普遍上涨，经营增利难。

三是自然灾害以及新冠疫情零星散发对局部城镇地区居民的房屋租金等财产收入和农村地区居民的寄带回收入产生不利影响。

面对输入性疫情和错综复杂的宏观经济形势，各级党委政府应继续做好“六稳”工作、落实“六保”任务。进一步落实好就业优先政策，优化营商环境，加强农产品生产经营指导和风险监测预警，加快农业产业化发展步伐，加大力度解决好中小微企业经营融资难、成本高等困难，为促进湖北城乡居民增收奠定更加坚实基础。

撰稿：盛　坤

核稿：张在金　时明国

2021 年湖北农民工总量得到恢复　务工收入稳步增长

【内容提要】2021 年，湖北省委、省政府统筹推进疫情防控和经济社会发展，扎实做好“六稳”工作，全面落实“六保”任务，有序推进各项稳就业政策落实落地，农民工就业形势稳中向好，农民工总量已恢复至正常年份水平，月均收入稳定增长。但农民工组织化程度不高、缺乏技能、稳定性较低等问题需引起重视，社会保障条件还有较大的改善空间。

一、湖北农民工规模、分布及流向

（一）农民工总量已恢复至正常年份水平

2021 年，湖北农民工总量 1517.8 万人，比上年增加 89.9 万人，增长 6.3%，比 2019 年增加 4.9 万人，增长 0.3%，总量已恢复至正常年份水平（见图 1）。

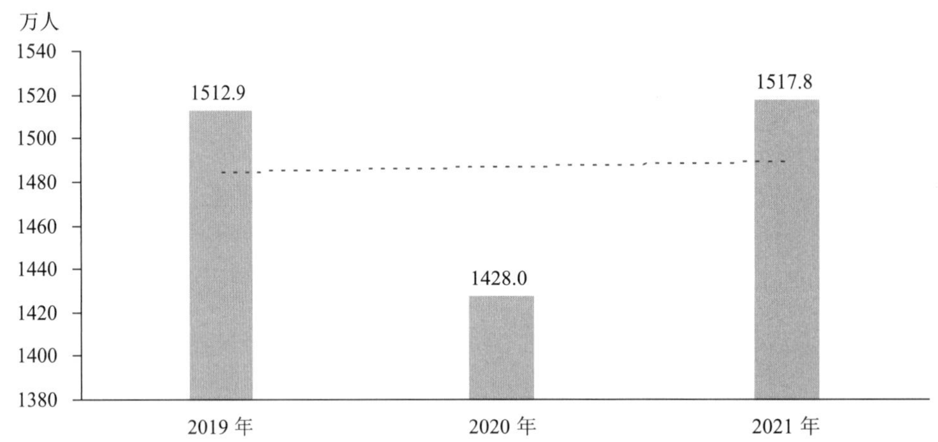

图 1　2019—2021 年湖北农民工总量

（二）本地农民工比重继续上升

2021 年，湖北本地农民工 469.0 万人，比上年增加 51.4 万人，增长 12.3%，占农民工总量的 30.9%，比上年提高 1.7 个百分点。其中本地非农务工达到 349.2 万人，比上年增加 55.4 万人，增 18.9%，占农民工总量的 23.0%，占比提高 2.4 个百分点。随着乡村振兴战略深入推进，乡村特色产业加快发展，本地就业创业环境向好，带动就业岗位增多，吸引部分外出劳动力回乡就业创业（见表 1）。

表 1　湖北农民工构成

单位：万人、%

指标名称	2021 年		2020 年		2019 年	
	总量	占比	总量	占比	总量	占比
农民工总量	1517.8	—	1428.0	—	1512.9	—
一、外出农民工	1048.8	69.1	1010.4	70.8	1086.3	71.8
1.住户中外出农民工	646.7	42.6	610.2	42.7	654.4	43.3
外出务工	597.4	39.4	566.9	39.7	605.7	40.1
外出自营	49.3	3.2	43.3	3.0	48.7	3.2
2. 举家外出农民工	402.1	26.5	400.2	28.1	431.9	28.5
二、本地农民工	469.0	30.9	417.6	29.2	426.6	28.2
1.本地非农务工	349.2	23.0	293.8	20.6	313.0	20.7
2.本地非农自营	119.8	7.9	123.8	8.6	113.6	7.5

（三）外出农民工流向呈现分化态势

县外省内就业的农民工数量增多。2021 年，湖北在外出的 1048.8 万人农民工中，选择在本省内就业的为 466.5 万人，比 2020 年增加 56.3 万人（比 2019 年增加 15.7 万人），占外出农民工 44.5%，占比提高 3.9 个百分点。其中，县外省内 341.6 万人，占 32.6%，比 2020 年提高 5.7 个百分点（见表 2）。

东部地区仍是外出主要务工地。2021 年，湖北选择跨省外出的 582.3 万人农民工中，东部地区 474.6 万人，占省外农民工 81.5%，提高 0.4 个百分点；中部地区 51.9 万人，占 8.9%，下降 0.6 个百分点；西部地区 49.6 万人，占 8.5%，提高 0.2 个百分点。东北部地区 3.7 万人，占比提高 0.1 个百分点。

珠三角向江浙沪、京津冀和东部其他地区分流。2021 年，湖北在东部地区农民工中，广东 257.0 万人，占省外农民工 44.1%，下降 3.2 个百分点；江浙沪地区 163.1 万人，占 28.0%，提高 4.7 个百分点；京津冀 24.7 万人，占 4.2%，提高 0.3 个百分点。

表 2　湖北外出农民工地区分布

单位：万人、%

指标名称	2021 年		2020 年		2019 年	
	总量	占比	总量	占比	总量	占比
外出农民工	1048.8	—	1010.4	—	1086.3	—
1.本省	466.5	44.5	410.2	40.6	450.8	41.5
（1）乡外县内	124.9	11.9	138.3	13.7	156.6	14.4
（2）县外省内	341.6	32.6	271.9	26.9	294.2	27.1
2.省外	582.3	55.5	600.2	59.4	635.5	58.5
（1）东部地区	474.6	45.4	486.6	48.2	516.1	47.5
北京	13.8	1.4	8.5	0.9	11.6	1.1
天津	2.7	0.3	4.2	0.4	5.7	0.5
河北	8.2	0.8	10.5	1.1	7.6	0.7
上海	30.8	2.9	28.2	2.8	33.7	3.1
江苏	46.6	4.4	44.7	4.4	38.2	3.5
浙江	85.7	8.2	67.0	6.6	73.2	6.7
福建	18.5	1.8	24.6	2.4	24.3	2.2
山东	5.1	0.5	9.7	1.0	11.6	1.2
广东	257.0	24.5	283.7	28.1	307.5	28.3
海南	6.2	0.6	5.4	0.5	2.6	0.2
（2）中部地区	51.9	4.9	56.8	5.6	57.7	5.3
（3）西部地区	49.6	4.7	50.0	4.9	49.3	4.5
（4）东北地区	3.7	0.3	2.9	0.3	6.1	0.6
（5）其他地区	2.5	0.2	3.8	0.4	6.4	0.6

二、湖北农民工基本特征

（一）男性多于女性，年龄结构趋于老化

2021 年，在湖北全部农民工中，男性农民工占比 66.4%，女性占 33.6%，男性比例高出女性 32.8 个百分点。分年龄段来看，30 岁以下农民工占 17.7%；30-40 岁农民工占 33.3%；41-50 岁农民工占 22.2%；50 岁以上农民工占 26.8%。其中，50 岁以上农民工占比较上年提高 4.3 个百分点；35 岁以下新生代农民工占比 36.2%，比上年提高 4.4 个百分点（见表 3）。

表 3　湖北农民工性别、年龄构成

单位：%

指标名称	2021 年	2020 年	增减
一、性别			
男性	66.4	65.5	0.9
女性	33.6	34.5	-0.9
二、年龄			
19 岁及以下	0.5	0.6	-0.1
20-29 岁	17.2	18.8	-1.6
30-40 岁	33.3	36.4	-3.1
41-50 岁	22.2	21.8	0.4
51 岁以上	26.8	22.4	4.4

（二）文化程度有所提高，总体水平仍然较低

在湖北全部农民工中，初中及以下文化程度的农民工占 67.0%；高中文化程度农民工占 20.3%；大专及以上文化程度农民工占 12.7%。大专及以上文化程度农民工占比较上年提高了 0.9 个百分点（见表 4）。

表 4　湖北农民工受教育程度构成

单位：%

受教育程度	2021 年	2020 年	增减
1.未上过学	0.7	0.8	-0.1
2.小学	14.6	13.5	1.1
3.初中	51.7	53.7	-2.0
4.高中	20.3	20.2	0.1
5.大学专科	7.6	7.4	0.2
6.大学本科	4.5	4.1	0.4
7.研究生	0.6	0.3	0.3

三、农民工就业与收入状况

（一）在第二产业就业的农民工比重继续提高

2021 年，湖北农民工就业分布在一、二、三产业的占比分别为 0.4%、62.4%、37.2%。从事第二产业的农民工占比比上年提高 3.6 个百分点。其中，从事制造业的农民工比重为 35.7%，比上年提高 1.1 个百分点；从事建筑业的农民工比重为 24.7%，提高 1.7 个百分点。

从事第三产业的农民工占比下降 3.3 个百分点。其中，从事批发和零售业的农民工比重为 6.6%，比上年下降 1.3 个百分点；从事住宿餐饮业的农民工比重均为 6.0%，下降 0.8 个百分点。在第三产业其他行业中，从事卫生和社会工作，公共管理、社会保障和社会组织的比重有所下降（见表 5）。

2021 年，湖北农民工就业主要集中在六大行业，共吸纳了 86.0%的农民工。其中，制造业 541.2 万人，占 35.7%；建筑业 374.1 万人，占 24.6%；批发和零售业 100.5 万人，占 6.6%；交通运输、仓储和邮政业 84.6 万人，占 5.6%；住宿和餐饮业 90.6 万人，占 6.0%；居民服务和其他服务业 112.2 万人，占 7.4%（见图 2）。

表5　湖北农民工从业行业分布

单位：%、百分点

指标名称	2021年	2020年	增减
第一产业	0.4	0.7	-0.3
第二产业	62.4	58.8	3.6
其中：制造业	35.7	34.6	1.1
建筑业	24.7	23.0	1.7
第三产业	37.2	40.5	-3.3
其中：批发和零售业	6.6	7.9	-1.3
交通运输仓储邮政业	5.6	4.7	0.9
住宿餐饮业	6.0	6.8	-0.8
居民服务修理和其他服务业	7.4	9.1	-1.7
其他	11.6	12.0	-0.4

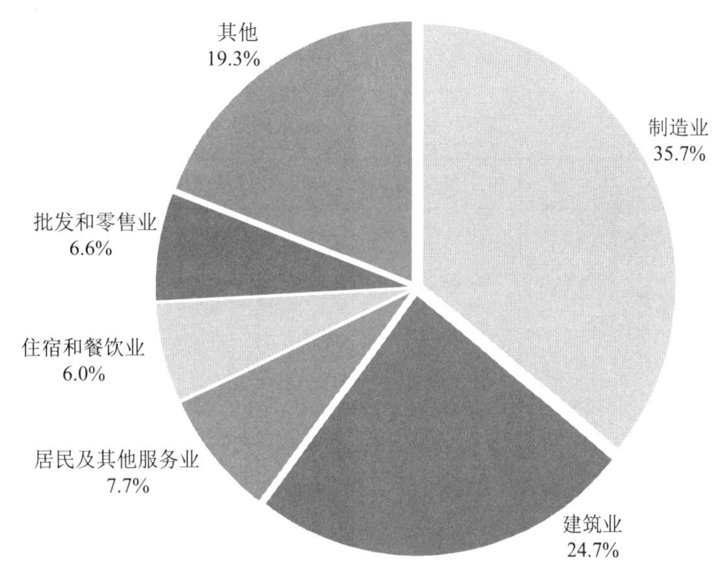

图2　湖北农民工行业分布

（二）农民工务工收入稳定增长

2021年，湖北农民工月均收入为4945元，比上年增长8.8%，比2019年增长11.4%，两年平均增长5.5%。

（三）外出农民工月均收入增速快于本地农民工

2021年，湖北外出农民工月均收入5567元，比上年增加549元，增长10.9%，增幅扩大7.4个百分点；本地农民工月均收入4008元，比上年增加373元，增长10.3%，增幅较2020年扩大8.5个百分点。

（四）月收入5000元以上农民工群体占比提高

从收入层次来看，2021年，湖北外出农民工月均收入在3000元以上的占94.5%，比上年提高2.9个百分点。其中，月均收入在3000-5000元的占39.1%，比上年下降12.1个百分点；月均收入在5000元以上的占54.4%，比上年提高了15.0个百分点。

（五）交通运输业农民工月均收入增速最快

分行业看，2021年，湖北农民工就业集中的六大主要行业月均收入继续增长。其中，从事交通运输仓储和邮政业农民工月均收入达到6045元，比上年增加856元，增长16.5%；从事制造业农民工月均收入5077元，比上年增加573元，增长12.7%；从事建筑业农民工月均收入5655元，比上年增加171元，增长3.1%；从事批发和零售业农民工月均收入5083元，比上年增加457元，增长9.9%；从事住宿餐饮业农民工月均收入 4610 元，比上年增加 404 元，增长 9.6%；从事居民服务修理和其他服务业农民工月均收入 4688 元，比上年增加 514 元，增长 12.3%（见表 6）。

表 6 湖北分行业农民工月均收入及增速

单位：元、%

行　业	2021 年	2020 年	增速
制造业	5077	4504	12.7
建筑业	5655	5484	3.1
批发和零售业	5083	4626	9.9
交通运输仓储邮政业	6045	5189	16.5
住宿餐饮业	4610	4206	9.6
居民服务修理和其他服务业	4688	4174	12.3

外出农民工中，居住条件进一步改善。2021 年，湖北外出农民工住所类型为单位宿舍、工地工棚、生产经营场所的共占 56.0%，比上年提高 2.0 个百分点；与人合租住房、独立租赁住房的合计占 33.2%，比上年提高 1.3 个百分点；务工地自购房为 1.7%，比上年下降 1.1 个百分点；乡外从业但回家居住的占 8.0%，下降 1.9 个百分点（见表 7）。

表 7 湖北外出农民工住所类型

单位：%

住所类型	2021 年	2020 年	增速
1.单位宿舍	39.3	38.2	1.1
2.工地工棚	13.6	12.2	1.4
3.生产经营场所	3.1	3.6	-0.5
4.与人合租住房	11.6	12.3	-0.7
5.独立租赁住房	21.6	19.6	2.0
6.务工地自购房	1.7	2.8	-1.1
7.乡外从业但回家居住（老家）	8.0	9.9	-1.9
8.其他	1.1	1.4	-0.3

（六）超六成单位或雇主可为农民工提供食宿伙食便利

2021 年，湖北外出农民工从单位或雇主得到免费住宿的农民工占 64.1%，比上年提高 0.9 个百分点；不提供住宿也没有住房补贴的农民工占 35.9%，下降 0.9 个百分点；单位或雇主提供伙食的比例为 66.2%。

五、农民工就业面临的主要问题

（一）外出单一，组织化程度不高

2021 年，湖北外出农民工中，自发外出的占 62.8%；亲朋好友介绍的占 34.4%；中介组织介绍和政府及有关部门组织外出的仅分别占 0.7%和 2.1%。湖北农村劳动力外出务工仍以自发为主，集体或中介组织作用不明显。

（二）缺乏技能，社会保障不足

从劳动合同签订率看，2021 年，在湖北外出务工人员中，没有与单位和雇主签订劳动合同的占 51.5%。一方面用人单位为了自身利益不与农民工签订合同，另一方面农民工法律维权意识淡薄，工作稳定性降低；从享受社会保障看，外出农民工参与工伤保险人数仅占 29.5%，农民工大多从事的是危险程度比较高的行业，如果没有必要的劳动保护和工伤保险，当农民工出现疾病、工伤后得不到应有的基本保障，损害农民工的长远利益；从接受职业技能培训看，仅有 6.6%的农民工表示接受过非农职业技能培训，而今年接受过农业职业培训的也仅有2.8%。

（三）工作强度大，稳定性较低

从工作时间看，2021年外出农民工每月工作25.1天，比上年提高0.2个百分点；平均每天工作8.7小时，比上年提高0.1个百分点；从工作稳定性看，2021年从事目前工作5年及以上的比例为34.2%，比上年下降5.3个百分点；从事目前工作1-2年的比例为18.4%，比上年提高4.9个百分点。

六、几点建议

（一）精准施策，促进农民工就业创业

积极落实各项促进农民工就业创业的优惠政策，引导和鼓励有经济、有技术、有能力的农民工留乡创业。对有创业意愿的农民工，在项目推介、贷款发放、税费减免、工商登记、信息咨询等方面提供支持，推行限时办结和承诺服务等，开辟农民工创业“绿色通道”，充分调动农民工创业积极性，为返乡农民工自主创业创造良好条件。

（二）精准培训，提高农民工就业质量

一是切实提高培训的有效性、实用性，不断开展多形式的职业技能培训，积极与企业联系并有针对性地做好员工的岗前、岗中培训工作，梯次式培养企业发展所需的熟练工和技工；二是积极开展线上职业技能培训，把职业素质、法律法规、安全生产、消防环保、健康卫生、疫病防控等内容贯穿线上培训全过程，落实农民工免费培训政策、参加培训生活费补贴政策和企业以工代训政策。

（三）健全保障体系，提升农民工社会保障水平

加强用工企业法律意识，自觉与农民工签订劳动合同，保障农民工合法权益；相关部门应简化办理转移手续，提高办理效率。加大宣传力度，让农民工自觉参与缴纳社会保险。不断完善相关法律法规，加强对农民工权益保护力度，建立完善农民工法律援助机制，降低农民工法律维权成本，增强对法律维权的信心。

撰稿：郁 雁

核稿：周家庆

附注：

1.农民工监测调查情况

为准确反映农民工规模、流向、结构、就业、收支、生活、社会保障及创业等情况，国家统计局2008年建立农民工监测调查制度，在农民工输出地开展监测调查。湖北省在56个调查县（市、区）抽选了303个村、3030户作为调查样本，监测调查工作由国家统计局湖北调查总队负责组织实施。采用入户访问调查的形式，按季度进行调查。

2.农民工监测调查主要指标解释

农民工：指户籍仍在农村，年内在本地从事非农活动（包括本地非农务工和非农自营活动）或外出从业6个月及以上的农村劳动力。

本地农民工：指在户籍所在乡镇地域以内从业的农民工。

外出农民工：指在户籍所在乡镇地域外从业的农民工。

东部地区：包括北京、天津、河北、上海、江苏、浙江、福建、山东、广东、海南10个省（市）。

中部地区：包括山西、安徽、江西、河南、湖北、湖南6省。

西部地区：包括内蒙古、广西、重庆、四川、贵州、云南、西藏、陕西、甘肃、青海、宁夏、新疆12个省（自治区）。

东北地区：辽宁、吉林、黑龙江3个省。

1-1 土地面积与行政区划
Land Ares and Administrative Division

项 目	单 位	Item	Unit	2000	2005	2010	2015	2018	2019	2020	2021
常住人口	(万人)	Population of the Whole Province	(10000 persons)	5646	5710	5724	5852	5917	5927	5744.9	5830
土地面积	(万平方公里)	Land Area	(10000 sq.km)			18.59	18.59	18.59	18.59	18.59	18.59
行政区划		Administrative Division									
省辖市	(个)	Municipality	(unit)	12	12	12	12	12	12	12	12
自治州	(个)	Autonomous	(unit)	1	1	1	1	1	1	1	1
林区	(个)	Forest Zone	(unit)	1	1	1	1	1	1	1	1
县级市	(个)	City	(unit)	24	24	24	24	25	25	26	26
省辖行政单位	(个)	Administrative Units under the Jurisdiction of Province	(unit)	3	3	3	3	3	3	3	3
县	(个)	County	(unit)	41	39	40	39	38	38	37	37
乡政府	(个)	Local Government	(unit)	476	217	201	168	163	162	161	161
镇政府	(个)	Township Government	(unit)	853	737	742	761	762	760	761	761
办事处	(个)	Office	(unit)	145	163	211	304	310	327	329	333
村民委员会	(个)	Village Community	(unit)	32400	26678	26018	25343	23571	23202	22532	22091
村民小组	(个)	Village Groups	(unit)	259250	212587	209598	208546	205059	203005	208002	198783

注：耕地面积数据来源于自然资源部门。
Note: Statistics of cultivated area sources from the Department of Natural Resources of Hubei Province.

1-2　市、州行政区划(2021年底)

Administrative Division of Municipalities and Prefecture(End of 2021)

单位：个 (unit)

地　区	Region	县级市 Cities	县 Counties	区 Districts	乡政府 Village Government	镇政府 Township Government
全　省	**Total**		**37**	**39**	**161**	**761**
武汉市	Wuhan			13	3	1
黄石市	Huangshi	1	1	4	1	27
十堰市	Shiyan	1	4	3	34	72
荆州市	Jingzhou	4	2	2	12	88
宜昌市	Yichang	3	5	5	19	67
襄阳市	Xiangyang	3	3	3	4	74
鄂州市	Ezhou			3	3	18
荆门市	Jingmen	2	1	2	2	48
孝感市	Xiaogan	3	3	1	23	72
黄冈市	Huanggang	2	7	1	16	99
咸宁市	Xianning	1	4	1	12	52
恩施自治州	Enshi	2	6		29	54
随州市	Suizhou	1	1	1		37
仙桃市	Xiantao	1				15
天门市	Tianmen	1			1	21
潜江市	Qianjiang	1				10
神农架林区	Shennongjia				2	6

注：乡政府、镇政府、村民委员会、村民小组数只涉及农村生产经营单位数。

Note: The number of village government, township government, village community and village groups only refers to the number of units run by village production operation.

1-3 各市、县(市、区)名称(2021年底)
Municipalities and Counties(End of 2021)

市	Municipality	县(市、区)数(个) Number of Counties (unit)	市辖县 Counties	市辖区 Districts	县级市 Cities
武汉市	Wuhan Municipality	13		江岸区、江汉区、硚口区、汉阳区、武昌区、青山区、洪山区、东西湖区、汉南区、蔡甸区、江夏区、黄陂区、新洲区	
黄石市	Huangshi Municipality	6	阳新县	黄石港区、西塞山区、下陆区、铁山区	大冶市
十堰市	Shiyan Municipality	8	郧西县、竹山县、竹溪县、房县	茅箭区、张湾区、郧阳区	丹江口市
荆州市	Jingzhou Municipality	8	江陵县、公安县	沙市区、荆州区	石首市、洪湖市、松滋市、监利市
宜昌市	Yichang Municipality	13	秭归县、远安县、兴山县、长阳县、五峰县	西陵区、伍家岗区、点军区、猇亭区、夷陵区	宜都市、当阳市、枝江市
襄阳市	Xiangyang Municipality	9	南漳县、谷城县、保康县	襄城区、樊城区、襄州区	老河口市、枣阳市、宜城市
鄂州市	Ezhou Municipality	3		鄂城区、华容区、梁子湖区	
荆门市	Jingmen Municipality	5	沙洋县	东宝区、掇刀区	钟祥市、京山市
孝感市	Xiaogan Municipality	7	孝昌县、云梦县、大悟县	孝南区	应城市、安陆市、汉川市
黄冈市	Huanggang Municipality	10	团风县、浠水县、蕲春县、黄梅县、英山县、罗田县、红安县	黄州区	麻城市、武穴市
咸宁市	Xianning Municipality	6	通山县、崇阳县、通城县、嘉鱼县	咸安区	赤壁市
恩施自治州	Enshi Prefecture	8	建始县、咸丰县、巴东县、宣恩县、来凤县、鹤峰县		恩施市、利川市
随州市	Suizhou Municipality	3	随县	曾都区	广水市
仙桃市	Xiantao Municipality	1			
天门市	Tianmen Municipality	1			
潜江市	Qianjiang Municipality	1			
神农架林区	Shennongjia Forest Zone				

1-4　部分主要调查指标
Part of the Main Survey Indicators

指　标	Item	单位	Unit	2017	2018	2019	2020	2021
主要农产品产量	Output of Major Farm Products	万吨	10000 tons					
粮食	Grain			2846.13	2839.47	2724.98	2727.43	2764.30
棉花	Cotton			18.40	14.93	14.36	10.79	10.89
油料	Oil-Bearing Crops			307.69	302.48	313.95	344.45	354.14
猪肉	Pork			339.29	333.18	242.95	203.84	318.00
水产品	Aquatic Products			465.42	458.40	469.54	467.93	483.21
家庭、生活	Family, People's Livelihood and Environment							
家庭	Family							
城镇居民平均每户家庭常住人口	Average Household Size in Urban Areas	人	person	2.84	3.00	3.01	3.03	3.01
农村居民平均每户家庭常住人口	Average Household Size in Rural Areas	人	person	2.87	3.08	3.08	3.09	3.05
居住	Residence							
城镇居民人均住房面积	Per Capita Net Floor Space of Urban Residents	平方米	sq.m	42.48	45.85	46.31	43.08	43.76
农村居民人均住房面积	Per Capita Net Floor Space of Rural Residents	平方米	sq.m	58.71	57.76	58.42	57.54	56.74
生活	People's Livelihood							
城镇居民人均可支配收入	Per Capita Disposable Income of Urban Residents	元	yuan	31889.42	34454.63	37601.36	36705.74	40278.00
农村居民人均可支配收入	Per Capita Disposable Income of Rural Residents	元	yuan	13812.09	14977.82	16390.86	16305.91	18259.00
物价(上年=100)	Price (preceding year = 100)							
商品零售价格指数	Retail Price Index			100.3	101.2	102.6	102.2	101.2
居民消费价格指数	Consumer Price Index			101.5	101.9	103.1	102.7	100.3
工业生产者出厂价格指数	Producer Price Indices for Industrial Products			105.6	104.2	100.2	99.1	104.1

注：2015–2017年农业相关数据为根据第三次全国农业普查资料修订数据。
Note: The data related to agriculture from 2015 to 2017 were revised according to the third national agricultural census data.

主要统计指标解释

户数　包括家庭户(含单身独居)和集体户。

人口数　指一定时点、一定地区范围内有生命的个人的总和。

市镇人口　指市人口和县辖镇人口。

乡村人口　指县辖乡的全部人口。

Explanatory Notes on Main Statistical Indicators

Households include family household (including single household) and collective households.

Total Population refers to the total number of people alive at a certain point of time within a given area.

Urban Population refers to city population and town population.

Country Population refers to the total population under the jurisdiction of country.

农业调查

Chapter 2

Rural Survey

资料整理：刘俊杰　祁　炜　李　鹏
　　　　　张文怡　雷　迪

2-1 主要农作物播种面积、产量和单位面积产量(2021年)
Total Sown Areas, Output and Yield per Unit Area of Farm Crops(2021)

单位：千公顷、万吨、公斤/公顷 (1000 hectares, 10000 tons, kg/hectare)

指 标	Item	播种面积 Sown Area	总产量 Total Output	单位面积产量 Yield per Unit Area
农作物总播种面积	**Total Sown Area of Farm Crops**			
粮食作物总计	Grain Crops	4685.98	2764.33	5899.14
夏收粮食	Summer Grain	1305.84	473.44	3625.55
谷物	Cereals	1061.18	402.21	3790.21
小麦	Wheat	1052.06	399.34	3795.78
大麦	Barley	7.82	2.55	3256.40
蚕豌豆	Broad Bean and Peas	18.07	2.88	1596.68
薯类	Tubers	226.59	68.34	3016.16
马铃薯	Potato	226.59	68.34	3016.16
早稻	Early-season Rice	120.22	71.38	5937.79
秋收粮食	Autumn Grain	3259.93	2219.50	6808.45
谷物	Cereals	2921.72	2138.28	7318.59
中稻	Semilate Rice	2019.15	1719.52	8516.03
双季晚稻	Double-crop Late Rice	133.21	92.72	6960.20
玉米	Corn//Maize	762.71	323.54	4241.94
豆类	Beans	235.99	39.00	1652.47
大豆	Soybean	223.77	37.21	1662.97
绿豆	Green Beans	7.69	1.06	1373.40
红小豆	Red Bean	2.94	0.37	1256.71
薯类	Tubers	102.22	42.23	4130.74
马铃薯	Potato	21.92	10.29	4695.42
油料作物	Oil-bearing Crops	1429.48	354.14	2477.39
花生	Peanuts	244.67	86.27	3525.83
油菜籽	Rapeseeds	1094.02	251.78	2301.41
芝麻	Sesames	77.34	13.07	1689.41
棉花	Cotton	120.71	10.89	902.00
麻类	Fiber Crops	3.54	0.86	2436.19
苎麻	Ramee	3.53	0.86	2437.05
糖料	Sugar	6.35	27.17	42802.23
甘蔗	Sugar Cane	6.35	27.17	42802.23
烟叶	Tobacco	39.05	6.93	1775.76
烤烟	Flue-cured Tobacco	34.11	5.93	1737.53
蔬菜(含菜用瓜)	Vegetables	1309.95	4299.80	32824.20

2-2 主要农作物播种面积
Total Sown Areas of Farm Crops

单位：千公顷 (1000 hectares)

指 标	Item	2021	2020	2021年比2020年增加 Growth Rate in 2021 over 2020	
				绝对数 Absolute Figures	%
农作物总播种面积	**Total Sown Area of Farm Crops**				
粮食作物总计	Grain Crops	4685.98	4645.27	40.71	0.9
夏收粮食	Summer Grain	1305.84	1276.06	29.78	2.3
谷物	Cereals	1061.18	1039.91	21.27	2.0
小麦	Wheat	1052.06	1031.38	20.67	2.0
大麦	Barley	7.82	7.05	0.78	11.1
蚕豌豆	Broad Bean and Peas	18.07	16.05	2.01	12.5
薯类	Tubers	226.59	220.10	6.49	3.0
马铃薯	Potato	226.59	220.10	6.49	3.0
早稻	Early-season Rice	120.22	122.43	-2.22	-1.8
秋收粮食	Autumn Grain	3259.93	3246.78	13.15	0.4
谷物	Cereals	2921.72	2915.98	5.74	0.2
中稻	Semilate Rice	2019.15	1998.97	20.19	1.0
双季晚稻	Double-crop Late Rice	133.21	159.33	-26.11	-16.4
玉米	Corn//Maize	762.71	751.99	10.71	1.4
豆类	Beans	235.99	231.67	4.32	1.9
大豆	Soybean	223.77	219.72	4.06	1.8
绿豆	Green Beans	7.69	7.25	0.44	6.0
红小豆	Red Bean	2.94	3.06	-0.12	-3.9
薯类	Tubers	102.22	99.13	3.09	3.1
马铃薯	Potato	21.92	22.62	-0.70	-3.1
油料作物	Oil-bearing Crops	1429.48	1377.93	51.55	3.7
花生	Peanuts	244.67	248.72	-4.05	-1.6
油菜籽	Rapeseeds	1094.02	1034.36	59.67	5.8
芝麻	Sesames	77.34	80.10	-2.76	-3.4
棉花	Cotton	120.71	129.73	-9.02	-7.0
麻类	Fiber Crops	3.54	3.33	0.21	6.3
苎麻	Ramee	3.53	3.32	0.22	6.5
糖料	Sugar	6.35	6.63	-0.29	-4.3
甘蔗	Sugar Cane	6.35	6.63	-0.29	-4.3
烟叶	Tobacco	39.05	36.37	2.68	7.4
烤烟	Flue-cured Tobacco	34.11	31.58	2.54	8.0
蔬菜(含菜用瓜)	Vegetables	1309.95	1279.90	30.05	2.3

2-3 主要农作物产量
Output of Farm Crops

单位：万吨 (10000 tons)

指　标	Item	2021	2020	2021年比2020年增加 Growth Rate in 2021 over 2020	
				绝对数 Absolute Figures	%
粮食作物总计	Grain Crops	2764.33	2727.43	36.90	1.4
夏收粮食	Summer Grain	473.44	471.96	1.48	0.3
谷物	Cereals	402.21	403.41	-1.20	-0.3
小麦	Wheat	399.34	400.66	-1.33	-0.3
大麦	Barley	2.55	2.35	0.20	8.6
蚕豌豆	Broad Bean and Peas	2.88	2.51	0.38	15.0
薯类	Tubers	68.34	66.04	2.31	3.5
马铃薯	Potato	68.34	66.04	2.31	3.5
早稻	Early-season Rice	71.38	68.30	3.08	4.5
秋收粮食	Autumn Grain	2219.50	2187.17	32.33	1.5
谷物	Cereals	2138.28	2109.65	28.63	1.4
中稻	Semilate Rice	1719.52	1687.34	32.18	1.9
双季晚稻	Double-crop Late Rice	92.72	108.70	-15.98	-14.7
玉米	Corn//Maize	323.54	311.54	11.99	3.8
豆类	Beans	39.00	37.23	1.77	4.8
大豆	Soybean	37.21	35.54	1.68	4.7
绿豆	Green Beans	1.06	0.95	0.10	10.6
红小豆	Red Bean	0.37	0.38	-0.01	-2.9
薯类	Tubers	42.23	40.30	1.93	4.8
马铃薯	Potato	10.29	10.40	-0.11	-1.1
油料作物	Oil-bearing Crops	354.14	344.45	9.68	2.8
花生	Peanuts	86.27	87.10	-0.83	-1.0
油菜籽	Rapeseeds	251.78	241.06	10.72	4.4
芝麻	Sesames	13.07	13.06	0.00	0.0
棉花	Cotton	10.89	10.79	0.10	0.9
麻类	Fiber Crops	0.86	0.83	0.03	3.8
苎麻	Ramee	0.86	0.83	0.03	4.1
糖料	Sugar	27.17	28.15	-0.98	-3.5
甘蔗	Sugar Cane	27.17	28.15	-0.98	-3.5
烟叶	Tobacco	6.93	6.30	0.64	10.1
烤烟	Flue-cured Tobacco	5.93	5.34	0.59	11.1
蔬菜(含菜用瓜)	Vegetables	4299.80	4119.36	180.45	4.4

2-4 主要农作物单位面积产量
Yield per Unit Area of Farm Crops

单位：公斤/公顷 (kg/hectare)

指　标	Item	2021	2020	2021年比2020年增加 Growth Rate in 2021 over 2020	
				绝对数 Absolute Figures	%
粮食作物总计	Grain Crops	5899.14	5871.41	27.73	0.5
夏收粮食	Summer Grain	3625.55	3698.54	-72.99	-2.0
谷物	Cereals	3790.21	3879.31	-89.10	-2.3
小麦	Wheat	3795.78	3884.74	-88.96	-2.3
大麦	Barley	3256.40	3330.33	-73.93	-2.2
蚕豌豆	Broad Bean and Peas	1596.68	1562.16	34.52	2.2
薯类	Tubers	3016.16	3000.25	15.90	0.5
马铃薯	Potato	3016.16	3000.25	15.90	0.5
早稻	Early-season Rice	5937.79	5578.53	359.26	6.4
秋收粮食	Autumn Grain	6808.45	6736.44	72.01	1.1
谷物	Cereals	7318.59	7234.79	83.80	1.2
中稻	Semilate Rice	8516.03	8441.07	74.96	0.9
双季晚稻	Double-crop Late Rice	6960.20	6822.39	137.81	2.0
玉米	Corn//Maize	4241.94	4142.92	99.02	2.4
豆类	Beans	1652.47	1606.87	45.60	2.8
大豆	Soybean	1662.97	1617.36	45.61	2.8
绿豆	Green Beans	1373.40	1316.53	56.87	4.3
红小豆	Red Bean	1256.71	1243.40	13.30	1.1
薯类	Tubers	4130.74	4065.19	65.55	1.6
马铃薯	Potato	4695.42	4600.20	95.22	2.1
油料作物	Oil-bearing Crops	2477.39	2499.80	-22.42	-0.9
花生	Peanuts	3525.83	3501.83	24.00	0.7
油菜籽	Rapeseeds	2301.41	2330.53	-29.12	-1.2
芝麻	Sesames	1689.41	1630.74	58.68	3.6
棉花	Cotton	902.00	831.87	70.13	8.4
麻类	Fiber Crops	2436.19	2494.79	-58.61	-2.3
苎麻	Ramee	2437.05	2493.87	-56.82	-2.3
糖料	Sugar	42802.23	42430.49	371.73	0.9
甘蔗	Sugar Cane	42802.23	42430.49	371.73	0.9
烟叶	Tobacco	1775.76	1731.39	44.37	2.6
烤烟	Flue-cured Tobacco	1737.53	1690.33	47.20	2.8
蔬菜(含菜用瓜)	Vegetables	32824.20	32184.92	639.28	2.0

2-5 分品种主要农作物播种面积(2000-2021年)

单位：千公顷

指 标	Item	2000	2005	2009	2010	2011
农作物总播种面积	**Total Sown Area of Farm Crops**					
粮食作物总计	Grain Crops	4156.16	3926.82	4072.96	4135.78	4191.52
夏收粮食	Summer Grain	1203.42	1052.12	1200.24	1230.43	1260.08
谷物	Cereals	893.03	766.38	1022.49	1029.70	1042.38
小麦	Wheat	845.10	716.20	1001.98	1011.70	1028.32
大麦	Barley		49.10	19.25	16.72	12.67
蚕豌豆	Broad Bean and Peas	92.79	83.78	48.91	42.97	38.79
马铃薯	Potato	217.60	201.96	128.84	157.76	178.92
早稻	Early-season Rice	393.50	365.00	304.65	305.00	241.30
秋收粮食	Autumn Grain	2559.20	2509.70	2568.07	2600.35	2690.14
谷物	Cereals	2043.22	2107.26	2331.28	2360.86	2449.33
中稻	Semilate Rice	1097.60	1282.30	1426.65	1420.10	1552.79
双季晚稻	Double-crop Late Rice	504.20	430.10	362.32	362.74	286.98
玉米	Corn//Maize	424.10	389.60	536.46	572.53	603.37
谷子	Millet	4.20	0.60	0.15	0.10	0.12
高粱	Jowar	7.30	3.10	4.66	4.60	5.71
豆类	Beans	266.01	206.23	135.58	136.43	135.81
大豆	Soybean	224.80	178.70	111.36	109.94	108.12
绿豆	Green Beans		23.20	17.98	19.27	18.90
薯类	Tubers	250.01	196.21	101.21	103.07	105.01
马铃薯	Potato	13.66	13.24	16.61	16.60	17.05
油料作物	Oil-bearing Crops	1503.40	1460.20	1410.82	1390.30	1357.89
花生	Peanuts	193.40	171.70	190.41	198.50	203.96
油菜籽	Rapeseeds	1158.90	1178.70	1112.36	1089.43	1055.39
芝麻	Sesames	143.80	102.50	91.45	82.46	77.28
棉花	Cotton	318.07	390.31	460.08	480.05	488.66
麻类	Fiber Crops	22.80	23.60	8.70	5.85	4.04
黄红麻	Jute and Ambary Hemp	3.10	1.00	0.26	0.07	0.06
甘蔗	Sugar Cane	22.20	10.00	9.36	7.04	6.60
烟叶	Tobacco	74.60	58.40	72.50	59.97	64.07
烤烟	Flue-cured Tobacco	48.10	43.70	54.42	39.36	45.61
蔬菜(含菜用瓜)	Vegetables	968.60	1004.80	1001.55	998.54	1022.69

注：2007-2017年数据为根据第三次全国农业普查资料修订数据。
Note: The data from 2007 to 2017 were revised according to the third national agricultural census data.

Total Sown Areas of Farm Crops by Type(2000-2021)

(1000 hectares)

2012	2013	2014	2015	2016	2017	2018	2019	2020	2021
4294.51	4416.60	4522.12	4784.38	4816.14	4853.00	4847.01	4608.60	4645.27	4685.98
1305.65	1344.32	1323.75	1337.42	1344.81	1363.19	1321.33	1253.74	1276.06	1305.84
1095.56	1127.44	1109.97	1132.80	1149.89	1163.11	1114.77	1026.85	1039.91	1061.18
1084.08	1117.11	1099.38	1122.15	1140.67	1153.22	1104.96	1017.74	1031.38	1052.06
10.46	9.10	9.30	9.50	7.58	8.16	8.29	7.65	7.05	7.82
37.78	33.40	33.57	17.75	17.29	17.69	16.64	17.73	16.05	18.07
172.31	183.47	180.21	186.87	177.63	182.39	189.92	209.16	220.10	226.59
246.30	249.70	251.90	260.70	224.74	174.04	164.53	142.53	122.43	120.22
2742.56	2822.59	2946.47	3186.26	3246.59	3315.76	3361.15	3212.33	3246.78	3259.93
2509.12	2611.41	2700.54	2941.14	2937.37	2994.64	3012.49	2876.65	2915.98	2921.72
1547.20	1655.88	1650.30	1812.60	1920.49	1991.65	2034.30	1977.02	1998.97	2019.15
292.93	296.97	299.59	310.05	213.43	202.38	192.17	167.20	159.33	133.21
663.58	653.43	745.72	813.53	797.33	794.78	781.20	727.53	751.99	762.71
0.07	0.11	0.09	0.10	0.12	0.10		0.11	0.10	0.12
5.15	4.68	4.50	4.40	5.33	5.03	4.25	4.31	5.07	5.99
129.81	122.12	151.98	155.92	210.50	220.78	230.45	222.37	231.67	235.99
105.67	103.27	136.79	144.40	202.25	212.34	219.77	211.72	219.72	223.77
16.30	11.06	8.45	8.65	4.37	4.51	6.88	6.27	7.25	7.69
103.63	89.06	93.95	89.20	98.73	100.33	118.21	113.31	99.13	102.22
19.72	18.10	18.37	18.23	21.08	21.36	27.31	27.46	22.62	21.92
1411.61	1411.49	1420.59	1389.39	1310.86	1291.33	1255.82	1278.60	1377.93	1429.48
257.57	217.77	218.37	221.65	232.14	230.53	232.60	243.62	248.72	244.67
1062.61	1098.94	1101.62	1070.11	983.62	971.17	932.97	938.31	1034.36	1094.02
74.28	69.06	71.50	66.75	64.31	62.69	67.87	77.22	80.10	77.34
472.87	415.59	344.80	264.74	204.96	204.80	159.25	162.83	129.73	120.71
2.61	1.87	1.31	0.89	0.63	0.57	1.69	2.66	3.33	3.54
0.05	0.04	0.02	0.02	0.04	0.03	0.01	0.01	0.01	
6.37	5.95	5.83	6.30	6.42	6.57	6.45	6.48	6.63	6.35
68.13	60.22	42.75	43.73	44.59	39.69	37.46	35.72	36.37	39.05
49.40	46.69	36.53	39.60	40.89	36.62	33.63	30.38	31.58	34.11
1089.68	1092.52	1113.77	1143.67	1168.90	1188.62	1224.27	1257.94	1279.90	1309.95

2-6 分品种主要农作物产量(2000-2021年)

单位：万吨

指 标	Item	2000	2005	2009	2010	2011	2012
粮食作物总计	Grain Crops	2218.53	2177.38	2291.05	2304.26	2407.45	2485.14
夏收粮食	Summer Grain	322.39	302.49	392.08	412.11	415.84	437.75
谷物	Cereals	243.89	223.50	341.91	353.57	354.92	381.84
小麦	Wheat	233.70	208.90	334.55	347.05	349.78	377.25
大麦	Barley		14.40	7.14	6.17	4.97	4.31
蚕豌豆	Broad Bean and Peas	16.93	16.97	11.54	10.37	8.19	5.53
马铃薯	Potato	61.57	62.02	38.64	48.16	52.74	50.38
早稻	Early-season Rice	217.50	206.87	177.58	169.79	137.28	146.25
秋收粮食	Autumn Grain	1678.64	1668.02	1721.39	1722.36	1854.33	1901.14
谷物	Cereals	1501.30	1525.80	1645.71	1644.90	1783.27	1838.62
中稻	Semilate Rice	971.98	1075.40	1167.10	1139.16	1301.40	1327.46
双季晚稻	Double-crop Late Rice	307.78	253.05	218.34	222.04	175.82	192.61
玉米	Corn//Maize	216.70	194.90	258.16	281.23	303.19	316.01
谷子	Millet	1.00	0.20	0.02	0.02	0.04	0.02
高粱	Jowar	2.70	1.10	1.90	2.20	2.73	2.44
豆类	Beans	54.12	48.04	31.75	32.13	29.73	26.17
大豆	Soybean	45.80	43.40	27.04	27.68	25.39	22.79
绿豆	Green Beans		4.00	3.55	3.28	2.90	2.33
薯类	Tubers	123.22	94.18	43.93	45.34	41.33	36.36
马铃薯	Potato	7.80	6.08	7.97	7.88	7.84	9.13
油料作物	Oil-bearing Crops	287.16	293.90	306.83	302.28	293.13	305.13
花生	Peanuts	65.71	60.19	64.21	66.64	71.67	78.16
油菜籽	Rapeseeds	198.49	219.15	227.13	220.35	206.02	212.15
芝麻	Sesames	21.54	13.67	12.87	12.20	12.37	11.78
棉花	Cotton	30.43	37.50	48.05	47.18	52.58	53.15
麻类	Fiber Crops	5.15	4.86	2.01	1.38	0.98	0.73
黄红麻	Jute and Ambary Hemp	1.83	0.34	0.13	0.06	0.03	0.02
甘蔗	Sugar Cane	101.66	42.90	31.19	28.37	27.55	25.51
烟叶	Tobacco	13.73	11.14	14.21	11.31	12.58	12.74
烤烟	Flue-cured Tobacco	8.22	7.88	10.20	7.17	8.64	8.69
蔬菜(含菜用瓜)	Vegetables		2916.91	2924.82	3091.21	3244.71	3375.50

注：2007-2017年数据为根据第三次全国农业普查资料修订数据。
Note: The data from 2007 to 2017 were revised according to the third national agricultural census data.

Output of Farm Crops by Type(2000-2021)

(10000 tons)

2013	2014	2015	2016	2017	2018	2019	2020	2021
2586.21	2658.26	2914.75	2796.35	2846.13	2839.47	2724.98	2727.43	2764.33
490.08	493.82	493.09	497.59	488.24	467.60	457.00	471.96	473.44
429.09	435.09	435.52	443.68	430.05	413.33	393.50	403.41	402.21
425.29	431.43	431.99	440.74	426.90	410.37	390.68	400.66	399.34
3.45	3.32	3.22	2.48	2.69	2.54	2.43	2.35	2.55
5.96	5.90	3.03	3.00	3.11	2.59	2.84	2.51	2.88
55.04	52.83	54.54	50.91	55.09	51.68	60.66	66.04	68.34
144.24	145.78	155.49	117.87	100.87	97.55	84.25	68.30	71.38
1951.89	2018.66	2266.17	2180.89	2257.02	2274.32	2183.73	2187.17	2219.50
1894.70	1953.54	2201.62	2116.17	2185.11	2193.16	2101.83	2109.65	2138.28
1385.87	1406.10	1594.14	1609.19	1688.73	1733.86	1678.05	1687.34	1719.52
198.21	204.56	211.80	147.40	137.56	134.21	114.76	108.70	92.72
308.50	340.89	393.71	357.41	356.75	323.38	307.22	311.54	323.54
0.03	0.03	0.03	0.04	0.04		0.04	0.04	0.05
1.93	1.84	1.78	1.87	1.78	1.50	1.58	1.83	2.26
26.05	35.29	32.07	32.35	35.37	35.82	36.13	37.23	39.00
23.33	33.10	30.52	31.35	34.31	34.21	34.60	35.54	37.21
1.43	1.11	1.15	0.57	0.61	0.93	0.82	0.95	1.06
31.14	29.82	32.48	32.36	36.54	45.34	45.77	40.30	42.23
7.84	7.46	7.98	9.20	9.79	12.83	12.84	10.40	10.29
315.57	321.18	316.71	305.15	307.69	302.48	313.95	344.45	354.14
72.21	73.83	73.21	77.98	78.37	80.67	85.71	87.10	86.27
227.90	230.86	226.02	211.14	213.17	205.31	211.35	241.06	251.78
10.79	11.15	10.78	9.51	10.55	11.42	12.92	13.06	13.07
45.97	35.95	29.76	19.00	18.36	14.93	14.36	10.79	10.89
0.58	0.45	0.31	0.24	0.25	0.53	0.70	0.83	0.86
0.01	0.01	0.01	0.01	0.01	0.01	0.00	0.00	
22.81	23.37	23.81	26.97	26.98	27.70	27.90	28.15	27.17
10.83	7.35	7.08	8.15	6.84	6.60	6.31	6.30	6.93
8.12	6.04	6.30	7.31	6.18	5.57	5.23	5.34	5.93
3438.55	3513.70	3664.08	3712.77	3826.40	3963.94	4086.71	4119.36	4299.80

2-7 分品种主要农作物单位面积产量(2000-2021年)

单位：公斤/公顷

指 标	Item	2000	2005	2009	2010	2011	2012
粮食作物总计	Grain Crops	5337.93	5544.89	5625.02	5571.51	5743.63	5786.79
夏收粮食	Summer Grain	2678.95	2875.05	3266.67	3349.28	3300.11	3352.77
谷物	Cereals	2731.04	2916.31	3343.85	3433.74	3404.87	3485.36
小麦	Wheat	2765.35	2916.78	3338.87	3430.32	3401.51	3479.87
大麦	Barley		2932.79	3709.27	3688.63	3923.38	4124.51
蚕豌豆	Broad Bean and Peas	1824.55	2025.54	2358.53	2414.29	2111.34	1464.37
马铃薯	Potato	2829.50	3070.91	2998.97	3052.70	2947.49	2923.71
早稻	Early-season Rice	5527.32	5667.67	5829.09	5566.93	5689.29	5937.69
秋收粮食	Autumn Grain	6421.63	6522.04	6703.02	6623.56	6893.05	6932.00
谷物	Cereals	7053.74	7008.45	7059.25	6967.37	7280.65	7327.73
中稻	Semilate Rice	8855.50	8386.49	8180.76	8021.67	8381.06	8579.75
双季晚稻	Double-crop Late Rice	6104.32	5883.52	6026.04	6121.23	6126.75	6575.33
玉米	Corn//Maize	5109.64	5002.82	4812.33	4912.12	5024.92	4762.19
谷子	Millet	2380.95	3333.33	988.51	1666.67	3444.00	3444.00
高粱	Jowar	3698.63	3548.39	4082.28	4793.10	4782.61	4725.74
豆类	Beans	2034.51	2329.44	2341.50	2354.89	2188.84	2016.00
大豆	Soybean	2037.37	2428.65	2428.58	2518.14	2348.72	2157.17
绿豆	Green Beans		1724.14	1975.95	1703.06	1533.14	1429.38
薯类	Tubers	4928.60	4799.96	4340.47	4398.54	3936.17	3508.20
马铃薯	Potato	5710.10	4592.15	4797.10	4748.08	4600.30	4627.51
油料作物	Oil-bearing Crops	1910.07	2012.74	2174.83	2174.21	2158.71	2161.57
花生	Peanuts	3397.62	3505.53	3371.97	3357.18	3514.02	3034.59
油菜籽	Rapeseeds	1712.74	1859.25	2041.89	2022.65	1952.04	1996.49
芝麻	Sesames	1497.91	1333.66	1407.24	1479.94	1600.23	1585.46
棉花	Cotton	956.71	960.67	1044.38	982.81	1076.00	1123.99
麻类	Fiber Crops	2258.77	2059.32	2315.40	2351.55	2430.87	2783.26
黄红麻	Jute and Ambary Hemp	5903.23	3400.00	4923.25	8051.67	4746.42	4019.85
甘蔗	Sugar Cane	45792.79	42900.00	33303.79	40270.41	41737.24	40049.93
烟叶	Tobacco	1840.48	1907.53	1959.29	1885.60	1963.78	1870.68
烤烟	Flue-cured Tobacco	1708.94	1803.20	1874.46	1822.91	1895.23	1759.00
蔬菜(含菜用瓜)	Vegetables		29029.76	29203.03	30957.44	31727.36	30976.95

注：2007-2017年数据为根据第三次全国农业普查资料修订数据。
Note: The data from 2007 to 2017 were revised according to the third national agricultural census data.

Yield per Unit Area of Farm Crops by Type(2000-2021)

(kg/hectare)

2013	2014	2015	2016	2017	2018	2019	2020	2021
5855.66	5878.35	6092.22	5806.21	5864.69	5858.18	5912.81	5871.41	5899.14
3645.58	3730.46	3686.88	3700.10	3581.63	3538.82	3645.06	3698.54	3625.55
3805.87	3919.84	3844.60	3858.47	3697.37	3707.71	3832.05	3879.31	3790.21
3807.09	3924.31	3849.63	3863.88	3701.82	3713.89	3838.68	3884.74	3795.78
3784.25	3565.43	3391.24	3276.75	3291.77	3062.70	3172.65	3330.33	3256.40
1783.52	1757.50	1708.72	1735.44	1757.28	1556.49	1602.87	1562.16	1596.68
2999.63	2931.49	2918.69	2866.12	3020.45	2721.15	2900.20	3000.25	3016.16
5776.56	5787.34	5964.30	5244.86	5795.58	5929.13	5911.34	5578.53	5937.79
6915.26	6851.11	7112.31	6717.46	6806.93	6766.50	6797.95	6736.44	6808.45
7255.45	7233.89	7485.59	7204.33	7296.73	7280.23	7306.52	7234.79	7318.59
8369.38	8520.24	8794.77	8379.06	8479.04	8523.13	8487.76	8441.07	8516.03
6674.52	6828.15	6830.98	6906.35	6797.26	6984.04	6863.57	6822.39	6960.20
4721.26	4571.28	4839.60	4482.57	4488.61	4139.53	4222.73	4142.92	4241.94
3159.75	3144.60	3064.65	3000.00	3750.00		3656.05	3724.73	3814.49
4126.98	4093.57	4038.46	3511.21	3529.02	3534.64	3664.67	3600.56	3777.35
2133.57	2322.19	2056.95	1536.93	1601.93	1554.33	1624.57	1606.87	1652.47
2259.14	2419.62	2113.65	1550.09	1615.57	1556.65	1634.03	1617.36	1662.97
1296.30	1317.83	1324.17	1300.38	1349.56	1351.74	1309.98	1316.53	1373.40
3496.72	3174.42	3641.22	3277.66	3641.72	3835.66	4039.55	4065.19	4130.74
4334.04	4060.51	4376.25	4364.93	4582.73	4698.49	4674.52	4600.20	4695.42
2235.71	2260.89	2279.49	2327.88	2382.72	2408.65	2455.42	2499.80	2477.39
3315.95	3380.79	3302.77	3359.40	3399.59	3468.04	3518.19	3501.83	3525.83
2073.84	2095.60	2112.09	2146.53	2195.00	2200.65	2252.44	2330.53	2301.41
1562.95	1559.79	1614.74	1479.01	1682.08	1683.16	1672.58	1630.74	1689.41
1106.13	1042.63	1124.12	927.01	896.66	937.61	881.96	831.87	902.00
3095.11	3448.18	3553.07	3912.44	4397.22	3124.85	2628.20	2494.79	2436.19
2895.53	4405.72	4037.50	3681.89	3187.98	2800.00	2900.00	2800.00	
38302.85	40096.50	37819.57	42043.25	41047.49	42940.31	43060.49	42430.49	42802.23
1798.58	1718.32	1618.47	1827.12	1723.70	1762.41	1765.45	1731.39	1775.76
1737.96	1654.94	1591.56	1788.84	1688.63	1657.60	1720.84	1690.33	1737.53
31473.60	31547.66	32037.80	31763.02	32191.92	32378.01	32487.41	32184.92	32824.20

2-8 产粮大县全年粮食总产量(2021年)
The Grain Yield of the Major Grain Producing Counties(2021)

单位：千公顷、万吨、公斤/公顷 (1000 hectares, 10000 tons, kg/hectare)

地 区	Region	播种面积 Sown Area	总产量 Total Yield	单位面积产量 Yield per Unit Area
蔡甸区	Caidian	21.20	11.83	5579.43
江夏区	Jiangxia	31.88	20.47	6421.74
黄陂区	Huangpi	46.08	32.12	6971.38
新洲区	Xinzhou	37.51	22.84	6089.13
大冶市	Daye	38.31	25.28	6596.94
阳新县	Yangxin	47.12	29.09	6173.42
竹山县	Zhushan	39.40	15.10	3833.07
竹溪县	Zhuxi	38.35	15.05	3924.31
郧阳区	Yunyang	50.09	20.71	4133.94
夷陵区	Yiling	41.94	20.60	4911.01
当阳市	Dangyang	84.31	47.08	5583.41
枝江市	Zhijiang	61.96	32.32	5216.42
襄阳市直	Xiangyang	53.64	33.34	6215.06
襄州区	Xiangzhou	208.30	127.01	6097.39
南漳县	Nanzhang	78.78	43.94	5577.75
谷城县	Gucheng	46.04	27.04	5873.40
老河口市	Laohekou	69.79	35.77	5125.65
枣阳市	Zaoyang	201.83	127.39	6311.84
宜城市	Yicheng	102.56	65.08	6345.43
鄂州市直	Ezhou	39.15	25.28	6455.95
京山市	Jingshan	119.39	71.34	5974.88
沙洋县	Shayang	127.58	90.90	7125.24
钟祥市	Zhongxiang	175.20	95.94	5475.96
孝南区	Xiaonan	32.50	24.08	7407.46
孝昌区	Xiaochang	39.39	25.39	6445.99
大悟县	Dawu	43.42	29.88	6880.95
云梦县	Yunmeng	39.06	24.76	6340.56
应城市	Yingcheng	51.97	35.26	6784.35
安陆市	Anlu	64.20	44.18	6881.61
汉川市	Hanchuan	82.89	52.59	6344.15
荆州市直	Jingzhou	65.99	41.43	6278.56
公安县	Gongan	143.83	88.62	6161.29

2-8 续表 Continued

单位：千公顷、万吨、公斤/公顷 (1000 hectares, 10000 tons, kg/hectare)

地 区	Region	播种面积 Sown Area	总产量 Total Yield	单位面积产量 Yield per Unit Area
监利市	Jianli	171.56	127.85	7452.15
江陵县	Jiangling	88.37	51.21	5795.23
石首市	Shishou	54.14	30.34	5605.02
洪湖市	Honghu	96.14	64.68	6727.84
松滋市	Songzi	88.33	51.79	5863.50
团风县	Tuanfeng	17.52	11.29	6442.71
红安县	Hong'an	31.04	18.53	5968.65
罗田县	Luotian	41.57	26.02	6260.05
英山县	Yingshan	18.47	10.56	5713.97
浠水县	Xishui	55.02	41.90	7614.82
蕲春县	Qichun	64.80	46.20	7130.25
黄梅县	huangmei	64.41	46.22	7175.69
麻城市	Macheng	49.82	36.32	7290.69
武穴市	Wuxue	46.15	33.01	7151.74
咸安区	Xian'an	35.33	22.59	6396.05
嘉鱼县	Jiayu	28.73	17.92	6236.63
通城县	Tongcheng	29.85	17.07	5719.11
崇阳县	Chongyang	39.15	22.03	5627.08
赤壁市	Chibi	41.74	28.14	6740.07
随 县	Suixian	118.67	82.01	6911.07
曾都区	Zengdu	39.31	26.70	6791.95
广水市	Guangshui	51.83	38.30	7389.38
恩施市	Enshi	60.49	21.00	3472.38
利川市	Lichuan	77.87	31.98	4107.31
建始县	Jianshi	50.14	20.86	4159.50
巴东县	Badong	61.51	20.52	3335.74
咸丰县	Xianfeng	46.07	20.22	4388.54
仙桃市	Xiantao	117.64	70.83	6021.02
潜江市	Qianjiang	101.89	59.67	5856.27
天门市	Tianmen	160.04	80.79	5048.13

2-9 产粮大县夏收粮食产量(2021年)
The Grain Yield of the Major Grain Producing Counties in the Summer(2021)

单位：千公顷、万吨、公斤/公顷 (1000 hectares, 10000 tons, kg/hectare)

地　区	Region	播种面积 Sown Area	总产量 Total Yield	单位面积产量 Yield per Unit Area
蔡甸区	Caidian	2.14	0.65	3042.14
江夏区	Jiangxia	0.64	0.16	2519.56
黄陂区	Huangpi	2.97	0.71	2380.80
新洲区	Xinzhou	5.39	1.53	2831.54
大冶市	Daye	4.42	1.27	2876.78
阳新县	Yangxin	5.73	1.59	2776.98
竹山县	Zhushan	11.66	3.41	2925.46
竹溪县	Zhuxi	12.20	3.64	2980.39
郧阳区	Yunyang	23.53	8.07	3431.44
夷陵区	Yiling	8.78	3.19	3630.35
当阳市	Dangyang	22.23	7.66	3446.28
枝江市	Zhijiang	21.16	7.10	3355.33
襄阳市直	Xiangyang	23.31	11.65	4997.13
襄州区	Xiangzhou	104.37	60.16	5763.97
南漳县	Nanzhang	37.15	13.97	3761.19
谷城县	Gucheng	18.95	8.37	4414.89
老河口市	Laohekou	34.44	16.62	4826.33
枣阳市	Zaoyang	100.00	55.67	5567.22
宜城市	Yicheng	47.91	23.37	4877.73
鄂州市直	Ezhou	6.14	1.81	2946.70
京山市	Jingshan	34.09	10.81	3171.71
沙洋县	Shayang	26.66	8.61	3227.31
钟祥市	Zhongxiang	57.58	18.20	3161.43
孝南区	Xiaonan	3.82	1.18	3088.67
孝昌区	Xiaochang	8.56	2.68	3130.50
大悟县	Dawu	11.83	3.30	2789.25
云梦县	Yunmeng	8.50	2.59	3045.28
应城市	Yingcheng	7.82	2.27	2900.38
安陆市	Anlu	18.55	5.77	3111.64
汉川市	Hanchuan	26.40	7.95	3012.91
荆州市直	Jingzhou	15.51	4.47	2879.88
公安县	Gongan	42.97	12.74	2965.33

2-9 续表 Continued

单位：千公顷、万吨、公斤/公顷　　　　(1000 hectares, 10000 tons, kg/hectare)

地　区	Region	播种面积 Sown Area	总产量 Total Yield	单位面积产量 Yield per Unit Area
监利市	Jianli	18.56	5.02	2703.80
江陵县	Jiangling	35.99	10.57	2937.31
石首市	Shishou	11.98	3.30	2756.85
洪湖市	Honghu	19.93	5.38	2700.92
松滋市	Songzi	25.47	7.68	3016.32
团风县	Tuanfeng	1.98	0.54	2742.59
红安县	Hong'an	2.24	0.66	2931.06
罗田县	Luotian	8.00	2.74	3424.38
英山县	Yingshan	4.58	1.32	2874.02
浠水县	Xishui	3.16	0.98	3088.00
蕲春县	Qichun	3.75	1.29	3431.27
黄梅县	huangmei	8.58	2.46	2866.70
麻城市	Macheng	6.71	1.99	2971.61
武穴市	Wuxue	5.10	1.46	2861.97
咸安区	Xian'an	1.92	0.48	2492.87
嘉鱼县	Jiayu	3.70	1.05	2850.81
通城县	Tongcheng	1.56	0.48	3057.61
崇阳县	Chongyang	2.66	0.75	2798.75
赤壁市	Chibi	2.48	0.71	2844.48
随　县	Suixian	39.16	14.64	3738.66
曾都区	Zengdu	12.68	4.52	3569.69
广水市	Guangshui	8.15	2.63	3225.83
恩施市	Enshi	20.67	5.77	2793.37
利川市	Lichuan	22.94	5.44	2370.59
建始县	Jianshi	17.67	5.17	2925.18
巴东县	Badong	20.74	5.50	2654.28
咸丰县	Xianfeng	12.71	3.37	2652.75
仙桃市	Xiantao	28.61	7.86	2747.31
潜江市	Qianjiang	29.17	8.70	2983.58
天门市	Tianmen	60.62	17.21	2838.62

2-10 主要畜禽生产情况
Number of Livestock or Poultry

指 标	Item	单位	Unit	2012	2013	2014	2015	2016
畜禽存栏	**Number of Livestock or Poultry in Stock**							
猪	Hogs	万头	10000 heads	2621.37	2658.35	2655.76	2613.15	2558.06
其中：能繁殖母猪	Sow	万头	10000 heads	259.14	274.04	272.74	260.68	252.00
牛	Cattle and Buffaloes	万头	10000 heads	244.24	239.11	232.40	226.31	211.22
羊	Sheep and Goats	万只	10000 heads	456.86	490.08	501.55	501.14	510.84
活家禽	Poultry	万只	10000 heads	32923.18	33584.45	35566.79	35752.61	33855.62
畜禽出栏	**Number of Slaughtered Livestock or Poultry**							
猪	Hogs	万头	10000 heads	4309.39	4513.10	4659.50	4566.00	4442.25
牛	Cattle and Buffaloes	万头	10000 heads	103.59	105.99	110.41	111.49	107.43
羊	Sheep and Goats	万只	10000 heads	536.58	545.27	578.37	592.48	602.59
活家禽	Poultry	万只	10000 heads	50484.17	52965.51	52490.49	52177.53	53278.13
畜禽产品产量	**Output of Livestock or Poultry**							
猪肉	Pork	万吨	10000 tons	327.04	342.50	353.61	346.83	338.85
牛肉	Beef	万吨	10000 tons	14.90	15.24	15.88	16.03	15.53
羊肉	Mutton	万吨	10000 tons	8.56	8.70	9.19	9.48	9.64
禽肉	Poultry	万吨	10000 tons	67.79	71.12	70.34	69.92	71.40
禽蛋	Poultry Eggs	万吨	10000 tons	141.09	147.15	157.63	168.37	171.25
牛奶	Cow Milk	万吨	10000 tons	12.21	12.26	12.81	13.41	13.42

2-10 续表 Continued

指 标	Item	单位	Unit	2017	2018	2019	2020	2021
畜禽存栏	**Number of Livestock or Poultry in Stock**							
猪	Hogs	万头	10000 heads	2578.53	2521.80	1617.86	2161.46	2530.14
其中：能繁殖母猪	Sow	万头	10000 heads	254.78	238.98	162.51	220.68	248.22
牛	Cattle and Buffaloes	万头	10000 heads	238.00	241.09	243.15	242.08	239.66
羊	Sheep and Goats	万只	10000 heads	543.53	546.79	553.35	533.26	536.81
活家禽	Poultry	万只	10000 heads	34160.32	34706.88	36214.91	38289.98	41653.49
畜禽出栏	**Number of Slaughtered Livestock or Poultry**							
猪	Hogs	万头	10000 heads	4448.02	4363.50	3189.24	2631.12	4115.08
牛	Cattle and Buffaloes	万头	10000 heads	107.90	108.33	109.52	101.96	104.98
羊	Sheep and Goats	万只	10000 heads	604.40	609.23	615.93	532.68	580.75
活家禽	Poultry	万只	10000 heads	51946.17	53244.82	59394.01	59325.84	61233.01
畜禽产品产量	**Output of Livestock or Poultry**							
猪肉	Pork	万吨	10000 tons	339.29	333.18	242.95	203.84	317.99
牛肉	Beef	万吨	10000 tons	15.76	15.82	15.99	15.40	15.84
羊肉	Mutton	万吨	10000 tons	9.67	9.75	9.85	8.86	9.65
禽肉	Poultry	万吨	10000 tons	69.61	71.35	79.48	79.00	81.59
禽蛋	Poultry Eggs	万吨	10000 tons	168.17	171.53	178.75	193.09	196.72
牛奶	Cow Milk	万吨	10000 tons	12.76	12.81	13.38	13.39	9.61

注：2010-2017年数据为根据第三次全国农业普查资料修订数据。

Note: The data from 2010 to 2017 were revised according to the third national agricultural census data.

2-11 生猪调出大县年末生猪存栏

Number of Hogs in Stock at End of Period by Regions

单位：万头 (10000 heads)

地　区	Region	2013	2014	2015	2016	2017	2018	2019	2020	2021
江夏区	Jiangxia	60.25	59.96	58.83	56.99	53.61	52.40	23.37	51.09	53.30
黄陂区	Huangpi	51.57	52.05	52.37	50.83	47.76	46.80	24.01	29.50	40.04
大冶市	Daye	35.01	34.46	35.34	34.70	37.01	36.30	17.26	29.84	35.19
夷陵区	Yiling	54.18	55.16	53.77	52.07	51.39	50.30	34.32	41.12	51.35
宜都市	Yidu	47.83	47.13	46.03	44.62	45.44	44.50	27.81	36.40	43.20
当阳市	Dangyang	71.85	71.40	69.16	67.48	65.94	64.50	30.18	53.08	63.33
枝江市	Zhijiang	78.18	72.61	69.79	68.14	67.06	65.70	35.44	54.17	63.80
襄州区	Xiangzhou	51.76	52.68	52.87	51.35	50.47	49.40	26.28	45.91	50.16
南漳县	Nanzhang	51.43	52.57	52.82	51.20	51.76	50.60	29.79	44.81	50.30
老河口市	Laohekou	39.56	38.78	39.26	38.44	49.65	48.10	28.20	50.78	51.70
枣阳市	Zaoyang	63.93	64.29	62.35	60.62	60.01	58.60	26.14	48.02	59.18
宜城市	Yicheng	47.71	46.48	47.85	50.40	45.37	44.50	25.17	40.30	47.93
鄂州市	Ezhou	55.01	53.58	51.34	49.91	51.33	50.30	29.76	35.68	48.81
京山市	Jingshan	60.14	60.59	59.62	57.91	58.26	56.90	28.91	52.43	55.50
沙洋县	Shayang	46.85	48.90	48.11	46.79	46.40	45.50	14.58	42.12	45.19
钟祥市	Zhongxiang	79.24	76.66	76.41	77.40	93.97	91.80	51.89	83.76	89.41
安陆市	Anlu	39.04	38.96	40.24	39.47	40.55	39.70	20.41	35.09	38.53
公安县	Gong'an	55.81	55.50	53.62	52.28	51.83	50.70	11.10	32.83	47.85
监利县	Jianli	50.48	49.97	51.85	54.04	52.46	51.40	25.88	46.87	41.97
松滋市	Songzi	66.57	66.62	64.78	65.23	64.91	63.60	33.36	44.33	61.71
浠水县	Xishui	37.45	37.47	37.59	37.36	38.96	38.10	17.11	36.50	38.95
麻城市	Macheng	40.98	40.70	41.82	41.54	43.95	43.10	20.57	37.57	39.89
武穴市	Wuxue	67.02	67.11	67.62	69.81	69.38	67.90	28.96	51.03	59.00
通城县	Tongcheng	43.41	43.14	42.18	41.03	39.27	38.50	18.89	31.55	37.61
随　县	Suixian	40.34	40.38	39.02	37.86	36.88	36.10	19.10	32.44	36.11
广水市	Guangshui	34.52	34.54	34.00	33.56	40.30	39.40	25.59	36.78	40.28
恩施市	Enshi	53.06	52.64	51.00	49.49	50.08	49.20	34.89	46.59	58.59
利川市	Lichuan	37.94	39.34	39.38	38.16	38.89	38.30	17.31	36.95	45.74
建始县	Jianshi	34.37	35.49	36.97	36.20	37.08	36.30	27.21	34.19	42.31
巴东县	Badong	38.39	37.95	37.34	36.51	37.82	37.10	24.20	36.82	40.12
仙桃市	Xiantao	52.84	53.11	51.95	50.73	47.14	45.20	20.94	28.45	33.73
潜江市	Qianjiang	58.29	57.86	56.32	55.14	50.81	49.70	25.27	33.72	39.43
天门市	Tianmen	70.21	68.55	65.67	63.73	64.60	63.10	28.99	40.99	42.20

2-12 生猪调出大县能繁殖母猪年末存栏
Number of Sows in Stock at End of Period by Regions

单位：万头 (10000 heads)

地 区	Region	2013	2014	2015	2016	2017	2018	2019	2020	2021
江夏区	Jiangxia	6.11	6.13	6.09	5.85	5.51	5.20	2.34	4.50	4.59
黄陂区	Huangpi	5.05	5.03	4.97	4.78	4.50	4.20	2.01	2.95	3.23
大冶市	Daye	3.22	3.19	3.23	3.14	3.36	3.20	1.64	2.90	3.23
夷陵区	Yiling	5.93	5.95	5.72	5.49	5.43	5.10	3.61	4.20	4.60
宜都市	Yidu	4.32	4.26	4.10	3.93	4.01	3.80	2.50	3.75	3.95
当阳市	Dangyang	8.78	8.70	8.30	8.02	7.85	7.40	3.33	5.51	6.53
枝江市	Zhijiang	11.11	10.62	9.88	9.55	9.42	8.90	3.41	5.57	6.20
襄州区	Xiangzhou	6.47	6.48	6.41	6.16	6.07	5.70	2.88	5.65	5.14
南漳县	Nanzhang	6.21	6.25	6.26	6.01	6.09	5.70	3.51	5.34	4.68
老河口市	Laohekou	4.60	4.51	4.50	4.36	4.79	4.50	3.43	5.26	5.04
枣阳市	Zaoyang	7.12	7.14	6.82	6.57	6.52	6.10	2.88	5.91	5.92
宜城市	Yicheng	4.95	4.85	4.87	5.08	4.58	4.30	2.84	5.74	5.02
鄂州市	Ezhou	6.20	6.12	5.87	5.65	5.82	5.50	3.32	4.15	4.81
京山市	Jingshan	5.18	5.17	5.01	4.82	4.86	4.60	2.40	5.38	5.43
沙洋县	Shayang	5.01	4.91	4.66	4.49	4.46	4.20	1.48	4.20	4.52
钟祥市	Zhongxiang	8.01	7.83	7.58	7.61	9.26	8.70	5.31	8.05	7.91
安陆市	Anlu	3.87	3.82	3.89	3.78	3.89	3.70	2.34	3.86	4.02
公安县	Gong'an	5.16	5.17	4.92	4.75	4.72	4.40	0.88	3.27	5.05
监利县	Jianli	4.66	4.70	4.80	4.95	4.81	4.50	2.67	3.88	4.55
松滋市	Songzi	7.41	7.40	7.19	7.20	7.18	6.80	3.34	3.94	4.15
浠水县	Xishui	3.77	3.75	3.71	3.65	3.81	3.60	1.99	3.85	4.28
麻城市	Macheng	3.85	3.84	3.86	3.79	4.02	3.80	1.90	3.38	3.79
武穴市	Wuxue	5.81	5.79	5.79	5.92	5.89	5.60	1.91	3.93	4.75
通城县	Tongcheng	3.82	3.80	3.70	3.56	3.41	3.20	1.79	3.07	3.05
随 县	Suixian	3.99	3.98	3.79	3.64	3.55	3.30	1.89	3.48	3.69
广水市	Guangshui	3.20	3.21	3.16	3.09	3.72	3.50	2.33	3.88	4.01
恩施市	Enshi	6.50	6.49	6.30	6.05	6.13	5.80	4.30	4.80	6.49
利川市	Lichuan	4.35	4.34	4.28	4.11	4.20	4.00	1.99	4.00	4.82
建始县	Jianshi	3.67	3.68	3.78	3.66	3.76	3.50	2.83	3.60	4.17
巴东县	Badong	3.91	3.92	3.85	3.73	3.87	3.60	2.66	3.85	4.05
仙桃市	Xiantao	5.61	5.55	5.35	5.17	4.81	4.50	3.14	3.34	3.44
潜江市	Qianjiang	6.45	6.38	6.12	5.93	5.47	5.20	2.88	3.37	3.61
天门市	Tianmen	6.09	5.98	5.65	5.43	5.51	5.20	2.46	4.04	3.63

2-13 生猪调出大县生猪出栏
Number of Slaughtered Hogs by Regions

单位：万头 (10000 heads)

地 区	Region	2013	2014	2015	2016	2017	2018	2019	2020	2021
江夏区	Jiangxia	96.71	102.23	102.78	99.20	93.50	91.70	49.95	52.69	86.59
黄陂区	Huangpi	96.32	99.31	100.60	97.30	91.60	90.50	59.44	22.78	58.74
大冶市	Daye	50.24	51.52	53.29	52.10	55.70	54.60	32.47	30.27	41.29
夷陵区	Yiling	99.25	103.24	101.35	97.80	96.70	94.80	65.63	48.01	93.09
宜都市	Yidu	75.02	76.60	75.40	72.80	74.30	72.70	51.22	40.66	74.00
当阳市	Dangyang	105.47	107.66	105.18	102.20	100.10	98.20	61.98	46.16	95.79
枝江市	Zhijiang	111.40	109.62	106.26	103.30	101.90	100.40	63.61	51.39	98.19
襄州区	Xiangzhou	108.92	112.61	113.71	110.10	101.29	99.50	61.92	43.39	84.73
南漳县	Nanzhang	104.21	105.61	106.80	103.20	104.50	102.10	67.49	54.64	82.03
老河口市	Laohekou	65.27	65.53	66.85	65.20	87.76	83.50	57.54	73.47	88.66
枣阳市	Zaoyang	118.78	116.88	114.16	110.60	109.70	106.80	66.44	51.10	100.66
宜城市	Yicheng	80.49	79.77	83.58	87.70	81.10	80.90	48.87	58.60	80.17
鄂州市	Ezhou	96.60	98.75	95.28	92.30	95.10	93.20	59.90	44.60	71.92
京山市	Jingshan	99.40	102.56	101.70	98.40	99.20	97.20	61.60	57.77	96.75
沙洋县	Shayang	92.12	96.16	95.22	92.30	91.70	89.90	53.62	51.63	87.00
钟祥市	Zhongxiang	123.24	126.57	127.15	128.30	156.10	153.50	106.04	85.22	144.19
安陆市	Anlu	68.91	70.33	73.16	71.50	73.60	72.10	46.86	46.02	74.04
公安县	Gong'an	84.19	83.72	81.58	79.20	78.70	76.70	43.82	20.14	60.68
监利县	Jianli	66.21	68.57	71.82	74.50	72.50	72.10	47.97	31.29	66.18
松滋市	Songzi	124.04	128.36	125.66	126.10	125.70	123.50	77.89	62.18	118.47
浠水县	Xishui	60.18	64.34	65.05	64.40	67.30	65.80	39.29	36.97	71.91
麻城市	Macheng	61.92	63.13	65.40	64.70	68.60	67.70	42.92	45.88	67.13
武穴市	Wuxue	97.79	100.61	102.25	105.10	104.70	102.80	65.04	52.71	101.39
通城县	Tongcheng	72.88	74.16	73.05	70.80	67.90	66.50	42.85	37.53	53.04
随 县	Suixian	81.89	83.24	80.95	78.30	76.40	74.90	47.37	50.13	78.18
广水市	Guangshui	56.52	58.02	57.55	56.60	68.10	67.20	48.43	50.02	75.84
恩施市	Enshi	88.76	91.25	89.05	86.10	87.30	86.00	61.13	64.37	98.66
利川市	Lichuan	65.50	67.58	68.16	65.80	67.20	65.90	39.53	43.92	76.99
建始县	Jianshi	61.82	59.09	62.03	60.50	62.10	61.10	45.66	43.29	67.32
巴东县	Badong	67.71	68.45	67.85	66.10	68.60	67.30	45.78	44.30	70.04
仙桃市	Xiantao	104.66	102.78	101.20	98.50	91.70	89.80	53.66	36.99	59.62
潜江市	Qianjiang	101.26	104.86	102.81	100.30	92.60	90.70	55.96	36.70	57.96
天门市	Tianmen	107.80	110.74	106.94	103.40	105.00	102.90	63.14	35.29	69.30

2-14 生猪调出大县猪肉产量
Output of Pork by Regions

单位：万吨 (10000 tons)

地 区	Region	2013	2014	2015	2016	2017	2018	2019	2020	2021
江夏区	Jiangxia	7.45	7.73	7.77	7.50	7.07	6.94	3.81	4.09	6.61
黄陂区	Huangpi	8.01	8.10	8.11	7.84	7.38	7.30	4.54	1.75	4.49
大冶市	Daye	3.88	3.89	4.02	3.93	4.20	4.12	2.48	2.32	3.15
夷陵区	Yiling	7.75	7.91	7.76	7.49	7.41	7.27	5.01	3.72	7.11
宜都市	Yidu	5.83	5.84	5.74	5.55	5.66	5.54	3.91	3.16	5.65
当阳市	Dangyang	8.17	8.19	8.01	7.78	7.62	7.48	4.73	3.57	7.32
枝江市	Zhijiang	8.69	8.38	8.12	7.89	7.78	7.67	4.86	3.99	7.50
襄州区	Xiangzhou	8.01	8.44	8.61	8.33	7.66	7.53	4.73	3.41	6.47
南漳县	Nanzhang	7.59	7.85	8.01	7.74	7.84	7.67	5.15	4.29	6.26
老河口市	Laohekou	4.92	4.94	5.04	4.91	6.61	6.30	4.39	5.65	6.77
枣阳市	Zaoyang	8.84	8.82	8.62	8.35	8.28	8.07	5.07	3.96	7.69
宜城市	Yicheng	6.23	6.06	6.35	6.66	6.16	6.15	3.73	4.54	6.12
鄂州市	Ezhou	7.50	7.51	7.24	7.02	7.23	7.09	4.57	3.45	5.49
京山市	Jingshan	8.27	8.33	8.03	7.77	7.83	7.68	4.70	4.45	7.39
沙洋县	Shayang	6.70	7.12	7.11	6.90	6.86	6.73	4.09	4.00	6.64
钟祥市	Zhongxiang	9.81	9.85	9.89	9.98	12.14	11.95	8.10	6.60	11.01
安陆市	Anlu	5.22	5.33	5.54	5.42	5.58	5.47	3.58	3.54	5.65
公安县	Gong'an	6.32	6.28	6.12	5.95	5.91	5.77	3.35	1.59	4.63
监利县	Jianli	4.98	5.17	5.42	5.62	5.47	5.45	3.66	2.45	5.05
松滋市	Songzi	9.82	9.94	9.73	9.76	9.73	9.57	5.95	4.74	9.05
浠水县	Xishui	4.58	4.85	4.90	4.85	5.07	4.96	3.00	2.85	5.54
麻城市	Macheng	4.64	4.76	4.93	4.88	5.17	5.11	3.28	3.52	5.13
武穴市	Wuxue	7.25	7.56	7.69	7.90	7.87	7.73	4.97	4.07	7.76
通城县	Tongcheng	5.34	5.53	5.52	5.35	5.13	5.03	3.27	2.87	4.05
随 县	Suixian	6.21	6.31	6.14	5.94	5.80	5.69	3.62	3.86	5.97
广水市	Guangshui	4.38	4.39	4.36	4.29	5.16	5.10	3.70	3.84	5.79
恩施市	Enshi	6.92	6.93	6.77	6.54	6.63	6.54	4.67	4.91	7.53
利川市	Lichuan	4.89	5.12	5.16	4.98	5.09	5.00	3.02	3.37	5.88
建始县	Jianshi	4.67	4.46	4.68	4.57	4.69	4.62	3.49	3.36	5.14
巴东县	Badong	5.11	5.17	5.12	4.99	5.18	5.09	3.50	3.44	5.35
仙桃市	Xiantao	8.71	8.37	8.08	7.86	7.32	7.18	4.10	2.82	4.55
潜江市	Qianjiang	8.47	8.52	8.11	7.91	7.30	7.16	4.27	2.87	4.44
天门市	Tianmen	8.09	8.31	8.03	7.76	7.88	7.73	4.82	2.73	5.31

2-15 中稻中间消耗
Mid-consumption of Middle-season Rice

单位：元/亩 (yuan/mu)

指　标	Item	2014	2015	2016	2017	2018	2019	2020	2021
平均每单位产值	**Output Value per Unit**	**1513.87**	**1514.01**	**1237.11**	**1339.62**	**1288.03**	**1376.34**	**1370.00**	**1344.22**
平均每单位中间消耗	**Intermediate Consumption per Unit**	**425.40**	**452.33**	**449.30**	**474.48**	**495.07**	**503.29**	**487.38**	**531.56**
物质消耗	**Material Consumption**	**273.61**	**307.39**	**305.99**	**328.62**	**340.53**	**357.77**	**340.45**	**364.00**
用种量	Seed Quantity	77.58	93.13	89.32	107.11	106.75	112.62	102.92	110.21
饲料、饲草	Forages, Forage Grass								
肥料	Fertilizers	127.95	120.45	137.12	135.10	134.49	133.04	136.80	143.38
燃料	Fuels	5.04	22.02	16.31	17.20	25.18	19.00	16.85	21.72
农膜(棚膜、地膜)	Agricultural Film (shed film, mulch)	3.59	1.63	1.85	1.93	2.70	2.03	1.82	1.92
农药	Pesticides	57.16	53.98	51.46	55.98	59.48	65.32	68.95	77.10
畜牧水产养殖用药品	Pesticides for Cultivation								
用水量	Water Consumption	0.66	3.19	4.28	2.02	0.82	0.99	0.96	0.17
用电量	Electricity Consumption	1.56	11.36	4.27	6.71	7.92	8.82	9.43	8.47
棚架材料费	Scaffold Material Cost		0.37	0.83	0.44	0.02	0.00	0.01	0.16
小农具购置费	Small Farm Implements	0.08	0.82	0.36	1.55	1.82	14.05	2.21	0.23
办公用品购置	Office Supplies		0.08	0.15	0.03	0.03	0.07	0.03	0.18
其他物质消耗	Others		0.38	0.04	0.55	1.31	1.83	0.48	0.46
生产服务支出	**Cost of Production Services**	**151.79**	**144.93**	**143.31**	**145.86**	**154.53**	**145.52**	**146.92**	**167.56**
外雇运输费	Transport Fee	3.12	8.68	9.55	9.71	12.50	11.04	9.15	6.49
外雇排灌费	Irrigation and Drainage Fee	12.55	6.15	8.87	5.59	7.41	7.91	6.84	7.89
外雇机械作业费	Mechanical Work Fee	129.88	121.05	118.07	116.93	128.09	117.99	122.37	142.22
配种费	Breeding Fee								
防疫费	Epidemic Prevention Fee								
技术服务费	Technical Advisory Fee		0.84	0.27	0.04	0.01	0.76	0.25	0.28
保险费	Insurance Fee	0.15	1.65	1.52	2.06	1.98	2.77	3.54	3.41
其他服务费	Others	6.08	6.54	5.04	11.52	4.53	5.04	4.77	7.27

2-16 小麦中间消耗
Mid-consumption of Wheat

单位：元/亩 (yuan/mu)

指　　标	Item	2014	2015	2016	2017	2018	2019	2020	2021
平均每单位产值	**Output Value per Unit**	**653.68**	**516.80**	**519.20**	**530.62**	**484.37**	**561.77**	**594.67**	**513.94**
平均每单位中间消耗	**Intermediate Consumption per Unit**	**278.29**	**272.99**	**312.06**	**276.78**	**294.27**	**299.97**	**295.39**	**314.53**
物质消耗	**Material Consumption**	**175.01**	**190.50**	**208.71**	**192.32**	**206.34**	**211.53**	**204.38**	**219.59**
用种量	Seed Quantity	52.55	56.30	64.61	55.33	57.73	59.40	54.93	59.49
饲料、饲草	Forages, Forage Grass								
肥料	Fertilizers	98.03	102.82	105.31	101.89	113.82	108.37	107.24	111.38
燃料	Fuels	4.50	10.11	12.32	8.50	9.70	14.66	10.44	11.58
农膜(棚膜、地膜)	Agricultural Film (shed film, mulch)								
农药	Pesticides	18.29	19.08	23.43	22.50	24.05	23.70	29.96	35.74
畜牧水产养殖用药品	Pesticides for Cultivation								
用水量	Water Consumption	0.27	0.60	0.90	0.79	0.04			0.08
用电量	Electricity Consumption	0.87	0.83	0.79	0.40	0.37	1.15	0.62	0.77
棚架材料费	Scaffold Material Cost	0.04							
小农具购置费	Small Farm Implements	0.46	0.56	0.07	0.21	0.20	4.03	0.19	0.50
办公用品购置	Office Supplies		0.02	0.01	0.01	0.03	0.03	0.93	0.03
其他物质消耗	Others		0.18	1.28	2.69	0.40	0.19	0.07	0.02
生产服务支出	**Cost of Production Services**	**103.28**	**82.49**	**103.35**	**84.46**	**87.93**	**88.44**	**91.01**	**94.94**
外雇运输费	Transport Fee	2.84	3.60	4.69	3.03	3.83	2.20	2.44	0.90
外雇排灌费	Irrigation and Drainage Fee		1.04	0.25	0.45	2.22		1.92	4.87
外雇机械作业费	Mechanical Work Fee	100.44	71.35	87.25	78.25	78.43	77.49	83.43	86.44
配种费	Breeding Fee								
防疫费	Epidemic Prevention Fee								
技术服务费	Technical Advisory Fee		0.14	0.01	0.12	0.04	0.04	0.06	0.14
保险费	Insurance Fee		0.52	0.41	0.16	0.17	0.41	0.43	0.64
其他服务费	Others		5.84	10.74	2.45	3.24	8.30	2.72	1.95

2-17　玉米中间消耗
Mid-consumption of Corn

单位：元/亩　　(yuan/mu)

指　　标	Item	2014	2015	2016	2017	2018	2019	2020	2021
平均每单位产值	**Output Value per Unit**	**924.72**	**835.62**	**735.46**	**848.63**	**884.11**	**941.57**	**1070.47**	**1093.29**
平均每单位中间消耗	**Intermediate Consumption per Unit**	**276.64**	**317.71**	**375.08**	**326.35**	**338.09**	**362.49**	**333.10**	**359.51**
物质消耗	**Material Consumption**	**220.47**	**240.56**	**266.84**	**252.29**	**257.18**	**280.93**	**255.76**	**290.07**
用种量	Seed Quantity	60.79	62.93	63.36	54.09	57.00	70.06	61.83	65.23
饲料、饲草	Forages, Forage Grass								
肥料	Fertilizers	133.82	143.42	168.88	158.75	148.87	153.46	148.59	180.23
燃料	Fuels	2.27	8.51	7.49	9.37	13.86	8.38	6.02	9.7
农膜(棚膜、地膜)	Agricultural Film (shed film, mulch)	0.31	3.48	2.44	3.28	3.96	7.33	6.13	5.08
农药	Pesticides	22.26	20.74	21.86	23.02	23.89	36.23	30.20	27.39
畜牧水产养殖用药品	Pesticides for Cultivation								
用水量	Water Consumption			0.01					
用电量	Electricity Consumption	0.93	0.24	0.32	0.88	6.76	3.86	1.39	1.19
棚架材料费	Scaffold Material Cost				0.62				
小农具购置费	Small Farm Implements	0.09	0.83	2.06	1.23	1.46	0.96	0.96	1
办公用品购置	Office Supplies								
其他物质消耗	Others		0.41	0.42	1.06	1.38	0.66	0.65	0.25
生产服务支出	**Cost of Production Services**	**56.17**	**77.15**	**108.24**	**74.06**	**80.92**	**81.56**	**77.33**	**69.44**
外雇运输费	Transport Fee	1.20	3.37	9.98	5.91	5.08	5.99	3.75	3.32
外雇排灌费	Irrigation and Drainage Fee		0.79	5.22			3.85	3.82	
外雇机械作业费	Mechanical Work Fee	51.24	71.77	88.49	64.12	66.94	60.74	66.54	63.85
配种费	Breeding Fee								
防疫费	Epidemic Prevention Fee								
技术服务费	Technical Advisory Fee		0.06						
保险费	Insurance Fee			0.01					
其他服务费	Others	3.73	1.16	4.55	4.02	8.89	10.98	3.22	2.27

2-18　棉花中间消耗
Mid-consumption of Cotton

单位：元/亩　　　　(yuan/mu)

指　标	Item	2014	2015	2016	2017	2018	2019	2020	2021
平均每单位产值	**Output Value per Unit**	**1190.25**	**1244.16**	**1350.77**	**929.05**	**1427.22**	**1253.57**	**1088.87**	**1543.72**
平均每单位中间消耗	**Intermediate Consumption per Unit**	**375.54**	**354.27**	**392.76**	**379.56**	**368.43**	**374.51**	**383.22**	**439.98**
物质消耗	**Material Consumption**	**339.23**	**292.77**	**334.67**	**335.60**	**334.69**	**351.59**	**352.63**	**410.72**
用种量	Seed Quantity	53.39	51.95	53.98	51.04	46.82	46.97	47.58	93.61
饲料、饲草	Forages, Forage Grass								
肥料	Fertilizers	187.19	151.56	178.89	189.73	187.97	195.34	210.74	218.14
燃料	Fuels	0.26	2.60	1.88	1.67	2.97	4.19	3.15	5.93
农膜(棚膜、地膜)	Agricultural Film (shed film, mulch)	5.38	8.56	5.95	2.96	4.88	2.39	2.38	2.87
农药	Pesticides	89.38	74.79	91.56	88.37	88.72	100.40	86.55	86.48
畜牧水产养殖用药品	Pesticides for Cultivation								
用水量	Water Consumption								
用电量	Electricity Consumption	0.05	1.31	1.85		1.33	0.29		
棚架材料费	Scaffold Material Cost								
小农具购置费	Small Farm Implements	0.58							1.48
办公用品购置	Office Supplies								
其他物质消耗	Others	3.00	2.00	0.56	1.82	2.00	2.00	2.22	2.22
生产服务支出	**Cost of Production Services**	**36.31**	**61.50**	**58.09**	**43.96**	**33.73**	**22.92**	**30.59**	**29.26**
外雇运输费	Transport Fee		2.71	8.79	4.32	1.90	1.11		
外雇排灌费	Irrigation and Drainage Fee	3.73				4.00			0.93
外雇机械作业费	Mechanical Work Fee	31.66	58.79	49.30	38.10	24.34	20.81	29.48	26.11
配种费	Breeding Fee								
防疫费	Epidemic Prevention Fee								
技术服务费	Technical Advisory Fee								
保险费	Insurance Fee								
其他服务费	Others	0.92			1.55	3.50	1.00	1.11	2.22

2-19 活鸡中间消耗
Mid-consumption of Live Chickens

单位：元/只 (yuan/head)

指 标	Item	2014	2015	2016	2017	2018	2019	2020	2021
平均每单位产值	**Output Value per Unit**	**40.12**	**29.48**	**44.87**	**22.70**	**34.10**	**34.28**	**24.78**	**27.56**
平均每单位中间消耗	**Intermediate Consumption per Unit**	**24.02**	**19.67**	**18.26**	**16.90**	**21.63**	**17.74**	**18.37**	**20.62**
物质消耗	**Material Consumption**	**23.71**	**19.03**	**17.57**	**16.22**	**21.11**	**17.18**	**17.85**	**20.24**
用种量	Seed Quantity	4.60	2.21	2.90	2.34	3.88	3.89	3.41	3.21
饲料、饲草	Forages, Forage Grass	17.99	15.68	13.03	12.82	16.05	12.54	13.11	15.71
肥料	Fertilizers								
燃料	Fuels	0.51	0.09	0.14	0.08	0.25	0.18	0.18	0.52
农膜(棚膜、地膜)	Agricultural Film (shed film, mulch)								
农药	Pesticides								
畜牧水产养殖用药品	Pesticides for Cultivation	0.43	0.51	0.54	0.43	0.44	0.39	0.57	0.41
用水量	Water Consumption	0.01	0.19	0.39	0.20	0.08	0.03	0.03	0.06
用电量	Electricity Consumption	0.17	0.32	0.53	0.27	0.20	0.13	0.15	0.19
棚架材料费	Scaffold Material Cost			0.02		0.14			0.13
小农具购置费	Small Farm Implements			0.01	0.06	0.04	0.01	0.00	
办公用品购置	Office Supplies		0.02		0.01			0.31	
其他物质消耗	Others	0.01	0.02	0.01	0.01	0.04	0.01	0.08	0.01
生产服务支出	**Cost of Production Services**	**0.32**	**0.65**	**0.68**	**0.68**	**0.52**	**0.56**	**0.52**	**0.38**
外雇运输费	Transport Fee	0.02	0.15	0.04	0.12	0.09	0.10	0.19	0.03
外雇排灌费	Irrigation and Drainage Fee								
外雇机械作业费	Mechanical Work Fee								
配种费	Breeding Fee					0.05	0.04	0.05	
防疫费	Epidemic Prevention Fee	0.26	0.30	0.60	0.46	0.35	0.33	0.25	0.31
技术服务费	Technical Advisory Fee	0.02	0.09	0.01	0.05		0.03	0.02	0.03
保险费	Insurance Fee			0.01	0.03	0.02	0.01	0.00	0.00
其他服务费	Others	0.02	0.11	0.02	0.02	0.02	0.04	0.01	0.01

2-20 生猪中间消耗
Mid-consumption of Live Hogs

单位：元/头 (yuan/head)

指 标	Item	2014	2015	2016	2017	2018	2019	2020	2021
平均每单位产值	**Output Value per Unit**	**1543.00**	**1682.35**	**2098.73**	**1918.94**	**1520.13**	**2395.08**	**4175.21**	**2771.79**
平均每单位中间消耗	**Intermediate Consumption per Unit**	**1121.16**	**1113.75**	**1069.94**	**1081.35**	**1115.50**	**1142.62**	**1568.91**	**1695.37**
物质消耗	**Material Consumption**	**1097.81**	**1088.16**	**1035.84**	**1043.11**	**1076.08**	**1096.77**	**1496.33**	**1606.52**
用种量	Seed Quantity	174.70	50.24	100.45	60.25	39.00	29.69	202.23	141.61
饲料、饲草	Forages, Forage Grass	893.85	995.83	895.90	936.65	992.15	1011.54	1193.76	1360.55
肥料	Fertilizers								
燃料	Fuels	3.46	0.61	1.23	2.65	3.02	1.29	3.60	3.96
农膜(棚膜、地膜)	Agricultural Film (shed film, mulch)								
农药	Pesticides								
畜牧水产养殖用药品	Pesticides for Cultivation	17.70	20.20	18.10	21.38	23.77	30.34	46.73	50.03
用水量	Water Consumption	1.90	4.74	3.49	2.37	2.41	3.62	5.34	6.62
用电量	Electricity Consumption	6.22	15.19	14.82	11.94	11.14	15.37	23.05	36.67
棚架材料费	Scaffold Material Cost			0.24		0.65	1.99	4.94	0.37
小农具购置费	Small Farm Implements		0.29	0.42	1.13	1.10	1.07	0.76	0.69
办公用品购置	Office Supplies		0.08	0.04	0.40	0.87	0.13	8.38	0.38
其他物质消耗	Others		1.00	1.15	6.33	1.95	1.73	7.54	5.64
生产服务支出	**Cost of Production Services**	**23.35**	**25.59**	**34.11**	**38.23**	**39.42**	**45.84**	**72.58**	**88.85**
外雇运输费	Transport Fee	0.92	1.02	1.85	0.99	2.27	3.19	3.41	4.76
外雇排灌费	Irrigation and Drainage Fee			0.24					
外雇机械作业费	Mechanical Work Fee								0.19
配种费	Breeding Fee	1.46	1.90	5.64	8.61	7.21	7.27	8.32	12.39
防疫费	Epidemic Prevention Fee	15.76	14.21	19.73	21.26	22.61	27.93	48.31	55.61
技术服务费	Technical Advisory Fee	0.78	1.34	0.66	1.35	1.22	1.63	1.43	1.06
保险费	Insurance Fee	0.16	1.55	1.29	2.92	2.31	2.03	3.82	3.64
其他服务费	Others	4.28	5.59	4.88	3.10	3.81	3.79	7.29	11.22

主要统计指标解释

粮食产量 指全社会的产量。包括国有经济经营的、集体统一经营的和农民家庭经营的粮食产量，还包括工矿企业办的农场和其他生产单位的产量。粮食除包括稻谷、小麦、玉米、高粱、谷子及其他杂粮外，还包括薯类和豆类。其产量计算方法，豆类按去豆荚后的干豆计算；薯类（包括甘薯和马铃薯，不包括芋头和木薯）1963 年以前按每 4 公斤鲜薯折 1 公斤粮食计算，从 1964 年开始改为按 5 公斤鲜薯折 1 公斤粮食计算。城市郊区作为蔬菜的薯类（如马铃薯等）按鲜品计算，并且不作粮食统计。其他粮食一律按脱粒后的原粮计算。1989 年以前全国粮食产量数据主要靠全面报表取得，1989 年开始使用抽样调查数据。

猪、牛、羊肉产量 指当年出栏并已屠宰、除去头蹄下水后带骨肉（即胴体重）的重量。包括全社会范围内的产量。1996 年前为各级逐级上报数据。1996 年第一次农业普查以后，由于畜牧业产品年报数据与普查数据之间存在一定的差距，国家统计局农调总队对畜牧业年报数据与普查数据进行衔接。1999 年以后，国家统计局开展了猪、牛、羊、禽等主要畜禽品种的抽样调查，并用抽样数据作为国家定案数据使用。未开展抽样调查的品种，仍使用各级统计部门逐级上报数据。

期末畜禽存栏头（只）数 指调查期末所有养殖场（户）饲养的大牲畜、猪、牛、羊、家禽等畜禽的总量。数据上报方式及数据调整情况同猪、牛、羊肉产量。

出栏头数 指调查期内所有养殖场（户）自行宰杀和出售已育肥的全部牲畜头数。

常用耕地 是指耕地总资源中专门种植农作物并经常进行耕种、能够正常收获的土地。包括当年实际耕种的熟地；弃耕、休闲不满三年，随时可以复耕的地；开荒利用三年以上的土地。在统计口径上包括南方小于 1 米、北方小于 2 米宽的沟、渠、路和田埂。不包括临时种植农作物的坡度在 25 度以上的陡坡地；在河套、湖畔、库区临时开发的成片或零星土地；也不包括已列为国家和省（区、市）退耕计划但临时耕种的土地。常用耕地是国家需要重点保护的耕地，是反映我国农业综合生产能力的一个重要指标。

农作物播种面积 指实际播种或移植有农作物的面积。凡是实际种植有农作物的面积，不论种植在耕地上还是种植在非耕地上，均包括在农作物播种面积中。在播种季节基本结束后，因遭灾而重新改种和补种的农作物面积，也包括在内。它是反映我国耕地面积利用情况的一个重要指标。目前，农作物播种面积主要包括粮食、棉花、油料、糖料、麻类、烟叶、蔬菜和瓜类、药材和其他农作物九大类。

农林牧渔业中间消耗 指在一定时期内农林牧渔业生产过程中所消耗的物质产品和劳务价值。中间消耗包括物质产品消耗和生产服务支出两个部分。

Explanatory Notes on Main Statistical Indicators

Grain Output refers to the total output in the whole country including grains produced by state farms, collective units, rural households, as well as by farms affiliated to industrial and mining enterprises and other production units. Grain includes rice, wheat, corn, sorghum, millet and other miscellaneous grains as well as tubers and bean. Output of beans refers to dry beans without pods. The output of tubers（sweet potatoes and potatoes, not including taros and cassava）was converted into that of grain at the ratio 4︰1, i.e. 4 kilograms of fresh tubers was equivalent to 1 kilogram of grain up to 1963. Since 1964 the ratio for conversion has been 5︰1. Tubers supplied as vegetables （such as potatoes） in cities and suburbs are calculated as fresh vegetables and their output is not included in the output of grain. Output of all other grains refers to husked grain. Data on grain production before 1989 were obtained through Comprehensive Statistical Reporting System. Since 1989, data from sample surveys are used.

Output of Pork, Beef, and Mutton refers to the meat of slaughtered hogs, cattle, sheep and goats with head, feet, and offal taken away. Data refers to the production of the whole country. The first agriculture census of China in 1996 revealed some discrepancy between the production of animal products from the annual reports and that from the census. Efforts were made by the Rural Socio-economic Survey Organization of NBS to adjust the output value of animal husbandry to make the figures from the annual reports consistent with the census data. Since 1999, NBS conducted sample survey for the major animal husbandry products, such as hogs, cattle, sheep and goats and fowls, and the data from sample surveys are used as national finalized data. Those products, which are not covered by the sample survey, are still reported by statistical agencies level by level.

Number of Livestock or Poultry in Stock at the End refers to the total number of large animals, pigs, cattle, sheep, fowls, etc. raised by rural cooperative organizations, state farms, rural individuals, government agencies, schools, industrial and mining enterprises, army, and urban residents at the end of the Investigation period. Data reporting system and data adjustment are the same as that in the output of pork, beef and mutton.

Number of Livestock Slaughtered refers to the total number of animals for butchering by farming, forestry, animal husbandry and fishery, including parts of selling to country and markets during the investigation period.

Regularly Cultivated Land refers to farmland among the total land resources, which is exclusively used for farming and is under regular cultivation with harvest in normal years. Included are currently cultivated land, land that has been abandoned or put in idle for less than 3 years and could be re-used for cultivation at any time, and new-claimed land that has been put into cultivation for more than 3 years. According to statistical coverage, it includes the gouges, dykes, roads and ridges of field with 1 meter wide in Southern areas and 2 meters wide in Northern areas. Excluded under this category are steep slope land over 25 degrees under temporary cultivation, land (large or small plots) that is claimed along river bends, lake sides or banks of reservoirs, as well as land that has been designated under the "Green for Grain" programme of the state and provincial governments but is still temporarily under cultivation. The regularly cultivated land is the key protection land of the nation, an important indicator reflecting the comprehensive productivity of agriculture of China.

Sown Area of Crops refers to area of land sown or transplanted with crops regardless of being in cultivated area or non-cultivated area. Area of land re-sown due to natural disasters is also included. This is an important indicator that can reflect the utilization condition of the cultivated land in China. At present, the sown area of crops mainly include the following 9 categories of crops: grain, cotton, oil-bearing crops, sugar crops, fiber crops, tobacco, vegetables and melons, medicinal materials and other farm crops.

Intermediate Consumption of Farming, Forestry, Animal Husbandry and Fishery refers to the value input and consumption in the process of agriculture production and various physical products during a certain period. It is classified into intermediate material consumption and intermediate service consumption.

居民生活

Chapter 3

People's Living Conditions

资料整理：盛　坤　陈　茜　朱　豆

3-1 城镇居民家庭人均收支及恩格尔系数(1985-2021年)

Per Capita Annual Income and Expenditure & Engle's Coefficient of Urban Households(1985-2021)

年 份 Year	城镇居民家庭人均可支配收入 Per Capita Annual Disposable Income of Urban Households		城镇居民家庭人均消费性支出 Average Urban Household Consumption Expenditure		恩格尔系数(%) Engel's Coefficient (%)
	绝对数(元) Value(yuan)	比上年±% Growth Rate Over Preceding Year(%)	绝对数(元) Value(yuan)	比上年±% Growth Rate Over Preceding Year(%)	
1985	704.20	19.2	644.20	24.7	50.4
1986	851.30	20.9	751.50	16.7	51.6
1987	951.80	11.8	836.10	11.3	53.0
1988	1128.10	18.5	1058.80	26.6	50.9
1989	1262.60	11.9	1130.70	6.8	53.7
1990	1427.20	13.0	1220.30	7.9	53.5
1991	1592.90	11.6	1380.20	13.1	52.0
1992	1874.20	17.7	1577.70	14.3	50.6
1993	2438.70	30.1	2097.60	33.0	44.9
1994	3346.00	37.2	2733.10	30.3	47.8
1995	4016.70	20.0	3433.80	25.6	48.9
1996	4350.20	8.3	3713.50	8.1	46.6
1997	4673.20	7.4	3855.60	3.8	46.0
1998	4826.40	3.3	4074.40	5.7	43.9
1999	5212.80	8.0	4340.60	6.5	41.1
2000	5524.50	6.0	4644.50	7.0	38.3
2001	5856.00	6.0	4804.80	3.5	37.5
2002	6789.00	15.9	5608.91	16.7	37.2
2003	7322.00	7.9	5963.30	6.3	38.2
2004	8022.80	9.6	6398.50	7.3	39.3
2005	8785.94	9.5	6736.56	5.3	39.0
2006	9802.65	11.6	7397.32	9.8	38.8
2007	11485.80	17.2	8701.18	17.6	39.7
2008	13152.86	14.5	9477.51	8.9	42.2
2009	14367.48	9.2	10294.07	8.6	40.4
2010	16058.37	11.8	11450.97	11.2	38.7
2011	18373.87	14.4	13163.77	15.0	40.7
2012	20839.59	13.4	14495.97	10.1	40.3
2013	22906.42	9.9	15749.50	8.6	39.7
2014	24852.28	9.6	16681.41	8.8	32.3
2015	27051.47	8.8	18192.28	9.1	32.0
2016	29385.80	8.6	20040.03	10.2	31.4
2017	31889.42	8.5	21275.63	6.2	30.8
2018	34454.63	8.0	23995.91	12.8	28.1
2019	37601.36	9.1	26421.77	10.1	27.8
2020	36705.74	-2.4	22885.47	-13.4	31.1
2021	40277.77	9.7	28505.64	24.6	29.9

注：①1992年前可支配收入为生活费收入；
②2014年起使用城乡一体化住户收支与生活状况调查数据，与之前的分城镇和农村住户调查的范围、方法、指标口径有所不同(此后相关表同)；
③2014年起，城镇居民人均可支配收入改为城镇常住居民人均可支配收入；
④2014年起，食品消费支出包括食品和烟酒。

Note: ①Disposable income is equal to living expenses before 1992;
②Survey data of income and expenditure of urban and rural household integration was used since 2014, and the scope of the investigation, the method and index are different(But these indexes are same in the thereafter related tables);
③Since 2014, the per capita disposable income of urban household was changed to the per capita disposable income of urban household;
④Since 2014, consumption expenditure on food include food, alcohol and tobacco.

3-2 按收入五等份分组城镇居民家庭基本情况(2021年)

项 目	Item	总 计 Total
家庭居住人口数(人/户)	Household Size(person/household)	3.01
现住房总建筑面积(平方米/人)	Total Floor Space for Current Housing(sq.m/person)	43.76
现住房房屋来源(%)	Source of Current Housing(%)	
租赁公房	Rental Public Housing	1.79
租赁私房	Rental Privately Housing	2.09
自建住房	Self Built Housing	33.89
购买商品房	Commercial Housing	41.84
购买房改住房	Privately Owned House After Housing Reform	10.98
购买保障性住房	Affordable Housing	1.69
拆迁安置房	Removal and Resettlement Housing	5.38
继承或获赠住房	Inheritance or Gift of Housing	0.60
免费借用房	Free Housing	0.55
雇主提供免费住房	Free Housing Provide by Employers	0.94
其他来源	Other Sources	0.26
本住户居住空间样式(%)	Residential Space Style(%)	
单栋楼房	Single Building	30.10
单栋平房	Single One-storey House	4.38
四居室及以上单元房	Four Bedroom and Above Apartment	2.96
三居室单元房	Three Bedroom Apartment	32.54
二居室单元房	Two Bedroom Apartment	25.76
一居室单元房	One Bedroom Apartment	3.79
筒子楼或连片平房	Tube-shaped Apartment or Gathered One-storey House	0.47
其他	Others	
现有住房按市场价估计值(元/户)	Existing Housing at Market Value Estimates(yuan/household)	686933.74
租赁房房租(元/户)	Rental Housing Rent(yuan/household)	412.85
住户主要饮用水来源情况(%)	Main Source of Drinking Water(%)	
经过净化处理的自来水	Tap Water After Purification Treatment	94.90
受保护的井水和泉水	Protected Wells and Springs	2.86
不受保护的井水和泉水	Unprotected Wells and Springs	0.14
江河湖泊水	Rivers and Lakes	0.04
收集雨水	Rainwater Collected	
桶装水	Bottled Water	2.07
其他水源	Other Water Sources	
住户厕所类型(%)	Type of Household Toilet(%)	
水冲式卫生厕所	Hygiene Water Flush Toilet	98.17
水冲式非卫生厕所	Unhygiene Water Flush toilet	1.32
卫生旱厕	Hygiene Toilet with No Flush Facilities	0.15
普通旱厕	Common Toilet with No Flush Facilities	0.36
无厕所	No Toilet	
住户洗澡设施情况(%)	Household Bathing Facilities(%)	
统一供热水	Unified Supplied Hot Water	2.69
家庭自装热水器	Home Self Installed Water Heater	95.44
其他	Others	0.65
无洗澡设施	No Bathing Facilities	1.21

Basic Conditions of Urban Households by Five Equal Parts of Income(2021)

低收入户 Low Income Households	中低收入户 Lower Middle Income Households	中等收入户 Middle Income Households	中高收入户 Upper Middle Income Households	高收入户 High Income Households
3.62	3.41	2.96	2.71	2.37
41.70	40.28	43.16	46.13	49.85
1.34	2.67	2.02	1.38	1.53
2.43	1.64	2.45	2.00	1.91
56.51	39.41	30.51	26.27	16.75
26.39	39.43	41.56	46.23	55.55
4.38	7.21	13.27	13.27	16.79
0.81	1.26	2.15	2.11	2.11
6.31	6.48	5.54	6.11	2.48
0.77	0.74	0.81	0.54	0.14
0.53	0.71	0.60	0.59	0.32
0.15	0.37	0.52	1.49	2.15
0.37	0.10	0.57		0.27
48.96	35.83	28.09	22.88	14.76
8.27	4.90	3.05	3.99	1.69
1.52	1.75	2.91	3.08	5.55
24.16	28.96	29.63	33.15	46.79
13.96	23.97	30.08	33.29	27.48
2.86	3.94	5.48	3.24	3.41
0.26	0.65	0.77	0.37	0.32
435079.78	519439.39	625800.24	830995.61	1023137.87
242.81	373.65	441.20	455.79	550.65
89.40	94.57	96.93	97.89	95.70
6.78	3.81	1.24	1.23	1.22
0.24		0.22		0.22
0.19				
3.39	1.62	1.61	0.88	2.86
94.04	99.06	99.03	99.37	99.36
4.36	0.70	0.68	0.24	0.64
0.57	0.16			
1.04	0.07	0.29	0.40	
2.22	1.93	2.86	2.60	3.85
93.61	96.40	95.19	96.24	95.77
1.87	0.56	0.48	0.17	0.17
2.30	1.10	1.46	0.99	0.21

3-2 续表

项　目	Item	总　计 Total
住户主要取暖设备状况(%)	Household Main Heating Equipment Status(%)	
由市政或小区集中供暖	Central Heating by Municipal or District	3.09
自行供暖	Self Heating	72.65
无取暖设备	No Heating Equipment	24.26
主要炊用能源状况(%)	The Main Cooking Energy Situation(%)	
柴草	Firewood	2.42
煤炭	Coal	
罐装液化石油气	Canned Liquefied Petroleum Gas	31.80
管道液化石油气	Pipeline Liquefied Petroleum Gas	0.03
管道煤气	Piped Gas	
管道天然气	Pipeline Natural Gas	58.58
电	Electric	6.85
燃料用油	Fuel Oil	
沼气	Biogas	0.19
其他	Others	
无炊用行为	No Cooking Behavior	0.13
通信设备使用情况	Communications Facilities	
固定电话(部/百户)	Fixed-line Telephone(set/100 households)	5.75
移动电话(部/百户)	Mobile Phone(set/100 households)	260.46
接入互联网的计算机(台/百户)	Network-connected Telephone(set/100 households)	61.37
自有现住房面积(平方米/户)	Owned Housing Area(sq.m/household)	126.85

Continued

低收入户 Low Income Households	中低收入户 Lower Middle Income Households	中等收入户 Middle Income Households	中高收入户 Upper Middle Income Households	高收入户 High Income Households
1.15	2.10	2.00	4.32	5.88
65.89	72.73	74.93	75.70	74.02
32.96	25.17	23.07	19.98	20.10
6.61	1.95	1.70	0.81	1.04
43.69	38.34	31.62	24.38	20.99
	0.14			
40.85	52.25	59.62	68.06	72.12
8.34	7.31	6.44	6.50	5.64
0.51		0.42		
		0.20	0.24	0.21
5.86	6.12	5.68	4.57	6.49
270.22	278.81	259.73	249.90	243.63
44.34	57.21	59.52	63.12	82.65
144.71	133.66	122.40	119.61	113.91

3-3 城镇居民家庭人均收入与支出情况

单位：元

项目	Item	2015
家庭总收入	**Total Income**	**30057.39**
可支配收入	Disposable Income	27051.47
工资性收入	Income of Wages and Salaries	15571.59
经营净收入	Net Business Income	3792.21
财产净收入	Net Income from Property	1985.26
利息收入	Interest Income	60.72
股息与红利收入	Dividend and Bonus	89.58
保险收益	Insurance Proceeds	1.82
出租房屋收入	Income from Properties of Rental Housing	253.63
转移净收入	Net Income from Transfer	5702.40
养老金或离退休金	Pensions and Retirement Pay	5813.50
社会救济救助收入	Social Relief	95.83
赡养收入	Supporting Income	386.36
借贷收入	**Lending and Loaning Income**	**856.29**
提取储蓄存款	Dissaving Saving Deposit	558.84
借入款	Borrowed Funds	179.07
收回借出款	Recovered Loan	51.16
收回储蓄性保险本金	Recalled Endowment Assurance	0.17
住房贷款	Accommodation Loan	39.50
汽车贷款	Automobile Loan	15.02
教育贷款	Educational Loan	1.52
其他贷款	Other Loans	4.69
其他借贷收入	Other Income on Loan	6.33
家庭总支出	**Total Expenditures**	**24798.38**
生活消费支出	Expenses on Household Consumption	18192.28
食品烟酒	Food, Tobacco and Liquor	5828.55
衣着	Clothing	1523.08
居住	Residence	3742.72
生活用品及服务	Household Facilities, Articles and Services	1099.31
交通通信	Transport and Communications	2155.38
教育文化娱乐	Education, Cultural and Recreation	1972.20
医疗保健	Health Care and Medical Services	1482.05
其他用品及服务	Miscellaneous Goods and Services	388.98
购房与建房支出	Expenditure on House-purchase and Building	326.23
购房	Purchase of the House	192.70
建房	House Building	133.53
转移性支出	Expenses on Transfers	1603.91
社会保障支出	Social Security Expenditure	1264.16
个人交纳的养老基金	Personal Paid Pension Fund	886.12
个人交纳的住房公积金	Personal Paid Housing Accumulation Fund	
个人交纳的医疗基金	Personal Paid Medical Care Fund	318.08
个人交纳的失业基金	Personal Paid Unemployment Fund	44.75
其他社会保障支出	Others	15.21
财产性支出	Expenses on Properties	59.36
储蓄性商业保险支出	Commercial Insurance for Savings	91.36
借贷支出	**Lending and Loaning Expenditure**	**835.71**
存入储蓄款	Savings Deposit	288.59
借出款	Lending Funds	44.84
归还借款	Returned Loan	118.92
购买有价证券	Purchase of Securities	1.83
其他投资支出	Other Investment Expenditure	6.22
归还住房贷款	Returned Accommodation Loan	325.02
归还汽车贷款	Returned Automobile Loan	35.84
归还教育贷款	Returned Education Loan	0.12
归还其他贷款	Returned Others Loan	11.28
其他借贷支出	Others	3.05

注：①2014年起可支配收入是常住居民可支配收入，其中财产性收入、转移性收入及其中项都是净收入；
②2014年起股息与红利收入只包括红利收入；
③2014年起食品支出包括食品和烟酒；
④2014年起借贷收入是家庭总收入的其中项之一，借贷支出是家庭总支出的其中项之一。

Per Capita Annual Income and Expenditures of Urban Households

(yuan)

2016	2017	2018	2019	2020	2021
32239.85	**34972.27**	**38860.23**	**42207.91**	**40196.30**	**44728.39**
29385.80	31889.42	34454.63	37601.36	36705.74	40277.77
16517.54	17915.22	18997.08	20810.59	20071.36	22416.12
4150.24	4497.65	4796.60	5340.92	4728.31	5350.07
2299.27	2594.48	2953.88	3302.00	3470.12	3688.57
101.69	73.16	57.65	77.31	92.04	134.86
82.05	93.02	139.18	171.15	182.08	254.48
4.02	8.01	6.40	11.47	10.61	8.64
295.74	339.99	475.71	556.62	546.61	561.14
6418.75	6882.07	7707.06	8147.85	8435.96	8823.01
6481.11	7033.70	7049.04	7464.17	7718.88	7801.99
116.90	106.64	74.99	76.76	126.90	110.84
374.14	423.93	361.41	449.06	415.60	541.62
977.71	**798.63**	**1355.91**	**2587.85**	**514.65**	**1310.14**
714.52	517.81	626.04	443.96	277.56	422.06
97.34	94.23	138.43	207.20	81.16	341.45
67.24	76.96	406.12	1690.83	67.05	32.50
2.38	0.03	4.66	0.49	3.51	13.25
50.51	87.97	109.98	236.89	54.11	476.39
17.89	0.76	6.47	2.98	0.78	22.51
0.71	0.98	0.99		0.82	
16.85	16.00	20.98	4.72	2.94	0.18
10.28	3.89	42.24	0.78	26.72	1.81
27376.26	**28784.60**	**35600.72**	**40544.41**	**31006.17**	**40509.21**
20040.03	21275.63	23995.91	26421.77	22885.47	28505.64
6294.26	6542.48	6737.53	7334.30	7112.39	8513.06
1557.43	1544.84	1741.24	1886.72	1472.31	1844.87
4176.70	4669.38	5392.03	5929.36	5774.27	6241.85
1163.77	1287.25	1572.95	1868.99	1316.02	1628.09
2391.87	2131.71	3103.21	3283.90	2852.48	3562.72
2228.38	2420.90	2694.59	2966.97	2040.84	3487.92
1792.04	2165.46	2162.85	2471.35	1922.34	2541.08
435.59	513.61	591.51	680.18	394.82	686.05
896.73	872.05	1914.76	1189.94	819.37	1602.05
632.43	613.07	1879.15	1111.59	732.89	1575.35
264.30	258.98	35.61	78.35	86.48	26.70
1638.14	1899.23	1857.51	2057.99	2180.06	2634.99
1314.35	1496.31	1440.67	1613.12	1831.41	2225.90
952.34	1099.55	1018.20	1125.07	1281.80	1555.54
	722.93	613.94	781.24	838.76	1156.22
306.14	333.98	329.49	396.54	445.04	541.73
35.29	33.78	21.64	22.92	32.65	39.40
20.59	29.00	71.34	68.59	71.92	89.23
78.70	80.10	221.75	118.33	103.34	146.11
150.91	146.86	221.69	245.52	250.16	407.48
699.14	**660.77**	**2231.03**	**4907.41**	**1753.93**	**2705.24**
105.50	54.32	57.54	30.52	39.80	37.78
30.35	16.53	206.19	2417.55	26.71	21.82
116.53	89.18	459.19	809.18	247.68	771.49
0.03	0.32	15.85	6.52	8.73	58.62
17.52	5.19	12.55	23.92	3.35	29.11
345.25	402.38	1266.45	1411.10	1267.89	1475.57
66.95	61.48	150.97	105.20	103.09	217.48
	0.38	2.61	1.22	1.38	
14.76	27.38	38.84	55.56	30.54	90.48
2.24	3.61	20.82	46.64	24.78	2.90

Note: ①Since 2014, disposable income is a permanent resident disposable income, in which property income, transfer income, and the item is the net income;

②Dividends and bonus income in 2014 only included the bonus income;

③Since 2014, food expenditure including food and tobacco;

④Since 2014, lending income is one of a family's total income, loan expenditure is one of the family's total expenditures.

3-4 按收入五等份分组城镇居民家庭人均收入与支出情况(2021年)

单位：元

项　目	Item	低收入户 Low Income Households
总收入	**Total Income**	**19529.46**
可支配收入	Disposable Income	15550.42
工资性收入	Income of Wages and Salaries	9406.10
工资	Wage	9083.27
实物福利	Physical Benefits	84.97
其他	Others	237.87
经营净收入	Net Business Income	2277.69
第一产业经营净收入	Net Income of the First Industry	400.36
第二产业经营净收入	Net Income of Second Industries	111.54
第三产业经营净收入	Net Income of Third Industries	1765.79
财产净收入	Net Income from Property	1360.70
利息净收入	Net Interest Income	-87.83
红利收入	Dividend Income	34.79
储蓄性保险净收益	Net Income of Savings Insurance	0.60
转让承包土地经营权租金净收入	Net Income of Renting and Transfer Land Management Right	12.08
出租房屋财产性收入	Income from Properties of Rental Housing	191.85
出租机械、专利、版权等资产的收入	Rental Machinery, Patents, Copyrights and Other Assets	
房屋虚拟租金	Virtual Rent of House	1210.03
转移净收入	Net Income from Transfer	2505.92
转移性收入	Income from Transfers	4167.80
养老金或离退休金	Pension or Pension	1660.77
社会救济和补助	Social Relief and Subsidies	159.68
政策性生活补贴	Policy Oriented Living Allowance	36.58
报销医疗费	Reimbursement of Medical Expenses	165.58
家庭外出从业人员寄回带回收入	Income of Family Members Sent Back	1504.06
赡养收入	Maintenance Income	506.84
其他经常转移收入	Other Frequent Transfer Income	44.68
从政府和组织得到的实物产品和服务折价	Discounts on Physical Products and Services Received from the Government and Organizations	19.42
现金政策性惠农补贴	Cash for the Policy of Agricultural Subsidies	70.17
转移性支出	Expenses on Transfers	1661.88
个人所得税	Individual Income Tax	109.72
社会保障支出	Social Security Expenditure	1351.63
外来从业人员寄给家人的支出	Expenditure of Employees from Other Provinces Send Home	4.31
赡养支出	Maintenance Expenses	66.30
其他转移性支出	Other Transfer Expenses	129.92
借贷性所得	Loan Income	768.01
提取储蓄存款	Dissaving Saving Deposit	297.63
借入款	Borrowed Money	113.56
收回借出款	Recovered Loan	70.98
收回储蓄性保险本金	Recovered Deposit Insurance Principal	
住房贷款	Housing Loan	247.75
汽车贷款	Auto Loan	32.69
教育贷款	Educational Loan	
其他贷款	Other Loans	
其他借贷所得	Other Borrowings	5.39

注：2014年起为城镇常住居民人均可支配收入，其中各项均为净收入。
Note: Data since 2014 are about per capita disposable income of urban household , which are net income.

Per Capita Annual Income and Expenditures of Urban Households by Five Equal Parts of Income(2021)

(yuan)

中低收入户 Lower Middle Income Households	中等收入户 Middle Income Households	中高收入户 Upper Middle Income Households	高收入户 High Income Households
30564.70	**42307.71**	**55632.00**	**92986.75**
27552.59	38338.37	51661.77	84673.67
15943.36	21974.60	27449.96	45819.32
15327.90	20926.12	25697.56	41663.95
154.24	223.25	256.16	411.87
461.23	825.23	1496.24	3743.50
4376.46	4416.22	5517.48	12244.28
501.92	368.89	367.40	822.84
449.68	473.84	484.36	2522.90
3424.86	3573.49	4665.72	8898.54
2099.17	3230.58	5455.19	7983.18
90.03	14.28	202.02	601.29
58.40	198.37	349.01	821.42
6.34	2.03	4.79	36.19
11.60	17.08	44.52	5.46
217.80	486.42	1038.67	1153.93
13.71		1.12	4.11
1707.59	2519.70	3824.29	5382.97
5133.60	8716.97	13239.13	18626.88
6960.77	11101.06	16200.50	23793.07
4195.01	7905.53	12273.81	16909.76
110.64	89.42	79.70	99.58
56.07	70.34	42.09	120.51
294.58	455.76	507.00	1949.34
1745.02	1967.70	2626.48	3541.03
421.00	429.67	477.97	971.96
31.67	107.50	45.90	103.11
49.75	41.69	70.01	64.94
57.02	33.46	77.53	32.83
1827.17	2384.10	2961.36	5166.20
113.58	65.78	62.77	437.10
1577.97	2123.53	2647.84	4095.69
1.47	7.98	2.10	10.11
56.48	111.80	136.94	393.49
77.67	75.01	111.72	229.80
555.71	734.54	908.20	4335.74
154.73	535.77	157.08	1142.48
127.69	96.34	271.83	1359.74
15.29	16.03	21.79	31.88
	8.47	33.12	35.32
256.95	77.94	384.73	1715.76
		38.05	49.42
			1.14
1.05		1.60	

3-4 续表

单位：元

项　　目	Item	低收入户 Low Income Households
总支出	**Total Expenditures**	**26067.22**
消费支出	Expenditure on Consumption	18183.81
食品烟酒	Food,Tobacco and Liquor	5856.34
衣着	Clothing	1115.38
居住	Residence	3661.95
生活用品及服务	Household Facilities, Articles and Services	962.59
交通通信	Transport and Communications	2200.84
教育文化娱乐	Education, Cultural and Recreation	2695.73
医疗保健	Health Care and Medical Services	1401.13
其他用品及服务	Miscellaneous Goods and Services	289.85
生产经营费用支出	Production and Operating Expenses	1623.18
第一产业经营费用支出	First Industry Operating Expenses	1079.83
第二产业经营费用支出	Second Industrial Operating Expenses	2.77
第三产业经营费用支出	Third Industrial Operating Expenses	540.58
财产性支出	Expenses on Properties	177.83
转移性支出	Expenses on Transfers	1661.88
个人所得税	Individual Income Tax	109.72
社会保障支出	Social Security Expenditure	1351.63
外来从业人员寄给家人的支出	Expenditure of Employees from Other Provinces Send Home	4.31
赡养支出	Maintenance Expenses	66.30
其他转移性支出	Other Transfer Expenses	129.92
部分商业保险支出	Part of Commercial Insurance Expenses	214.83
意外伤害保险	Accident Injury Insurance	9.14
商业医疗保险(含大病保险)	Commercialized Health Care Insurance	118.16
其他非储蓄性商业保险	Other Non Savings Commercial Insurance	21.61
其他储蓄性商业保险	Other Savings Commercial Insurance	65.92
购房与建房支出	Expenditure on House-purchase and Building	
购房	Purchase of the House	1142.65
建房	House Building	31.36
借贷性支出	Lending and Loaning Expenditure	901.88
存入储蓄款	Savings Deposit	14.08
借出款	Lending Funds	8.44
归还借款	Return Loan	99.49
购买有价证券	Purchase of Securities	0.22
其他投资支出	Other Investment Expenditure	0.33
归还住房贷款	Returned Accommodation Loan	714.67
归还汽车贷款	Returned Automobile Loan	57.08
归还教育贷款	Returned Education Loan	
归还其他贷款	Returned Other Loan	7.57
其他借贷支出	Others	

Continued

(yuan)

中低收入户 Lower Middle Income Households	中等收入户 Middle Income Households	中高收入户 Upper Middle Income Households	高收入户 High Income Households
29966.52	**36968.22**	**46802.29**	**74184.78**
22315.46	26826.15	34334.48	48142.43
7151.03	8502.04	10243.96	12467.63
1479.96	1704.97	2171.03	3251.57
4432.04	5897.31	7913.69	11190.18
1126.48	1514.52	1906.40	3154.70
2776.28	3064.46	4432.21	6336.53
3109.50	3418.44	4069.70	4635.37
1842.60	2179.59	2782.53	5394.93
397.57	544.81	814.95	1711.53
777.73	1131.91	604.38	2594.15
496.72	848.75	371.72	459.88
64.91	21.48	0.11	429.67
216.09	261.68	232.55	1704.60
71.89	179.68	130.78	180.27
1827.17	2384.10	2961.36	5166.20
113.58	65.78	62.77	437.10
1577.97	2123.53	2647.84	4095.69
1.47	7.98	2.10	10.11
56.48	111.80	136.94	393.49
77.67	75.01	111.72	229.80
292.23	454.27	629.73	971.89
15.18	23.11	18.55	11.94
208.98	254.36	336.51	398.04
26.16	41.44	135.05	149.90
41.92	135.36	139.62	412.02
699.07	1195.03	2528.32	2859.79
14.74	27.12	22.09	41.39
1342.63	1863.25	2387.47	8696.25
16.60	2.93	20.08	165.32
4.00	30.79	3.18	76.76
195.30	136.07	305.18	3882.31
0.03	63.77	47.09	234.91
27.01	1.56	21.30	117.15
851.10	1441.85	1586.03	3407.75
217.38	165.91	231.57	502.99
28.07	20.36	173.04	295.43
3.14			13.64

3-5 按收入五等份分组城镇居民家庭主要生活用品购买量(2021年)

项　目	Item	计量单位	Unit	总 计 Total
食品烟酒	Food,Tobacco and Liquor			
食品	Food			
谷物	Cereals	公斤/人	kg / person	70.42
大米	Rice	公斤/人	kg / person	42.94
面粉制品	Flour Products	公斤/人	kg / person	16.67
其他谷物制品	Other Cereal Products	公斤/人	kg / person	3.54
薯类	Tubers	公斤/人	kg / person	10.41
豆类	Beans	公斤/人	kg / person	12.15
食用植物油	Edible Vegetable Oil	公斤/人	kg / person	11.54
食用动物油	Edible Animal Oil	公斤/人	kg / person	0.37
蔬菜和食用菌	Vegetables and Edible Fungi	公斤/人	kg / person	110.01
鲜菜	Fresh Vegetables	公斤/人	kg / person	106.65
干菜及菜制品	Dried Vegetables and Vegetable Products	公斤/人	kg / person	1.42
肉类	Meat	公斤/人	kg / person	36.05
猪肉	Pork	公斤/人	kg / person	27.31
牛肉	Beef	公斤/人	kg / person	3.25
羊肉	Mutton	公斤/人	kg / person	0.89
其他肉类及制品	Other Meats and Products	公斤/人	kg / person	4.60
禽类	Poultry	公斤/人	kg / person	8.04
鸡	Chicken	公斤/人	kg / person	4.77
鸭	Duck	公斤/人	kg / person	0.91
水产品	Aquatic Products	公斤/人	kg / person	20.69
鱼类	Fish	公斤/人	kg / person	16.56
蛋类	Eggs	公斤/人	kg / person	8.63
奶类	Milk	公斤/人	kg / person	13.86
干鲜瓜果类	Dried and Fresh Melons and Fruits	公斤/人	kg / person	55.40
鲜瓜果	Fresh Melons & Fruits	公斤/人	kg / person	50.23
坚果类	Nuts and Processed Products	公斤/人	kg / person	4.07
糖果糕点类	Sweets and Cakes	公斤/人	kg / person	7.56
卷烟	Cigarettes	盒/人	box / person	29.84
啤酒	Beer	公斤/人	kg / person	3.01
白酒	Distilled Spirit	公斤/人	kg / person	3.24
水电燃料	Water, Electricity and Fuels			
水	Water	吨/人	ton/ person	52.05
电	Electric	度/人	degree / person	762.84
煤炭	Coal	公斤/人	kg / person	1.18
管道天然气	Pipeline Gas	立方米/人	m^3 / person	55.72
罐装液化石油气	Canned Liquefied Petroleum Gas	公斤/人	kg / person	7.38

Per Capita Annual Purchase of Major Items of Life of Urban Households by Five Equal Parts of Income(2021)

低收入户 Low Income Households	中 低 收入户 Lower Middle Income Households	中 等 收入户 Middle Income Households	中 高 收入户 Upper Middle Income Households	高收入户 High Income Households
70.26	67.11	72.53	74.53	68.19
44.69	43.31	44.43	44.69	36.08
14.50	14.21	17.66	18.33	20.29
2.59	2.87	4.07	4.14	4.54
9.69	10.13	10.22	11.88	10.44
11.15	11.40	13.33	12.90	12.40
11.04	11.31	11.76	12.40	11.37
0.36	0.32	0.44	0.35	0.38
91.67	97.82	120.95	127.86	121.19
88.77	94.96	117.25	124.09	117.33
1.19	1.21	1.56	1.62	1.68
30.05	34.04	37.14	41.93	39.91
24.52	27.04	27.58	30.44	28.02
2.08	2.82	3.66	4.20	4.02
0.52	0.51	0.97	1.26	1.49
2.93	3.68	4.93	6.04	6.38
6.80	7.57	8.72	9.05	8.57
4.11	4.58	5.30	5.05	5.06
0.76	0.74	1.07	1.06	1.01
16.70	18.31	21.64	24.79	24.27
13.99	14.75	17.11	19.64	18.85
6.62	7.63	9.32	10.43	10.18
9.45	12.17	13.56	16.86	19.82
42.00	51.22	56.69	62.74	71.47
38.05	46.77	51.11	56.99	64.57
3.00	3.57	4.42	4.61	5.36
5.91	6.69	7.85	8.83	9.45
25.86	27.01	31.39	35.90	31.07
2.84	3.10	3.12	3.03	2.96
2.92	2.54	3.37	3.40	4.35
39.54	44.68	53.71	62.39	67.53
604.38	652.31	760.82	928.12	972.60
1.79	1.92	0.53	0.69	0.58
27.79	39.11	57.54	78.88	92.65
8.91	8.27	7.98	6.15	4.48

3-5 续表

项 目	Item	计量单位	Unit	总 计 Total
耐用消费品	Durable Consumer Goods			
洗衣机	Washing Machine	台/百户	set/100 households	6.31
电冰箱(柜)	Refrigerator	台/百户	set/100 households	8.05
空调器	Air Conditioner	台/百户	set/100 households	9.11
吸尘器	Vacuum Cleaner	台/百户	set/100 households	1.66
抽油烟机	Exhaust Fans	台/百户	set/100 households	3.85
微波炉	Microwave Oven	台/百户	set/100 households	1.81
非太阳能热水器	Non Solar Water Heater	台/百户	set/100 households	6.00
太阳能热水器	Solar Heater	台/百户	set/100 households	1.40
燃气炉具	Gas Stove	台/百户	set/100 households	9.34
洗碗机	Dishwasher	台/百户	set/100 households	0.03
消毒碗柜	Disinfection Cupboard	台/百户	set/100 households	0.47
汽车	Motor Vehicles	辆/百户	set/100 households	1.84
摩托车	Motorcycles	辆/百户	set/100 households	1.01
自行车	Bicycles	辆/百户	set/100 households	2.41
电动自行车	Electric Bicycle	辆/百户	set/100 households	5.82
电话机	Telephone Sets//Telephone	部/百户	set/100 households	0.24
移动电话机	Mobile Telephone	部/百户	set/100 households	31.50
彩色电视机	Color TV (Set)	台/百户	set/100 households	4.02
家用台式电脑	Home Desktop Computer	台/百户	set/100 households	0.58
家用笔记本电脑	Notebook Computer	台/百户	set/100 households	3.75
交通工具用燃料	Fuels for Transport Facility			
汽油	Gasoline	升/人	L/person	104.72
柴油	Diesel Oil	升/人	L/person	0.59

Continued

低收入户 Low Income Households	中低收入户 Lower Middle Income Households	中等收入户 Middle Income Households	中高收入户 Upper Middle Income Households	高收入户 High Income Households
5.19	4.77	6.45	7.05	8.11
6.52	7.38	7.68	9.05	9.62
5.21	8.95	8.91	7.77	14.69
1.31	1.25	1.32	1.80	2.64
3.90	2.71	4.85	4.50	3.30
1.04	1.54	2.92	1.47	2.07
5.81	4.62	5.88	7.20	6.49
0.80	1.50	1.60	1.17	1.92
13.63	8.71	8.15	8.22	8.02
		0.13		
0.27	0.77		0.36	0.94
1.22	1.61	1.32	2.61	2.44
1.29	1.24	0.69	1.11	0.74
2.34	3.61	1.22	2.90	2.00
6.80	7.06	5.80	5.89	3.58
	0.19	0.35	0.35	0.33
25.22	33.40	33.35	30.80	34.72
3.82	5.25	3.20	4.40	3.42
0.19	0.36	0.32	0.84	1.20
1.46	4.62	3.35	4.29	5.03
67.39	89.04	96.23	123.02	172.28
0.31	1.13	0.81	0.25	0.37

3-6 按收入五等份分组城镇居民家庭人均购买商品支出(2021年)

单位：元

项目	Item	总计 Total
购买生活消费品及服务	**Purchase Consumer Goods and Services**	**22416.82**
食品烟酒	Food, Tobacco and Liquor	7863.09
食品	Food	4591.78
谷物	Cereals	403.99
大米	Rice	207.22
面粉制品	Flour Products	130.62
其他谷物制品	Other Cereal Products	35.10
薯类	Tubers	43.26
豆类	Beans	74.83
食用油	Edible Oil and Fats	171.50
蔬菜和食用菌	Vegetables and Edible Fungi	639.22
肉类	Meat	1323.11
猪肉	Pork	872.69
牛肉	Beef	197.55
羊肉	Mutton	50.21
禽类	Poultry	211.92
鸡	Chicken	117.62
鸭	Duck	21.47
鹅	Goose	2.09
其他禽类及制品	Other Poultry and Products	70.74
水产品	Aquatic Products	409.57
鱼类	Fish	278.92
虾类	Shrimp	70.67
蟹类	Crab	18.45
蛋类	Eggs	115.36
鲜蛋	Fresh Eggs	106.30
蛋制品	Egg Products	9.06
奶类	Milk	335.69
鲜奶	Milk	115.43
酸奶	Yogurt	43.22
奶粉	Milk Powder	152.97
其他奶制品	Others	24.07
干鲜瓜果类	Dried and Fresh Melons and Fruits	500.53
鲜瓜果	Fresh Melons & Fruits	407.03
瓜果制品	Melon and Fruit Products	17.99
坚果类	Nuts and Processed Products	75.51
糖果糕点类	Sweets and Cakes	166.38
饮料	Beverages	164.30
茶叶	Tea	37.19
咖啡	Coffee	9.39
卷烟	Cigarettes	585.15

Per Capita Annual Expenditures on Goods of Urban Households by Five Equal Parts of Income(2021)

(yuan)

低收入户 Low Income Households	中 低 收入户 Lower Middle Income Households	中 等 收入户 Middle Income Households	中 高 收入户 Upper Middle Income Households	高收入户 High Income Households
14759.46	**18224.01**	**21391.24**	**26282.00**	**36661.93**
5392.91	6709.55	7918.45	9482.68	11288.53
3494.77	4108.80	4797.30	5402.16	5748.75
345.40	360.41	425.20	453.98	470.95
194.42	199.44	221.99	226.20	198.03
97.53	106.58	135.09	150.58	186.06
22.50	27.08	39.80	43.68	49.84
36.29	40.80	42.70	51.90	48.14
59.22	67.64	84.12	86.03	84.34
159.07	164.55	174.77	187.17	178.34
473.09	549.06	709.24	765.29	787.28
1007.80	1204.27	1384.44	1584.88	1592.34
746.96	853.36	892.58	984.92	937.13
126.03	173.16	223.22	245.80	253.04
29.56	29.74	53.42	72.05	81.55
160.99	191.39	232.31	248.99	250.34
95.17	108.56	134.03	126.33	134.00
15.87	17.34	25.32	26.48	25.35
2.33	2.35	2.47	2.10	0.87
47.62	63.15	70.48	94.07	90.11
276.85	344.15	439.81	505.10	555.69
202.25	236.60	301.07	343.30	353.79
43.25	59.05	81.70	83.24	100.33
8.15	14.19	19.07	23.58	33.32
86.56	101.17	122.87	139.07	142.55
80.25	94.04	113.77	127.81	129.21
6.32	7.13	9.10	11.26	13.33
293.82	329.19	311.02	373.27	395.23
76.67	98.21	122.59	139.73	161.51
24.26	30.42	41.13	56.88	76.76
179.54	175.61	123.45	149.37	121.56
13.34	24.95	23.85	27.29	35.40
325.64	422.93	501.94	601.38	755.77
265.57	346.74	403.03	495.63	608.39
11.18	14.79	17.86	20.14	30.37
48.89	61.39	81.05	85.60	117.01
112.17	138.71	172.90	193.87	247.41
105.96	126.07	167.08	193.64	268.91
19.11	21.18	35.36	44.45	80.84
2.46	2.64	7.87	17.57	21.96
422.49	484.78	604.51	745.81	765.82

3-6 续表 1

单位：元

项目	Item	总计 Total
酒类	Liquor	255.17
啤酒	Beer	18.09
白酒	Distilled Spirit	214.46
果酒	Fruit Wine	8.58
其他酒	Other Alcohols	14.05
饮食服务	Catering Services	2266.50
食堂用餐	Dining Room	86.50
其他在外饮食	Others Outside the Diet	2174.94
衣着	Clothing and Other Articles of Daily Use	1745.93
衣类	Clothing	1432.47
鞋类	Footwear	313.46
居住	Residence	1823.45
租赁房房租	Rent	137.85
住房维修及管理	Housing Maintenance and Management	854.83
水电燃料及其他	Water, Electricity, Fuels and Others	830.76
水	Water	124.23
电	Electric	451.65
燃料	Fuels	205.89
煤炭	Coal	1.28
管道天然气	Pipeline Gas	146.01
罐装液化石油气	Canned Liquefied Petroleum Gas	56.06
取暖费	Heating Fee	14.63
生活用品及服务	Household Facilities, Articles and Services	1539.91
家具及室内装饰品	Furniture and Interior Decoration	230.64
家用器具	Household Appliances	385.21
耐用消费品	Durable Consumer Goods	323.32
洗衣机	Washing Machine	38.77
电冰箱(柜)	Refrigerator	58.04
空调器	Air Conditioner	98.87
吸尘器	Vacuum Cleaner	5.23
抽油烟机	Exhaust Fans	17.35
微波炉	Microwave Oven	2.72
非太阳能热水器	Non Solar Water Heater	29.49
太阳能热水器	Solar Heater	6.39
燃气炉具	Gas Stove	18.56
洗碗机	Dishwasher	0.07
消毒碗柜	Disinfection Cupboard	1.09
小家电	Small Household Electrical Appliances	61.90
家用纺织品	Home Textiles	113.63
家庭日用杂品	Household Articles for Daily Use	311.03
个人用品	Personal Items	426.53

Continued

(yuan)

低收入户 Low Income Households	中低收入户 Lower Middle Income Households	中等收入户 Middle Income Households	中高收入户 Upper Middle Income Households	高收入户 High Income Households
174.18	201.06	236.71	280.49	446.36
15.65	18.24	18.87	18.47	20.11
144.74	162.71	196.63	238.84	385.83
2.16	4.91	7.67	10.47	22.34
11.63	15.20	13.55	12.72	18.08
1195.37	1788.29	2112.84	2860.58	4058.55
66.99	93.63	79.61	82.85	117.84
1122.90	1689.38	2027.96	2773.98	3935.38
1072.76	1428.89	1633.07	2013.00	3034.15
872.31	1165.73	1337.59	1647.22	2518.08
200.45	263.16	295.48	365.78	516.06
1250.96	1449.68	1803.70	1930.11	3107.90
68.12	109.87	150.57	170.03	229.55
553.92	650.19	811.22	749.36	1762.50
628.92	689.62	841.90	1010.72	1115.84
94.64	107.14	127.19	147.74	162.51
358.57	385.93	448.32	550.01	577.22
147.39	166.55	210.24	256.50	286.66
1.98	2.18	0.50	0.65	0.63
74.22	101.60	144.91	208.55	247.01
67.92	60.55	62.07	46.31	35.66
4.59	7.86	11.11	20.05	37.37
937.81	1098.64	1466.54	1798.25	2860.12
115.39	137.21	235.74	222.01	537.51
226.25	267.82	363.75	452.30	738.84
197.35	219.70	304.11	378.31	619.18
27.25	24.47	33.13	54.63	65.29
38.18	50.03	54.33	71.89	87.92
41.37	69.61	93.06	94.59	237.55
1.91	2.06	6.57	6.28	11.82
15.94	10.12	19.27	18.25	26.34
0.99	1.97	3.92	1.90	5.82
17.35	18.56	30.16	43.58	46.48
3.36	5.24	8.45	5.58	10.91
18.21	9.24	14.84	24.30	30.40
		0.35		
0.26	0.48		2.11	3.39
28.89	48.12	59.64	74.00	119.66
72.34	75.30	114.92	125.37	214.58
231.20	245.39	293.66	393.20	452.03
251.25	330.81	398.30	510.18	763.45

3-6 续表 2

单位：元

项　目	Item	总　计 Total
家庭服务	Domestic Service	72.86
交通通信	Transport and Communications	3041.40
交通工具	Transport Facility	884.93
汽车	Motor Vehicles	790.02
摩托车	Motorcycles	14.20
自行车	Bicycles	5.24
电动自行车	Electric Bicycle	53.13
其他交通工具	Other Means of Transportation	22.34
交通费	Traffic Fee	290.62
飞机	Aircraft	40.23
火车	Train	80.59
长途汽车	Coach	13.16
市内公共交通	City Public Transport	70.94
出租汽车费	Rental Car Charge	77.26
其他交通费	Other Transportation Expenses	8.44
交通工具用燃料	Fuels for Transport Facility	706.47
汽油	Gasoline	696.47
柴油	Diesel Oil	3.62
交通工具使用及维修	Use and Maintenance of Transport Facility	369.84
通信工具	Communication Facility	273.77
电话机	Telephone Sets//Telephone	0.09
移动电话机	Mobile Telephone	0.11
通信服务	Communication Services	515.76
固定电话费	Fixed Telephone Charge	3.74
移动电话费	Mobile Phone Charge	399.01
上网费	Internet Access Fee	84.81
邮费	Postage	10.71
教育文化娱乐	Education, Cultural and Recreation	3363.55
教育	Education	2611.61
学前教育	Pre-school Education	507.33
小学教育	Primary School Education	500.84
初中教育	Junior High School Education	351.28
高中教育	Senior High School Education	422.54
中专职高教育	Secondary Vocational Education	5.97
大专及以上教育	College Degree and above	696.53
成人教育	Adult Education	127.10
文化娱乐	Cultural Recreation	751.95
文娱耐用消费品	Entertainment and Durable Consumer Goods	170.77
彩色电视机	Color TV Set	35.08
照相机	Camera	0.93
家用台式电脑	Home Desktop Computer	10.82

Continued

(yuan)

低收入户 Low Income Households	中低收入户 Lower Middle Income Households	中等收入户 Middle Income Households	中高收入户 Upper Middle Income Households	高收入户 High Income Households
41.38	42.12	60.16	95.18	153.72
1859.82	2371.50	2620.22	3801.93	5409.97
526.17	643.72	564.06	1267.09	1724.57
410.83	542.13	504.87	1178.34	1618.89
16.13	10.44	6.62	11.71	28.73
3.40	6.27	2.85	8.31	6.03
53.51	60.17	42.67	61.66	45.83
42.31	24.72	7.04	7.06	25.08
161.22	209.63	264.30	366.05	545.42
17.26	15.26	26.77	50.12	115.13
49.09	56.56	61.38	112.11	149.64
9.85	15.54	12.75	12.82	15.57
40.30	51.39	80.88	90.15	110.52
40.04	56.39	75.33	94.74	144.96
4.68	14.49	7.18	6.11	9.59
454.49	600.50	649.66	822.48	1170.56
446.37	589.89	639.01	815.55	1156.02
1.97	6.77	4.94	1.46	2.41
212.13	238.49	328.15	425.00	779.43
147.55	229.41	291.48	311.12	460.67
	0.00	0.00	0.00	0.00
0.07	0.10	0.11	0.11	0.14
358.26	449.74	522.59	610.20	729.32
3.09	2.42	4.54	4.54	4.74
288.54	364.49	400.10	476.55	523.98
48.41	61.98	93.02	96.83	147.75
5.30	6.57	10.66	13.08	21.99
2609.56	3046.23	3346.21	3835.17	4427.06
2250.94	2461.99	2669.36	2872.73	2996.90
416.72	552.44	469.52	530.90	597.81
463.29	532.56	466.77	570.43	475.56
299.60	339.43	483.46	336.13	300.25
354.72	328.08	444.39	691.62	329.95
11.07	4.45	6.47	5.52	0.46
619.24	595.26	676.88	614.10	1070.78
86.29	109.77	121.86	124.02	222.08
358.63	584.24	676.85	962.45	1430.16
59.96	152.50	158.44	241.89	296.82
20.37	35.35	35.26	38.33	52.70
		1.97	0.43	2.91
1.14	5.86	3.76	19.09	31.58

3-6 续表 3

单位：元

项　　目	Item	总　计 Total
家用笔记本电脑	Notebook Computer	60.23
中高档乐器	Middle or High-grade Musical Instrument	8.45
健身器材	Health Equipment	2.70
其他文娱用品	Other Entertainment Products	239.58
书、报、杂志及音像制品	Books, Newspapers, Magazines and Audio-visual Products	31.83
文具纸张	Stationery Paper	32.49
体育户外用品	Sports Outdoor Goods	26.32
游戏用品和玩具	Games and Toys	50.96
园艺花卉及有关产品	Garden Flowers and Related Products	22.46
宠物及有关产品	Pets and Related Products	20.87
其他文娱用品及维修	Other Recreational Supplies and Maintenance	54.64
文化娱乐服务	Cultural and Recreational Services	341.59
团体旅游	Group Tourism	142.92
景点门票	Attractions Tickets	52.24
体育健身活动	Sports Fitness Activity	35.35
电影、话剧、演出票	Movies, Plays, Performances Tickets	21.57
有线电视费	Cable TV Fee	16.40
其他文化娱乐服务	Other Cultural Entertainment Services	73.11
医疗保健	Health Care	2395.74
医疗器具及药品	Medical Apparatus and Medicine	622.86
医疗服务	Medical Service	1772.88
门诊医疗总费用	Total Medical Expenses	733.30
住院医疗总费用	Total Hospitalization Expenses	1039.58
其他用品和服务	Other Supplies and Services	643.74
其他用品	Other Supplies	307.77
首饰及手表	Jewelry and Watches	165.11
其他杂项用品	Other Miscellaneous Items	142.66
其他服务	Other Services	335.97
旅馆住宿	Hotel Accommodations	57.34
美容美发洗浴	Making-up Hair Salon Bathing	176.84
其他杂项服务	Other Miscellaneous Services	101.79

Continued

(yuan)

低收入户 Low Income Households	中低收入户 Lower Middle Income Households	中等收入户 Middle Income Households	中高收入户 Upper Middle Income Households	高收入户 High Income Households
19.26	63.84	54.21	81.93	99.06
0.04	12.80	7.72	15.03	8.28
0.24	0.76	3.97	4.42	5.62
156.76	209.32	222.70	281.47	379.26
18.52	22.78	28.85	40.04	58.91
26.69	30.51	34.48	37.07	36.35
10.75	19.55	18.10	26.46	68.92
32.90	45.34	52.13	64.81	68.87
8.61	25.08	19.97	25.36	39.13
6.46	12.16	16.76	30.67	48.67
52.83	53.90	52.41	57.06	58.43
141.91	222.41	295.71	439.09	754.08
44.52	90.23	128.64	157.41	364.91
27.96	34.20	41.07	75.13	101.95
13.79	15.70	19.96	57.88	88.85
9.45	14.12	18.14	29.03	45.99
9.60	11.64	17.64	20.75	26.86
36.59	56.53	70.26	98.88	125.52
1359.62	1742.42	2086.19	2662.98	4939.24
319.85	433.32	598.37	850.21	1117.32
1039.78	1309.11	1487.82	1812.78	3821.92
466.55	560.11	615.02	853.30	1385.15
573.23	749.00	872.79	959.47	2436.77
276.01	377.12	516.86	757.87	1594.97
134.19	179.42	204.22	380.72	792.36
51.19	83.16	85.81	233.03	471.37
83.00	96.26	118.41	147.69	321.00
141.82	197.70	312.64	377.15	802.60
21.00	26.12	45.27	83.30	141.26
77.29	116.49	169.34	206.13	386.61
43.53	55.09	98.04	87.72	274.74

3-7 按收入五等份分组城镇居民家庭人均食品消费量(2021年)

项目	Item	计量单位	Unit	总计 Total
粮食	Grain	公斤	kg	116.60
谷物	Cereals	公斤	kg	102.25
小麦	Wheat	公斤	kg	26.18
稻谷	Rice	公斤	kg	69.29
玉米	Corn//Maize	公斤	kg	3.93
薯类	Tubers	公斤	kg	2.20
豆类	Beans	公斤	kg	12.14
植物油	Edible Vegetable Oil	公斤	kg	12.21
动物油	Edible Animal Oil	公斤	kg	0.38
蔬菜及菜制品	Vegetable and Vegetable Products	公斤	kg	129.00
鲜菜	Fresh Vegetables	公斤	kg	125.62
干菜及菜制品	Dried Vegetables and Vegetable Products	公斤	kg	1.43
肉类	Meat	公斤	kg	35.86
猪肉	Pork	公斤	kg	27.08
牛肉	Beef	公斤	kg	3.27
羊肉	Mutton	公斤	kg	0.90
禽类	Poultry	公斤	kg	8.76
鸡	Chicken	公斤	kg	5.36
鸭	Duck	公斤	kg	1.02
鹅	Goose	公斤	kg	0.10
水产品	Aquatic Products	公斤	kg	20.97
鱼类	Fish	公斤	kg	16.80
蛋类及蛋制品	Eggs and Egg Products	公斤	kg	9.58
奶和奶制品	Milk and Dairy Products	公斤	kg	13.92
干鲜瓜果类	Dried and Fresh Melons and Fruits	公斤	kg	56.01
糖果糕点类	Sweets and Cakes	公斤	kg	7.59
茶叶	Tea	公斤	kg	0.28
酒	Liquor	公斤	kg	6.39
白酒	Distilled Spirit	公斤	kg	3.26
啤酒	Beer	公斤	kg	3.02

Per Capita Annual Consumption on Food of Urban Households by Five Equal Parts of Income(2021)

低收入户 Low Income Households	中低收入户 Lower Middle Income Households	中等收入户 Middle Income Households	中高收入户 Upper Middle Income Households	高收入户 High Income Households
123.95	111.63	120.63	117.65	106.60
110.43	98.12	105.07	102.19	92.60
24.02	22.65	27.40	28.33	30.50
80.72	69.64	70.15	66.50	53.91
2.81	3.10	4.51	4.68	5.20
2.28	2.12	2.16	2.37	2.07
11.25	11.39	13.40	13.08	11.93
12.03	12.02	12.40	12.94	11.68
0.38	0.34	0.46	0.35	0.38
124.47	121.35	136.04	138.11	127.78
121.56	118.48	132.31	134.28	123.92
1.19	1.21	1.56	1.65	1.68
31.25	34.18	37.21	40.70	38.01
25.69	27.14	27.57	29.14	26.12
2.09	2.84	3.72	4.23	4.02
0.53	0.51	0.98	1.26	1.49
8.08	8.38	9.38	9.46	8.75
5.13	5.28	5.84	5.36	5.23
0.99	0.82	1.18	1.14	1.02
0.11	0.11	0.12	0.09	0.03
17.04	18.53	21.97	25.09	24.41
14.27	14.93	17.42	19.88	18.98
8.41	8.60	10.06	10.97	10.58
9.49	12.18	13.66	16.96	19.87
42.68	51.71	57.54	63.48	71.70
5.95	6.70	7.88	8.90	9.47
0.19	0.18	0.29	0.35	0.47
5.80	5.73	6.72	6.64	7.53
2.92	2.58	3.37	3.44	4.37
2.84	3.11	3.17	3.03	2.96

3-8 按收入五等份分组城镇居民家庭每百户耐用消费品拥有量(2021年)
Ownership of Major Durable Consumer Goods per 100 Urban Households by Five Equal Parts of Income(2021)

项　目	Item	低收入户 Low Income Households	中低收入户 Lower Middle Income Households	中等收入户 Middle Income Households	中高收入户 Upper Middle Income Households	高收入户 High Income Households
家用汽车(辆)	Household Automobile(set)	37.89	42.00	40.07	45.39	53.85
摩托车(辆)	Motorcycle(set)	47.77	37.97	30.48	23.16	16.90
助力车(辆)	Man-drawn Vehicle(set)	51.15	56.30	46.54	41.07	37.07
洗衣机(台)	Washing Machine(set)	98.44	99.78	101.74	99.97	102.70
电冰箱(台)	Refrigerator(set)	107.55	109.95	109.94	105.36	112.29
微波炉(台)	Microwave Oven(set)	36.03	43.86	50.49	58.05	63.33
彩色电视机(台)	Color TV(set)	116.97	115.06	116.79	117.78	123.39
空调器(台)	Air Conditioner(set)	153.92	170.37	183.63	196.77	225.49
热水器(台)	Shower Heater(set)	96.82	102.47	101.12	103.45	106.92
洗碗机(台)	Dishwasher(set)	1.23	1.95	1.84	2.24	2.55
排油烟机(台)	Kitchen Ventilator(set)	76.64	84.39	86.57	89.33	90.39
固定电话(部)	Fixed Telephone(set)	5.86	6.12	5.68	4.57	6.49
移动电话(部)	Hand Telephone(set)	270.22	278.81	259.73	249.90	243.63
接入互连网的移动电话(部)	Network-connected Hand Telephone(set)	244.23	254.10	241.52	235.69	233.68
家用电脑(台)	Household Computer(set)	50.21	61.74	65.33	69.79	85.05
接入互连网的计算机(台)	Network-connected Computers(set)	44.34	57.21	59.52	63.12	82.65
照相机(架)	Camera(set)	6.96	8.19	13.32	17.44	24.45
中高档乐器(件)	Medium Upscale Musical Instrument(piece)	3.22	5.66	7.30	7.27	13.45
健身器材(套)	Healthy Equipment(set)	3.14	5.06	7.13	7.14	13.37
空气净化器(含新风系统)	Air Purifier (including fresh air system)	3.65	5.75	7.02	10.16	12.44
吸尘器	Vacuum Cleaner	6.06	9.06	10.12	15.18	23.71

3-9 城镇居民家庭平均每百户耐用消费品拥有量
Ownership of Major Durable Consumer Goods per 100 Urban Households

项 目	Item	2015	2016	2017	2018	2019	2020	2021
家用汽车(辆)	Household Automobile(set)	17.68	23.63	25.18	36.34	37.33	37.85	43.84
摩托车(辆)	Motorcycle(set)	30.41	30.50	31.47	36.07	37.18	32.11	31.25
助力车(辆)	Man-drawn Vehicle(set)	24.25	27.35	29.44	37.60	40.29	44.21	46.43
洗衣机(台)	Washing Machine(set)	91.02	94.17	95.84	97.62	98.61	99.32	100.52
电冰箱(台)	Refrigerator(set)	95.21	98.10	100.29	104.84	106.32	104.90	109.02
微波炉(台)	Microwave Oven(set)	47.61	50.25	51.58	46.60	45.86	47.05	50.36
彩色电视机(台)	Color TV(set)	116.90	117.66	118.85	122.75	122.88	120.85	118.00
空调器(台)	Air Conditioner(set)	128.43	139.62	141.90	166.15	168.39	169.89	186.04
热水器(台)	Shower Heater(set)	87.40	92.68	94.26	102.02	103.22	104.72	102.16
洗碗机(台)	Dishwasher(set)	1.83	1.22	1.34	2.07	1.91	1.71	1.96
排油烟机(台)	Kitchen Ventilator(set)				75.07	77.63	79.69	85.47
固定电话(部)	Healthy Equipment(set)	33.91	28.70	27.13	13.94	10.07	9.25	5.75
移动电话(部)	Fixed Telephone(set)	223.13	233.48	234.58	259.18	261.31	263.87	260.46
接入互连网的移动电话(部)	Network-connected Hand Telephone(set)	112.70	141.66	152.25	217.11	219.73	246.82	241.84
家用电脑(台)	Household Computer(set)	74.05	74.43	73.77	74.19	72.37	74.59	66.43
接入互连网的计算机(台)	Network-connected Computers(set)	59.83	61.86	58.30	62.65	58.96	62.92	61.37
照相机(架)	Camera(set)	25.44	18.80	21.76	15.84	15.75	14.94	14.07
中高档乐器(件)	Medium Upscale Musical Instrument(piece)	3.23	3.74	4.21	8.21	7.27	7.77	7.38
健身器材(套)	Kitchen Ventilator(set)	3.82	3.32	3.66	6.10	6.69	7.05	7.17
空气净化器(含新风系统)	Air Purifier (including fresh air system)			0.15	5.28	5.52	5.71	7.80
吸尘器	Vacuum Cleaner			2.72	7.56	8.80	8.53	12.83

3-10 市、州城镇居民人均可支配收入
Per Capita Disposable Income of Urban Households by Regions

单位：元 (yuan)

地 区	Region	城镇居民人均可支配收入 Per Capita Disposable Income of Urban Households	城镇常住居民人均可支配收入 Per Capita Disposable Income of Urban Permanent Residents							
		2013	2014	2015	2016	2017	2018	2019	2020	2021
武汉市	Wuhan	29821.22	33270.16	36436	39737	43405	47359	51706	50362	55297
黄石市	Huangshi	21329.58	25207.83	27536	29906	32535	35327	38725	37912	41589
十堰市	Shiyan	17694.04	22143.23	24057	26030	28518	30771	33577	32771	35753
宜昌市	Yichang	20934.10	25025.46	27275	29735	32316	35011	38463	37232	41030
襄阳市	Xiangyang	19329.03	24112.76	26282	28794	31316	33947	37297	37707	41214
鄂州市	Ezhou	20878.16	22763.25	24774	26986	29399	31742	34541	35025	38317
荆门市	Jingmen	19820.34	24627.00	26731	28920	31317	33779	36805	35958	39159
孝感市	Xiaogan	19818.69	23490.53	25753	27939	30264	32685	35695	35374	38911
荆州市	Jingzhou	18705.90	23128.16	25382	27666	29973	32590	35910	34474	38231
黄冈市	Huanggang	18431.87	20729.00	22620	24796	26884	28978	31812	30826	34032
咸宁市	Xianning	18580.62	21591.25	23505	25839	28053	30337	33191	32394	35990
随州市	Suizhou	19806.39	20958.96	22791	24799	26959	29237	31961	30587	33890
恩施州	Enshi	16639.09	20245.00	22198	24410	26766	28918	31561	30930	34054
仙桃市	Xiantao	19065.02	22502.68	24641	26845	29266	31672	34541	35750	38681
潜江市	Qianjiang	19187.21	22609.00	24721	26985	29284	31574	34627	33623	36985
天门市	Tianmen	17112.34	20622.34	22618	24475	26528	28825	31753	31308	34408
神农架林区	Shennongjia	14937.27	19810.00	21404	23452	25767	28176	30728	32203	34003

注：2013年前分城镇和农村开展住户调查，为城镇居民人均可支配收入。2014年起使用城乡一体化住户收支与生活状况调查数据，为城镇常住居民人均可支配收入。

Note: Before 2013, the urban and rural household were investigated separately, and the data is for per capita disposable income of urban household. Since 2014, survey data of income and expenditures of urban and rural household integration has been used, and the data is for per capita disposable income of urban household.

3-11 农村居民家庭人均收支及恩格尔系数(1985-2021年)
Per Capita Annual Income and Expenditure & Engle's Coefficient of Rural Households(1985-2021)

年份 Year	农村居民家庭人均纯收入(元) Per Capita Annual Disposable Income of Rural Households (yuan)	比上年±% Growth Rate Over Preceding Year (%)	农村居民家庭人均生活消费支出(元) Average Rural Households Consumption Expenditure (yuan)	比上年±% Growth Rate Over Preceding Year (%)	#食品消费支出(元) #Food Expenditure (yuan)	比上年±% Growth Rate Over Preceding Year (%)	恩格尔系数(%) Engel's Coefficient (%)
1985	421.24	7.4	334.63	9.7	197.86	6.1	59.1
1986	445.13	5.7	373.53	11.6	217.19	9.8	58.2
1987	460.66	3.5	408.69	9.4	234.79	8.1	57.5
1988	497.84	8.1	450.62	10.3	258.09	9.9	57.3
1989	571.84	14.9	540.13	19.9	321.72	24.7	59.6
1990	670.80	17.3	607.58	12.5	376.18	16.9	61.9
1991	626.92	-6.5	615.40	1.3	369.18	-1.9	60.0
1992	677.82	8.1	611.84	-0.6	373.39	1.1	61.0
1993	783.18	15.5	722.09	18.0	446.62	19.6	61.9
1994	1170.06	49.4	1012.95	40.3	657.16	47.1	64.9
1995	1511.22	29.2	1245.10	22.9	753.91	14.7	60.6
1996	1863.62	23.3	1630.41	30.9	974.42	29.2	59.8
1997	2102.20	12.8	1660.13	1.8	928.54	-4.7	55.9
1998	2172.24	3.3	1699.43	2.4	918.95	-1.0	54.1
1999	2217.08	2.1	1572.90	-7.4	863.47	-6.0	54.9
2000	2268.50	2.3	1555.61	-1.1	827.25	-4.2	53.2
2001	2352.16	3.7	1649.18	6.0	856.25	3.5	51.9
2002	2444.06	3.9	1745.63	5.8	872.49	1.9	50.0
2003	2566.76	5.0	1801.63	3.2	930.98	6.7	51.7
2004	2890.01	12.6	2088.98	15.9	1076.35	15.6	51.5
2005	3099.20	7.2	2430.19	16.3	1192.26	10.8	49.1
2006	3419.35	10.3	2732.46	12.4	1278.80	7.3	46.8
2007	3997.41	16.9	3090.00	13.1	1479.04	15.7	47.9
2008	4656.38	16.5	3652.57	18.2	1711.34	15.7	46.9
2009	5035.26	8.1	3725.40	2.0	1668.35	-2.5	44.8
2010	5832.27	15.8	4090.78	9.8	1763.05	5.7	43.1
2011	6897.92	18.3	5010.74	22.5	1954.62	10.9	39.0
2012	7851.71	13.8	5726.73	14.3	2154.01	10.2	37.6
2013	8866.95	12.9	6279.52	9.7	2308.45	7.2	36.8
2014	10849.06	11.9	8680.93	10.6	2724.10	6.1	31.4
2015	11843.89	9.2	9803.15	12.9	2952.69	8.4	30.1
2016	12724.97	7.4	10938.30	11.6	3295.30	11.6	30.1
2017	13812.09	8.5	11632.51	6.3	3332.38	1.1	28.6
2018	14977.82	8.4	13946.26	19.9	3928.22	17.9	28.2
2019	16390.86	9.4	15328.02	9.9	4163.70	6.0	27.2
2020	16305.91	-0.5	14472.50	-5.6	4304.48	3.4	29.7
2021	18259.05	12.0	17646.94	21.9	5630.51	30.8	31.9

注：①2014年起使用城乡一体化住户收支与生活状况调查，与之前的分城镇和农村住户调查的范围、方法、指标口径有所不同，部分指标变化在0311—0325各表后注释。
②2014年起农民人均纯收入改为农村常住居民人均可支配收入。
③2014年起食品消费支出包括食品和烟酒。

Note: ①Survey data of income and expenditure of urban and rural household integration was used since 2014, and the scope of the investigation, the method and index are different (But these indexes are same in the thereafter related tables);
②Since 2014, the per capita net income of farmers has been changed to the per capita disposable income of rural permanent residents.;
③Since 2014, consumption expenditure on food including food, alcohol and tobacco.

3-12 农村居民家庭基本情况
Basic Conditions of Rural Households

项　　目	Item	2015	2016	2017	2018	2019	2020	2021
调查户数(户)	Number of Households Surveyed(household)	2540	2549	2538	2140	2220	2420	2420
调查户常住人口(人)	Number of Permanent Residents per Households (person)	7309	7360	7287	6594	6838	7500	7376
平均每户整半劳动力(人)	Average Full-Time and Part-Time Labors per Household(person)	2.04	2.05	2.06	2.10	2.12	2.12	2.12
平均每个劳动力负担人口(人)	Average Person Supported by Each Labor(person)	1.41	1.41	1.40	1.46	1.46	1.46	1.44
劳动力文化程度状况(%)	Education Attainments(%)							
不识字或识字很少	Few Illiteracy and Illiteracy	7.6	7.7	7.2	6.8	6.2	5.9	4.8
小学程度	Primary School	33.9	33.3	33.1	31.8	31.2	32.6	32.0
初中程度	Junior School	45.3	45.8	46.0	45.3	45.8	45.8	47.8
高中程度	Senior Secondary School	10.6	10.5	10.7	12.9	13.4	12.6	12.9
大专及以上	Junior College and Above	2.6	2.7	2.9	3.2	3.4	3.1	2.5
期末实际经营的土地面积(亩/人)	Land Area Dealing in Actually at the End of Term(mu/person)	4.98	5.18	5.44	3.97	3.87	4.03	4.38
耕地	Farmland	2.73	2.88	2.85	2.40	2.40	2.39	2.59
山地/林地	Woodland	1.92	1.94	2.17	1.07	0.97	1.15	1.12
园地	Gardening Land	0.09	0.11	0.13	0.05	0.09	0.13	0.08
养殖水面	Aquatic Space	0.24	0.25	0.29	0.45	0.42	0.36	0.57
期末住房情况	Housing Conditions at the Year-end							
住房面积(平方米/人)	Dwelling Space(sq.m/person)	55.61	57.67	58.71	57.76	58.42	57.54	56.74
住房价值(元/人)	Value of Houses(yuan/person)	43442	50766	52197	60055	62907	64254	67525
住房类型(%)	Housing Styles(%)							
楼房面积	Building Space	63.48	63.77	65.00	73.40	75.14	76.32	77.58
砖瓦平房面积	Bungalow Space	34.26	33.83	32.91	24.72	23.91	23.25	22.10
住房结构(%)	Housing Structure(%)							
钢筋混泥土结构面积	Reinforced Structure	70.70	73.57	73.88	85.10	85.74	86.32	89.23
砖木结构面积	Brick and Wood Structure	22.41	20.85	20.71	13.18	13.27	13.19	10.48
期内新建(购)住房情况	Newly-built Houses within the Year							
新建(购)住房面积(平方米/人)	Newly-built House Space(sq.m/person)	1.41	0.88	1.00	1.05			
新建(购)住房价值(元/人)	Value of Newly-Build(purchased)Houses(yuan/person)	2024	1775	18825	2900			

3-13 按收入五等份分组农村居民家庭基本情况(2021年)
Basic Conditions of Rural Households by Five Equal Parts of Income(2021)

项　目	Item	低收入户 Low Income Households	中低收入户 Lower Middle Income Households	中等收入户 Middle Income Households	中高收入户 Upper Middle Income Households	高收入户 High Income Households
家庭常住人口(人/户)	Number of Permanent Residents per Households(person/household)	3.52	3.38	3.18	2.90	2.50
就业劳动力(人/户)	Number of Employed Persons (person/household)	1.80	1.78	1.85	1.78	1.81
劳动力文化程度状况(%)	Education Attainments(%)					
不识字或识字很少	Few Illiteracy and Illiteracy	5.05	7.19	4.60	3.26	3.67
小学程度	Primary School	32.96	36.81	34.90	25.91	28.75
初中程度	Junior Secondary School	47.45	42.41	45.46	53.12	51.05
高中程度	Senior Secondary School	11.79	11.34	12.90	15.29	13.57
大专及以上	Junior College and Above	2.75	2.24	2.14	2.41	2.97
人均年末住房面积(平方米)	Per Capita Housing Area at the Year-end(sq.m)	49.24	51.07	56.30	64.79	67.54
期末实际经营的土地面积(亩)	Per Capita Arable Land Area Business at the year-end(mu)	2.49	2.43	3.97	5.43	9.24
人均主要农产品消费量(公斤)	Per Capita Consumption of Major Farm Products(kg)					
粮食	Grain	137.36	147.19	163.32	178.32	182.18
蔬菜及制品	Fresh Vegetables and Related Products	123.05	125.62	143.14	153.41	168.09
食用油	Edible Oil and Fats	13.72	13.58	16.92	18.93	18.95
水果	Fruits	32.66	32.18	36.20	37.58	44.45
猪肉	Pork	25.49	25.12	30.57	32.69	36.64
牛羊肉	Beef and Mutton	1.60	1.45	2.05	2.36	3.04
家禽	Poultry	6.73	6.54	7.73	9.49	11.26
蛋类及制品	Eggs and Related Products	7.89	8.67	9.88	10.53	12.51
水产品	Aquatic Products	15.56	14.02	17.12	19.03	24.13
卷烟(盒)	Cigarette(box)					
酒类	Liquor	6.37	7.00	9.23	11.19	12.88

3-14 农村居民家庭人均总收入及构成
Per Capita Total Income and Composition of Rural Households

单位：元、% (yuan, %)

项 目	Item	2015	2016	2017	2018	2019	2020	2021
总收入(元)	**Total Income(yuan)**	**15819.16**	**16807.81**	**17927.34**	**20158.66**	**22524.84**	**21908.75**	**24464.09**
工资性收入	Income of Wages and Salaries	3682.91	4023.04	4389.58	4886.79	5352.90	5271.63	5948.59
家庭经营收入	Income from Household Operations	8928.74	9242.06	9625.59	10927.48	12299.81	11769.81	13074.32
农业	Farming	4927.80	4875.69	4887.51	4011.98	4346.83	4498.19	4910.25
林业	Forestry	292.41	345.81	271.17	99.46	105.77	96.75	186.19
牧业	Animal Husbandry	1235.80	1199.91	1242.35	1694.16	1951.14	2491.50	2704.95
渔业	Fishery	696.02	654.65	846.48	1381.42	1642.34	1558.50	1896.78
工业	Industry	160.40	167.05	167.68	354.24	288.86	215.84	165.81
建筑业	Construction	110.67	261.24	359.50	546.40	900.20	601.47	696.26
交通、运输、邮电业	Transport and Telecommunications Industries	461.56	472.43	551.38	490.88	530.99	422.49	513.20
批发和零售贸易、餐饮业	Wholesale and Retail Trade, Catering Industry	646.44	886.04	887.31	1864.94	2011.22	1259.23	1407.80
社会服务和文教卫生业	Social Services and Cultural and Educational Sector	189.00	141.72	137.63	167.96	205.32	189.71	299.62
农林牧渔服务业	Agriculture, Forestry, Animal Husbandry and Fishery Services	171.08	189.94	222.58	254.81	262.25	244.52	241.85
其他行业	Other Industry	37.56	47.59	51.99	61.23	54.89	191.60	51.61
财产性收入	Income from Properties	166.91	170.07	178.85	198.80	226.18	233.74	283.37
转移性收入	Income from Transfers	3040.61	3372.64	3733.33	4145.59	4645.94	4633.56	5157.81
总收入构成(%)	**Composition of Total Income(%)**							
工资性收入	Income from Wages and Salaries	23.3	23.9	24.5	24.2	23.8	24.1	24.3
家庭经营收入	Income from Household Operations	56.4	55.0	53.7	54.2	54.6	53.7	53.4
财产性收入	Income from Properties	1.1	1.0	1.0	1.0	1.0	1.1	1.2
转移性收入	Income from Transfers	19.2	20.1	20.8	20.6	20.6	21.1	21.1

3-15 农村居民家庭人均现金收入及构成
Per Capita Cash Income and Composition of Rural Households

单位：元、% (yuan, %)

项　目	Item	2015	2016	2017	2018	2019	2020	2021
现金收入(元)	**Cash Income(yuan)**	**13958.40**	**15145.85**	**16228.97**	**18888.95**	**21154.30**	**20517.47**	**22823.59**
工资性收入	Income from Wages and Salaries	3663.96	4000.55	4370.51	4866.90	5328.80	5233.28	5883.03
家庭经营现金收入	Net Income from Household Operations	7336.22	7921.93	8318.33	10084.50	11390.05	10866.41	11972.39
农业	Farming	3658.73	3873.47	3751.74	3304.21	3690.44	3871.21	4084.11
林业	Forestry	172.04	241.80	224.36	77.18	78.48	66.21	126.11
牧业	Animal Husbandry	1039.15	995.89	1128.45	1596.84	1738.25	2267.03	2516.66
渔业	Fishery	689.58	644.76	835.71	1365.82	1629.16	1537.09	1869.35
工业	Industry	160.40	167.05	167.68	354.24	288.86	215.84	165.81
建筑业	Construction	110.67	261.24	359.50	546.40	900.20	601.47	696.26
交通、运输、邮电业	Transport and Telecommunications Industries	461.56	472.43	551.38	490.88	530.99	422.49	513.20
批发和零售贸易、餐饮业	Wholesale and Retail Trade, Catering Industry	646.44	886.04	887.31	1864.94	2011.22	1259.23	1407.80
社会服务和文教卫生业	Social Services and Cultural and Educational Sector	189.00	141.72	137.63	167.96	205.32	189.71	299.62
农林牧渔服务业	Agriculture, Forestry, Animal Husbandry and Fishery Services	171.08	189.94	222.58	254.81	262.25	244.52	241.85
其他行业	Other Industry	37.56	47.59	51.99	61.23	54.89	191.60	51.61
财产性收入	Income from Properties	166.91	170.07	178.85	198.80	226.18	233.74	283.37
转移性收入	Income from Transfers	2791.31	3053.31	3361.28	3738.76	4209.27	4184.04	4684.81
现金收入构成(%)	**Composition of Cash Income(%)**							
工资性收入	Income from Wages and Salaries	26.2	26.4	26.9	25.8	25.2	25.5	25.8
家庭经营现金收入	Net Income from Household Operations	52.6	52.3	51.3	53.4	53.8	53.0	52.5
财产性收入	Income from Properties	1.2	1.1	1.1	1.1	1.1	1.1	1.2
转移性收入	Income from Transfers	20.0	20.2	20.7	19.8	19.9	20.4	20.5

3-16 农村居民家庭人均可支配收入及构成
Per Capita Disposable Income and Composition of Rural Households

单位：元、% (yuan, %)

项　目	Item	2015	2016	2017	2018	2019	2020	2021
人均可支配收入(元)	**Per Capita Disposable Income(yuan)**	**11843.89**	**12724.97**	**13812.09**	**14977.82**	**16390.86**	**16305.91**	**18259.05**
工资性收入	Income from Wages and Salaries	3682.91	4023.04	4389.58	4886.79	5352.90	5271.63	5948.59
家庭经营净收入	Net Income from Household Operations	5281.41	5534.01	5963.95	6270.85	6807.69	6745.37	7552.91
财产净收入	Net Income from Properties	160.78	158.60	165.79	185.94	210.66	214.39	253.89
转移净收入	Net Income from Transfers	2718.79	3009.32	3292.77	3634.24	4019.61	4074.51	4503.66
可支配收入构成(%)	**Composition of Disposable Income(%)**							
工资性收入	Income from Wages and Salaries	31.1	31.6	31.8	32.6	32.7	32.3	32.6
家庭经营净收入	Net Income from Household Operations	44.6	43.5	43.2	41.9	41.5	41.4	41.4
财产净收入	Net Income from Properties	1.4	1.2	1.2	1.2	1.3	1.3	1.4
转移净收入	Net Income from Transfers	23.0	23.6	23.8	24.3	24.5	25.0	24.7

注：2014年起为农村常住居民人均可支配收入、工资性收入、家庭经营净收入、财产净收入、转移净收入。
Note: Since 2014, indexes are per capita disposable income of rural household, wage income, net income from household business, property net income, transferred net income.

3-17 按收入五等份分组农村居民家庭人均收入情况(2021年)
Per Capita Income of Rural Households by Five Equal Parts of Income(2021)

单位：元、% (yuan, %)

项　目	Item	低收入户 Low Income Households	中低收入户 Lower Middle Income Households	中等收入户 Middle Income Households	中高收入户 Upper Middle Income Households	高收入户 High Income Households
总收入(元)	**Total Income(yuan)**	**12270.32**	**14291.31**	**19603.89**	**28302.63**	**58521.48**
工资性收入	Income from Wages and Salaries	2780.31	4685.84	5873.18	8135.76	10046.60
家庭经营收入	Income from Household Operations	6814.77	5362.94	7462.94	13484.34	39730.36
财产性收入	Income from Properties	116.49	147.18	260.11	443.67	574.61
转移性收入	Income from Transfers	2558.75	4095.34	6007.66	6238.86	8169.91
总收入构成(%)	**Composition of Total Income(%)**					
工资性收入	Income from Wages and Salaries	22.66	32.79	29.96	28.75	17.17
家庭经营收入	Income from Household Operations	55.54	37.53	38.07	47.64	67.89
财产性收入	Income from Properties	0.95	1.03	1.33	1.57	0.98
转移性收入	Income from Transfers	20.85	28.66	30.65	22.04	13.96
可支配收入(元)	**Disposable Income(yuan)**	**4392.37**	**11509.49**	**16192.47**	**22839.70**	**45501.06**
工资性收入	Income from Wages and Salaries	2780.31	4685.84	5873.18	8135.76	10046.60
家庭经营净收入	Net Income from Household Operations	-351.95	3101.72	4644.64	8737.49	27666.27
财产净收入	Net Income from Property	68.40	129.45	236.13	429.41	531.76
转移净收入	Net Income from Transfer	1895.60	3592.48	5438.52	5537.04	7256.43
可支配收入构成(%)	**Composirion of Disposasle Income(%)**					
工资性收入	Income from Wages and Salaries	63.30	40.71	36.27	35.62	22.08
家庭经营净收入	Net Income from Household Operations	-8.01	26.95	28.68	38.26	60.80
财产净收入	Net Income from Property	1.56	1.12	1.46	1.88	1.17
转移净收入	Net Income from Transfer	43.16	31.21	33.59	24.24	15.95

注：2014年起为农村常住居民人均可支配收入、工资性收入、家庭经营净收入、财产净收入、转移净收入。
Note: Since 2014, indexes are per capita disposable income of rural household, wage income, net income from household business, property net income, transferred net income.

3-18 农村居民家庭人均总支出及构成
Per Capita Total Expenditure and Composition of Rural Households

单位：元、% (yuan, %)

项　目	Item	2015	2016	2017	2018	2019	2020	2021
总支出(元)	**Total Expenditure(yuan)**	**18257.83**	**19372.81**	**19739.32**	**23946.03**	**26484.28**	**24232.53**	**28788.96**
家庭经营费用支出	Expenditure for Household Business	3366.25	3412.31	3349.56	4277.95	5134.74	4670.94	5231.53
农业	Farming	1566.04	1535.20	1387.20	1105.56	1288.39	1226.57	1655.12
林业	Forestry	23.91	126.05	25.67	13.86	31.88	18.55	16.94
牧业	Animal Husbandry	923.32	765.09	795.14	1222.16	1459.20	1917.75	2191.31
渔业	Fishery	366.77	276.83	420.32	663.93	833.36	688.23	841.70
工业	Industry	57.14	81.29	54.87	150.34	171.19	117.54	32.66
建筑业	Construction	43.86	143.14	218.87	110.29	313.12	106.92	14.34
交通、运输、邮电业	Transport and Telecommunications Industries	136.61	114.81	132.11	79.25	87.42	39.99	73.75
批发和零售贸易、餐饮业	Wholesale and Retail Trade, Catering Industry	175.88	276.11	215.23	832.21	802.40	347.32	280.30
社会服务和文教卫生业	Social Services and Cultural, Educational, and Public Health Services	18.10	25.19	16.19	18.19	46.11	30.62	55.24
农林牧渔服务业	Agriculture, Forestry, Animal Husbandry and Fishery Services	44.08	60.89	74.14	67.38	85.44	67.86	68.21
其他行业	Other Industry	10.54	7.70	9.82	14.78	16.24	109.58	1.96
购置住房、生产性固定资产支出	Purchase of Housing, Productive Fixed Assets	1244.33	862.13	762.17	1098.59	1293.24	1380.44	1094.55
税费支出	Taxes and Fee							
生活消费支出	Expenses on Household Consumption	9803.15	10938.30	11632.51	13946.26	15328.02	14472.50	17646.94
食品烟酒	Food, Tobacco and Liquor	2952.69	3295.30	3332.38	3928.22	4163.70	4304.48	5630.51
衣着	Clothing	549.14	568.71	626.40	783.07	825.71	780.44	958.49
居住	Residence	2150.27	2407.90	2512.27	2954.25	3277.95	3197.57	3328.67
生活用品及服务	Household Facilities, Articles and Services	599.92	669.01	706.20	852.22	839.58	790.90	927.00
交通通信	Transport and Communications	1218.42	1381.37	1384.68	1933.05	2228.83	2175.32	2685.80
教育文化娱乐	Education, Cultural and Recreation	1118.15	1156.60	1330.67	1551.43	1807.64	1382.30	2032.29
医疗保健	Health Care and Medical Services	985.09	1213.47	1438.32	1588.03	1921.78	1558.47	1836.47
其他用品及服务	Miscellaneous Goods and Services	229.48	245.94	301.59	355.99	262.83	283.01	247.72
财产性支出	Expenses on Properties	6.12	11.47	13.06	12.86	15.52	19.35	29.48
转移性支出	Expenses on Transfers	321.74	363.36	440.55	511.35	626.33	559.05	654.15
商业保险支出	Commercial Insurance Expenses	37.45	45.31	50.00	84.02	95.66	74.30	71.96
非经常性转移支出	Non Recurrently Transferred Expenditure	2630.25	2852.52	2840.37	3075.13	3161.73	2198.18	3197.54
借贷性支出	Borrowing Expenses	848.53	887.42	651.11	939.87	829.04	857.77	862.81
总支出构成(%)	**Composition of Total Expenditure(%)**							
家庭经营费用支出	Expenditure for Household Operations	18.4	17.6	17.0	17.9	19.4	19.3	18.2
购置住房、生产性固定资产支出	Purchase of Housing, Productive Fixed Assets	6.8	4.5	3.9	4.6	4.9	5.7	3.8
生活消费支出	Expenses on Household Consumption	53.7	56.5	58.9	58.2	57.9	59.7	61.3
财产性支出	Expenses on Properties	0.0	0.1	0.1	0.1	0.1	0.1	0.1
转移性支出	Expenses on Transfers	1.8	1.9	2.2	2.1	2.4	2.3	2.3

3-19 农村居民家庭人均现金支出及构成
Per Capita Cash Expenditure and Composition of Rural Households

单位：元、% (yuan, %)

项 目	Item	2015	2016	2017	2018	2019	2020	2021
现金支出(元)	**Cash Expenditure(yuan)**	**15923.32**	**16677.01**	**17014.59**	**21165.56**	**23472.02**	**21057.67**	**25427.52**
家庭经营费用支出	Expenditure for Household Business	3222.08	3290.04	3230.71	4143.15	5019.04	4561.61	5070.01
农业	Farming	1549.04	1524.86	1374.29	1083.63	1271.92	1216.60	1642.43
林业	Forestry	23.90	126.02	25.61	13.86	31.88	18.55	16.94
牧业	Animal Husbandry	798.39	657.97	695.01	1117.87	1370.57	1823.95	2052.95
渔业	Fishery	364.55	272.05	414.56	655.34	822.75	682.67	831.22
工业	Industry	57.14	81.29	54.87	150.34	171.19	117.54	32.66
建筑业	Construction	43.86	143.14	218.87	110.29	313.12	106.92	14.34
批发和零售业	Wholesale and Retail Trades	127.69	194.55	155.19	766.51	734.96	253.06	240.24
交通运输仓储和邮政业	Transport and Telecommunications Industries	136.61	114.81	132.11	79.25	87.42	39.99	73.75
住宿和餐饮业	Hotels and Catering Services	48.19	81.55	60.04	65.70	67.43	94.25	40.06
社会服务和文教卫生业	Social Services and Cultural, Educational, and Public Health Services	18.10	25.19	15.86	18.19	46.11	30.62	55.24
农林牧渔服务业	Agriculture, Forestry, Animal Husbandry and Fishery Services	44.08	60.89	74.14	67.38	85.44	67.86	68.21
其他行业	Other Industry	10.54	7.70	9.82	14.78	16.24	109.58	1.96
购置住房、生产性固定资产支出	Purchase of Housing, Productive Fixed Assets	1244.33	862.13	762.17	1098.59	1293.24	1380.44	1094.55
生活消费支出	Expenses on Household Consumption	7612.82	8364.76	9026.62	11300.60	12431.46	11406.97	14447.03
财产性支出	Expenses on Properties	6.12	11.47	13.06	12.86	15.52	19.35	29.48
转移性支出	Expenses on Transfers	321.74	363.36	440.55	511.35	626.33	559.05	654.15
商业保险支出	Commercial Insurance Expenses	37.45	45.31	50.00	84.02	95.66	74.30	71.96
非经常性转移支出	Non Recurrently Transferred Expenditure	2630.25	2852.52	2840.37	3075.13	3161.73	2198.18	3197.54
借贷性支出	Borrowing Expenses	848.53	887.42	651.11	939.87	829.04	857.77	862.81
现金支出构成(%)	**Composition of Cash Expenditure(%)**							
家庭经营费用支出	Expenditure for Household Operations	20.2	19.7	19.0	19.6	21.4	21.7	19.9
购置住房、生产性固定资产支出	Purchase of Housing, Productive Fixed Assets	7.8	5.2	4.5	5.2	5.5	6.6	4.3
生活消费支出	Expenses on Household Consumption	47.8	50.2	53.1	53.4	53.0	54.2	56.8
财产性支出	Expenses on Properties	0.0	0.1	0.1	0.1	0.1	0.1	0.1
转移性支出	Expenses on Transfers	2.0	2.2	2.6	2.4	2.7	2.7	2.6

3-20 按收入五等份分组农村居民家庭人均支出情况(2020年)
Per Capita Expenditures of Rural Households by Five Equal Parts of Income(2020)

单位：元、% (yuan, %)

项　目	Item	低收入户 Low Income Households	中低收入户 Lower Middle Income Households	中等收入户 Middle Income Households	中高收入户 Upper Middle Income Households	高收入户 High Income Households
总支出(元)	**Annual Total Expenditures(yuan)**	**25944.21**	**20292.44**	**24829.19**	**30417.45**	**48261.72**
生活消费支出	Expenses on Household Consumption	14549.20	14265.06	16756.56	19672.23	25873.18
家庭经营费用支出	Expenditure for Household Business	6918.54	2117.52	2663.05	4433.27	11360.79
财产性支出	Expenses on Properties	48.08	17.74	23.98	14.26	42.85
转移性支出	Expenses on Transfers	663.15	502.86	569.14	701.82	913.47
商业保险支出	Commercial Insurance Expenses	54.74	77.65	57.02	47.54	133.69
购置住房及生产性固定资产支出	Purchase of Housing, Productive Fixed Assets	658.75	903.45	909.12	654.38	2700.72
非经常性转移支出	Non Recurrently Transferred Expenditure	2413.45	2007.32	2770.74	4135.80	5554.32
借贷性支出	Borrowing Expenses	638.29	400.83	1079.57	758.16	1682.69
总支出构成(%)	**Composition of Annual Total Expenditures(%)**					
生活消费支出	Expenses on Household Consumption	56.1	70.3	67.5	64.7	53.6
家庭经营费用支出	Expenditure for Household Business	26.7	10.4	10.7	14.6	23.5
财产性支出	Expenses on Properties	0.2	0.1	0.1	0.0	0.1
转移性支出	Expenses on Transfers	2.6	2.5	2.3	2.3	1.9
商业保险支出	Commercial Insurance Expenses	0.2	0.4	0.2	0.2	0.3
购置住房及生产性固定资产支出	Purchase of Housing, Productive Fixed Assets	2.5	4.5	3.7	2.2	5.6
非经常性转移支出	Non Recurrently Transferred Expenditure	9.3	9.9	11.2	13.6	11.5
借贷性支出	Borrowing Expenses	2.5	2.0	4.3	2.5	3.5

3-21 农村居民家庭年人均出售主要农副产品情况

Annual Selling of Farm and Sideline Products of Rural Households per Capita

单位：千克 (kg)

项 目	Item	2015	2016	2017	2018	2019	2020	2021
粮食	Grain	888.88	982.69	960.01	924.51	938.02	917.68	1027.02
#小麦	Wheat	129.72	151.98	138.05	128.72	112.16	128.58	155.45
稻谷	Paddy	588.64	656.03	684.99	674.81	671.05	662.32	697.68
棉花	Cotton	30.33	19.31	23.01	18.98	15.24	8.34	9.93
油料	Oil Producer	52.15	45.97	40.04	38.21	53.04	51.52	28.44
糖料	Sugar	2.21	3.43	1.80	0.13			2.25
烟草	Tobacco	14.35	13.67	7.37	2.76	5.20	3.46	3.34
蔬菜	Vegetable	163.39	125.98	181.69	152.25	155.06	134.38	147.98
瓜类	Melon	10.12	15.49	20.49	7.60	31.69	5.22	13.00
水果	Fruits	97.70	93.46	109.78	104.67	137.01	156.65	154.98
茶叶	Tea	7.55	8.39	8.00	7.61	8.07	6.67	14.59
猪肉	Pork	41.76	32.19	40.52	30.98	27.82	23.79	40.35
家禽	Poultry	4.26	3.61	1.99	13.26	9.84	13.51	11.58
蛋类	Eggs	14.59	13.58	19.47	78.07	85.04	72.70	57.74
水产品	Aquatic Products	68.30	62.48	72.54	77.75	116.76	113.22	109.12

3-22 农村居民家庭人均主要食品消费量

Per Capita Main Food Consumption of Rural Households

单位：千克 (kg)

项 目	Item	2015	2016	2017	2018	2019	2020	2021
粮 食	Grain	152.05	137.15	136.85	136.07	147.01	136.26	143.81
#小麦	Wheat	17.90	14.74	15.70	16.60	18.11	26.04	23.97
稻谷	Rice	118.83	107.22	106.54	103.38	112.62	105.11	114.71
豆类	Beans	7.86	8.72	7.70	9.20	9.85	11.98	13.20
蔬菜及菜制品	Vegetable and Vegetable Products	123.06	123.22	113.01	113.78	118.58	134.52	140.26
鲜菜	Fresh Vegetables	121.40	121.10	111.36	111.49	116.26	132.35	137.83
油脂类	Oil and Fats	16.04	15.52	14.10	12.27	14.08	14.57	16.08
植物油	Edible Vegetable Oil	15.24	14.89	13.51	11.86	13.61	14.18	15.59
动物油	Edible Animal Oil	0.79	0.62	0.58	0.41	0.46	0.40	0.49
肉禽及其制品	Meat, Poultry and Processed Products	31.20	29.15	27.52	31.54	24.31	26.78	41.79
猪肉	Pork	24.12	21.43	20.29	23.44	20.90	16.14	29.48
牛羊肉	Beef and Mutton	1.14	1.26	1.28	1.41	1.55	2.11	2.02
家禽	Poultry	4.27	4.60	4.00	4.70	5.97	6.85	8.10
蛋类及蛋制品	Eggs and Processed Products	8.31	8.08	7.26	6.61	7.43	9.52	9.68
奶及奶制品	Milk and Dairy Products	3.58	4.12	3.70	4.17	4.32	4.75	6.79
水产品	Aquatic Products	11.75	12.15	11.09	13.12	14.90	16.52	17.50
鱼类	Fish	10.97	11.20	10.06	11.98	13.48	14.83	15.54
干鲜瓜果	Meat, Poultry and Processed Products	22.42	26.28	28.68	34.02	32.93	33.65	40.24
酒 类	Liquor	12.78	11.85	10.81	8.92	7.80	7.20	8.98
#白酒	Distilled Spirit	5.51	5.22	5.27	4.43	3.40	3.21	4.55
啤酒	Beer	7.24	6.58	5.52	4.48	4.37	3.96	4.41

3-23 农村居民家庭主要生活用品购买量
Per Capita Annual Purchase of Major Items of Life of Rural Households

项 目	Item	单位	Unit	2015	2016	2017	2018	2019	2020	2021
粮食	Grain	千克/人	kg/person	47.43	49.61	50.47	61.25	68.59	61.32	68.00
植物油	Edible Vegetable Oil	千克/人	kg/person	8.07	7.88	7.50	7.38	9.22	9.57	11.63
动物油	Edible Animal Oil	千克/人	kg/person	0.49	0.42	0.44	0.40	0.39	0.37	0.42
蔬菜	Vegetables	千克/人	kg/person	27.28	31.31	33.07	44.99	41.61	48.44	56.77
猪肉	Pork	千克/人	kg/person	14.32	13.80	14.74	18.35	15.61	11.83	25.93
牛羊肉	Beef and Mutton	千克/人	kg/person	1.04	1.14	1.22	1.38	1.54	2.08	1.96
家禽	Poultry	千克/人	kg/person	2.46	2.95	2.58	3.60	4.60	4.88	5.29
鲜蛋	Fresh Eggs	千克/人	kg/person	4.32	4.16	3.77	3.81	4.39	5.64	5.55
鲜活鱼类	Fresh Fish	千克/人	kg/person	10.13	10.31	9.30	11.14	12.72	13.55	14.39
卷烟	Cigarettes	盒/人	pack/person	40.03	40.62	38.60	36.79	38.82	35.89	44.74
酒	Liquor	千克/人	kg/person	12.76	11.78	10.72	8.88	7.70	7.13	8.90
水果	Fruits	千克/人	kg/person	19.69	23.07	25.35	30.07	27.97	29.49	35.00
鞋类	Shoes	双/人	two/person	2.37	2.35	2.23	2.11	2.09	2.01	2.55
生活用煤	Coal	千克/人	kg/person	15.18	18.06	18.18	10.85	14.81	15.37	12.17
电视机	TV Sets	台/百户	set/100 households	7.17	6.39	5.66	6.38	5.69	4.34	3.96
洗衣机	Washing Machine	台/百户	set/100 households	4.35	4.48	4.29	4.92	4.20	4.84	5.78
电冰箱	Refrigerators	台/百户	set/100 households	6.61	6.62	5.62	7.26	6.57	6.34	9.18
自行车	Bicycle	辆/百户	set/100 households	6.27	5.63	5.37	6.90	6.39	2.49	2.68
摩托车	Motorcycle	辆/百户	set/100 households	3.51	3.18	2.99	4.13	3.05	2.47	2.61
热水器	Shower Heater	台/百户	set/100 households	3.20	3.19	2.66	4.05	4.58	4.61	6.26
电话机	Telephone Sets	部/百户	set/100 households	1.37	0.83	0.99	0.88	0.49	0.08	0.12
手机	Mobile Phones	部/百户	set/100 households	39.44	34.97	31.79	30.82	26.95	41.76	28.21

3-24 农村居民家庭每百户耐用消费品拥有量
Ownership of Major Durable Consumer Goods per 100 Rural Households

项 目	Item	2015	2016	2017	2018	2019	2020	2021
彩色电视机(台)	Color TV(set)	118.46	120.09	121.73	121.00	121.26	121.93	116.41
照相机(架)	Camera(set)	3.84	2.97	3.72	2.57	2.65	2.59	2.02
洗衣机(台)	Washing Machine(set)	65.02	73.13	75.52	84.52	86.52	86.91	93.27
电冰箱(台)	Refrigerator(set)	84.75	93.01	95.81	102.11	104.93	106.74	110.06
摩托车(辆)	Motorcycle(set)	77.87	78.47	80.16	82.24	83.19	82.74	78.12
摄像机(台)	Video Camera(set)	0.44	0.37					
抽油烟机(台)	Exhaust Fan(set)	14.89	14.86	17.35	30.39	32.24	34.37	44.36
空调机(台)	Air Conditioner(set)	43.49	56.47	62.65	86.25	88.14	93.75	102.44
热水器(台)	Shower Heater(set)	61.71	68.63	71.21	84.74	87.17	91.39	90.63
电话机(部)	Telephone(set)	27.43	20.71	19.49	9.79	7.62	5.79	4.28
移动电话(部)	Mobile Telephone(set)	232.18	236.26	238.70	268.13	270.85	274.90	275.28
家用计算机(台)	Computer(set)	26.23	27.04	27.94	31.92	33.61	34.32	29.33
汽车(生活用)(台)	Automobile(set)	7.16	10.15	11.29	21.63	23.19	24.67	27.11

3-25 市、州农村居民人均纯收入(可支配收入)

Per Capita Annual Net Income of Rural Households (Disposable Income) by Regions

单位：元 (yuan)

地 区	Region	农村居民人均纯收入 Per Capita Net Income of Rural Households	农村常住居民人均可支配收入 Per Capita Disposable Income of Rural Permanent Residents							
		2013	2014	2015	2016	2017	2018	2019	2020	2021
武汉市	Wuhan	12713	16160	17722	19152	20887	22652	24776	24057	27209
黄石市	Huangshi	8492	10957	12004	12925	13972	15125	16516	16549	18585
十堰市	Shiyan	5226	7046	7779	8514	9373	10295	11378	11731	13115
宜昌市	Yichang	9121	11837	12990	14057	15253	16514	18134	18515	20764
襄阳市	Xiangyang	9785	12534	13650	14762	16005	17305	18933	18422	20715
鄂州市	Ezhou	10210	12692	13812	14813	16168	17609	19313	18792	21479
荆门市	Jingmen	10615	13481	14716	15811	17167	18776	20556	19980	22198
孝感市	Xiaogan	9023	11597	12655	13554	14744	15988	17510	17090	19346
荆州市	Jingzhou	9909	12625	13728	14707	15962	17300	18893	18817	21207
黄冈市	Huanggang	6966	9388	10252	11076	12116	13238	14490	14693	16456
咸宁市	Xianning	8480	10891	11940	12812	13925	15116	16591	16359	18534
随州市	Suizhou	9490	11984	13022	14077	15268	16538	18094	17624	19756
恩施自治州	Enshi	5235	7194	7969	8728	9588	10524	11620	11887	13307
仙桃市	Xiantao	10365	13193	14422	15462	16736	18177	19891	20647	22608
潜江市	Qianjiang	10017	12862	14076	15113	16397	17797	19494	18948	21146
天门市	Tianmen	9608	12086	13178	14107	15367	16598	18138	18356	20577
神农架林区	Shennongjia	5677	6920	7578	8342	9205	10091	11171	11417	12547

注：2013年前分城镇和农村开展住户调查，为农民人均纯收入。2014年起使用城乡一体化住户收支与生活状况调查数据，为农村常住居民人均可支配收入。

Note: Before 2013, the urban and rural household were investigated separately, and the data is for per capita disposable income of rural household. Since 2014, survey data of income and expenditures of urban and rural household integration has been used, and the data is for per capita disposable income of rural household.

3-26 农村居民家庭固定资产投资情况
Fixed Assets Investment of Rural Households

单位：亿元 (100 million yuan)

项　目	Item	2015	2016	2017	2018	2019	2020	2021
新增固定资产原值	**New Original Value of Fixed Assets**	**423.90**	**470.67**	**373.61**	**474.38**	**405.40**	**261.78**	**272.60**
固定资产投资完成额	**Finished Value of Investment of the Fixed Assets**	**477.48**	**507.78**	**409.79**	**501.80**	**433.80**	**274.92**	**276.49**
按投资来源分	Investment by Source							
国内贷款	Domestic Loans		46.31	7.12		1.30		2.25
自筹资金	Self-raising Funds	467.66	449.11	398.70	495.89	429.11	271.94	250.52
其他资金	Others	9.82	12.36	3.97	5.90	3.40	2.98	23.72
按投资构成分	According to Constitute Sub-investment							
建筑工程	Construction	399.60	423.31	330.99	406.43	367.13	184.35	227.91
安装工程	Installation							
设备工、器具购置	For Equipment, the Purchase of Equipment	63.67	42.17	62.03	39.29	59.13	53.02	35.47
其他	Others	14.21	42.30	16.77	56.08	7.54	37.56	13.11
按投资方向分	According to the Investment Direction PM							
农业	Agriculture	103.90	71.26	47.48	65.73	137.67	109.89	56.11
采矿业	Mining							
制造业	Manufacturing	3.65		0.26	6.00			
电力、燃气及水的生产和供应业	Production and Supply of Electricity, Gas and Water		4.36					
建筑业	Construction	0.17	0.39	0.11	0.72	9.83	0.44	6.24
交通运输、仓储和邮政业	Transport, Storage and Post	15.14	38.79	47.22	36.55	9.28	7.57	2.85
信息传输、计算机服务和软件业	Information Transmission, Computer Services and Software							
批发和零售业	Wholesale and Retail Trades	0.23	1.30	2.64	0.92	5.55	3.18	2.28
住宿和餐饮业	Hotels and Catering Services		6.01	1.00	3.75	0.73	4.63	0.07
金融业	Financial Intermediation							
房地产业	Real Estate	353.09	382.62	310.07	377.91	270.51	149.15	208.21
租赁和商务服务业	Leasing and Business Services			0.20	3.80	0.23	0.08	0.03
科学研究、技术服务和地质勘查业	Scientific Research, Technical Services, and Geological Prospecting							
水利、环境和公共设施管理业	Management of Water Conservancy, Environment and Public Facilities							
居民服务和其他服务业	Services to Households and Other Services	1.30	2.81	0.64	6.41	0.01	0.00	0.70
教育	Education							
卫生、社会保障和社会福利业	Health, Social Securities and Social Welfare							
文化、体育和娱乐业	Culture, Sports and Entertainment		0.23	0.16				
公共管理和社会组织	Public Management and Social Organizations							
国际组织	International Organizations							
按具体投资项目分	Based on Specific Investment Projects PM							
房屋	Housing	397.52	409.16	323.44	396.98	336.77	168.72	216.23
道路	Road		382.62					
桥梁	Bridge							
设备	Equipment	63.67	42.17	62.03	39.29	59.13	53.02	35.47
水利	Water	0.23	0.91	0.37	0.26	2.07	0.11	0.46
其他	Others	16.06	55.53	23.95	65.27	35.83	53.07	24.32
施工房屋面积(万平方米)	Acreage of House Construction(10000 sq.m)	4289.18	4305.50	3424.23	4404.81	2686.13	1427.28	1711.61
竣工房屋面积(万平方米)	Acreage of House Completion(10000 sq.m)	3666.76	3799.32	3098.11	3512.47	3240.91	1255.72	1576.17
竣工房屋投资完成额	Completion Amount of Investment in House	343.94	372.05	287.26	369.56	308.36	155.57	212.35

3-27 脱贫县(原贫困地区)农村居民家庭人均总收入

单位：元

项目	Item	2000	2005
全年总收入	**Total Income**	**2083.17**	**2450.07**
工资性收入	Income of Wages and Salaries	482.50	700.38
家庭经营收入	Income from Household Operations	1512.44	1593.47
第一产业	Primary Industry	1356.41	1460.07
农业收入	Farming	889.56	935.94
林业收入	Forestry	28.63	35.80
牧业收入	Animal Husbandry	431.80	479.65
渔业收入	Fishery	6.42	8.68
第二产业	Secondary Industry	40.56	34.61
工业收入	Industry	24.75	21.13
建筑业收入	Construction	15.81	13.48
第三产业	Tertiary Industry	115.47	98.79
交通运输仓储和邮政业收入	Transport, Storage and Postal Services		48.03
批发和零售业收入	Wholesale and Retail Trades Services		21.83
财产性收入	Income from Properties	8.99	27.86
转移性收入	Income from Transfers	79.24	128.36

3-28 脱贫县(原贫困地区)农村居民家庭人均总支出

单位：元

项目	Item	2000	2005
全年总支出	**Total Expenditure**	**1872.82**	**2453.49**
家庭经营费用支出	Expenditure for Household Operations	401.98	601.83
第一产业	Primary Industry	369.70	551.71
农业支出	Agriculture	180.20	287.63
林业支出	Forestry	2.32	5.40
牧业支出	Animal Husbandry	186.51	256.83
渔业支出	Fishery	0.67	1.85
第二产业	Secondary Industry	10.98	17.22
工业支出	Industry	6.92	10.80
建筑业支出	Construction	4.06	6.42
第三产业	Tertiary Industry	21.30	32.90
交通运输仓储和邮政业支出	Transport, Storage and Postal Services		17.58
批发和零售业收入支出	Wholesale and Retail Trades Services		6.02
生活消费支出	Expenses on Household Consumption	1337.99	1698.13
食品烟酒	Food, Tobacco and Liquor	774.32	912.75
衣着	Clothing	58.65	76.29
居住	Residence	163.91	190.10
生活用品及服务	Household Facilities, Articles and Services	60.10	73.89
交通通信	Transport and Communications	47.07	128.58
教育文化娱乐	Education, Culture and Recreation Articles	162.86	190.77
医疗保健	Health Care and Medical Services	45.75	91.85
其他商品及服务	Others	25.32	33.91
财产性支出	Expenses on Properties	1.03	2.48
转移性支出	Expenses on Transfers	78.31	113.54

Per Capita Annual Total Income of Rural Households of Out of Poverty Counties(The Original Poor Area)

(yuan)

2014	2015	2016	2017	2018	2019	2020	2021
10133.83	**11008.38**	**11649.77**	**12941.96**	**13851.38**	**15681.88**	**16648.53**	**19469.98**
2839.28	2913.80	3157.79	3467.32	3812.73	4212.35	4219.12	4923.99
4727.14	5107.29	5181.31	5754.55	5747.63	6459.96	7422.25	8989.82
3621.24	3656.02	3550.69	3556.89	3604.55	3994.53	5054.58	6390.24
2187.93	2269.04	2137.42	2234.38	2325.09	2543.97	2780.34	3104.66
285.87	318.56	354.85	272.54	139.32	185.54	177.36	223.97
1091.55	1025.52	1029.37	1007.41	1035.15	1188.73	2011.17	2865.26
55.89	42.90	29.05	42.56	104.99	76.29	85.72	196.34
188.27	185.29	282.46	543.42	513.42	457.29	524.61	607.67
109.73	98.58	137.61	98.15	111.67	113.18	107.80	229.55
78.54	86.71	144.85	445.27	401.74	344.11	416.81	378.12
917.64	1265.98	1348.16	1654.24	1629.66	2008.14	1843.06	1991.91
249.91	327.75	433.41	553.53	520.92	609.95	477.99	509.44
460.68	612.59	654.99	786.38	682.07	890.69	895.94	1009.81
88.55	77.93	86.39	88.46	113.08	162.83	144.53	154.80
2478.86	2909.36	3224.28	3631.63	4177.94	4846.75	4862.63	5401.37

Per Capita Annual Expenditures of Rural Households of Out of Poverty Counties(The Original Poor Area)

(yuan)

2014	2015	2016	2017	2018	2019	2020	2021
13232.21	**14347.79**	**14376.26**	**15752.05**	**17422.26**	**18798.39**	**19777.48**	**23870.90**
1898.56	1810.30	1666.15	1925.50	1616.05	2005.49	2915.29	3847.86
1463.02	1294.03	1071.44	1209.30	1217.02	1447.67	2254.86	3237.90
671.49	616.05	540.18	539.78	493.74	622.18	718.78	953.24
16.99	17.94	15.89	12.67	12.37	10.59	9.35	8.50
738.06	648.02	508.44	648.28	680.95	795.52	1499.21	2197.52
36.49	12.02	6.93	8.57	29.96	19.38	27.52	78.63
137.39	74.65	136.53	193.18	93.14	36.12	50.81	52.43
64.76	41.21	58.76	16.35	19.38	4.50	16.89	21.05
72.63	33.44	77.77	176.83	73.76	31.62	33.92	31.38
298.14	441.62	458.18	523.02	305.89	521.69	609.63	557.52
76.42	121.95	122.37	131.08	79.39	119.41	62.50	67.93
148.36	250.36	273.52	331.13	151.38	331.97	441.53	424.97
7249.33	8663.14	8499.32	9456.70	10647.48	12025.66	12817.21	14711.22
2363.16	2862.71	2606.85	2912.77	3247.06	3666.94	4026.87	4610.94
432.06	491.07	432.43	514.72	569.59	651.74	685.09	730.36
1657.13	2108.74	2173.78	2274.14	2391.59	2572.28	2773.17	2983.70
495.04	526.82	547.51	629.68	647.14	711.85	758.16	926.25
712.08	937.67	965.20	1006.22	1081.61	1435.84	1507.57	1767.86
733.67	829.59	799.31	995.12	1090.79	1244.12	1247.67	1608.16
711.59	729.31	766.63	905.70	1346.00	1457.95	1559.21	1762.35
144.60	177.23	207.61	218.35	273.70	284.94	259.48	321.60
10.48	5.40	10.31	11.27	18.04	20.37	19.78	17.08
215.63	265.68	239.90	293.10	393.19	490.00	428.16	507.55

3-29 脱贫县(原贫困地区)农村居民家庭人均纯收入(可支配收入)

单位：元

项目	Item	2010	2015
全年纯收入	**Net Income**	**3460.29**	**8681.99**
工资性收入	Income from Wages and Salaries	1524.03	2913.80
家庭经营收入	Income from Household Operations	1657.59	3052.01
第一产业	Primary Industry	1500.34	2264.65
农业收入	Farming	1145.83	1596.95
林业收入	Forestry	81.87	299.62
牧业收入	Animal Husbandry	256.22	337.49
渔业收入	Fishery	16.41	30.60
第二产业	Secondary Industry	39.25	89.14
工业收入	Industry	12.74	45.88
建筑业收入	Construction	26.51	43.26
第三产业	Tertiary Industry	118.00	698.22
交通运输仓储和邮政业收入	Transport, Storage and Postal Services	52.04	162.47
批发和零售业收入	Wholesale and Retail Trades Services	33.52	328.06
财产性收入	Income from Properties	35.82	72.49
转移性收入	Income from Transfers	24285.00	2643.68

注：2014年起为农村常住居民人均可支配收入、工资性收入、家庭经营净收入、财产净收入、转移净收入。

3-30 脱贫县(原贫困地区)农村居民家庭人均现金收入

单位：元

项目	Item	2000	2005
全年现金收入	**Cash Income**	**1237.86**	**1592.04**
工资性收入	Income from Wages and Salaries	531.59	700.38
家庭经营现金收入	Income from Household Operations	631.43	754.86
第一产业	Primary Industry	4754.00	621.46
农业现金收入	Farming	242.19	324.35
林业现金收入	Forestry	23.68	28.23
牧业现金收入	Animal Husbandry	205.85	262.88
渔业现金收入	Fishery	3.68	6.00
第二产业	Secondary Industry	40.36	34.61
工业现金收入	Industry	24.75	21.13
建筑业现金收入	Construction	15.81	13.48
第三产业	Tertiary Industry	115.47	98.79
交通运输仓储和邮政业收入	Transport, Storage and Postal Services		48.03
批发和零售业收入	Wholesale and Retail Trades Services		21.83
财产性收入	Income from Properties	6.37	27.86
转移性收入	Income from Transfers	68.47	108.94

Per Capita Annual Net Income of Rural Households (Disposable Income) of Out of Poverty Counties(The Original Poor Area)

(yuan)

2016	2017	2018	2019	2020	2021
9502.22	**10470.66**	**11552.30**	**12874.37**	**13075.38**	**14822.42**
3157.79	3467.32	3812.73	4212.35	4219.12	4923.99
3283.97	3587.62	3859.78	4162.82	4297.03	4866.89
2380.13	2244.81	2288.10	2440.01	2675.99	2957.16
1542.44	1642.75	1790.77	1871.33	2033.07	2098.96
338.09	255.61	125.83	172.54	167.02	214.61
478.06	312.95	296.98	339.37	417.93	528.21
21.54	33.50	74.52	56.77	57.96	115.39
123.04	309.60	388.36	401.22	465.79	543.47
66.98	73.13	83.78	104.05	89.47	205.71
56.06	236.47	304.58	297.17	376.32	337.76
780.80	1033.21	1183.32	1321.59	1155.26	1366.26
269.09	385.16	368.00	411.31	389.31	415.51
348.61	429.08	503.97	506.67	434.47	566.27
76.08	77.19	95.04	142.46	124.76	137.72
2984.38	3338.53	3784.75	4356.74	4434.47	4893.82

Note: Since 2014, indexes are per capita disposable income of rural household, wage income, net income from household business, property net income, transferred net income.

Per Capita Annual Cash Income of Rural Households of Out of Poverty Counties(The Original Poor Area)

(yuan)

2014	2015	2016	2017	2018	2019	2020	2021
8556.47	**9541.60**	**10404.38**	**11583.18**	**12543.37**	**14298.84**	**15005.07**	**17846.28**
2835.26	2907.21	3152.53	3461.61	3802.22	4198.70	4202.12	4879.05
3320.22	3805.47	4104.20	4583.14	4756.83	5537.15	6253.75	7839.92
2214.32	2354.20	2473.58	2385.48	2613.75	3071.73	3886.08	5240.33
1185.14	1427.61	1471.07	1397.84	1558.23	1929.33	2064.54	2350.01
120.41	115.59	175.10	116.15	63.82	84.61	74.32	86.83
854.12	769.01	800.06	830.47	887.76	982.61	1662.99	2611.15
54.65	41.99	27.35	41.02	103.94	75.18	84.23	192.34
188.27	185.29	282.46	543.42	513.42	457.29	524.61	607.67
109.73	98.58	137.61	95.15	111.67	113.18	107.80	229.55
78.54	86.71	144.85	444.27	401.74	344.11	416.81	378.12
917.64	1265.98	1348.16	1654.24	1629.66	2008.14	1843.06	1991.91
249.91	327.75	433.41	553.53	520.92	609.95	477.99	509.44
917.64	612.59	654.99	786.38	682.07	890.69	895.94	1009.81
88.55	77.93	86.39	88.47	112.65	162.33	144.53	154.80
2312.43	2750.99	3061.26	3449.96	3871.67	4400.66	4404.67	4972.52

3-31 脱贫县(原贫困地区)农村居民家庭人均现金支出

单位：元

项　目	Item	2000	2005	2014
全年现金支出	**Cash Expenditure**	**1179.58**	**1745.27**	**9824.79**
家庭经营费用现金支出	Cash Expenditure for Household Operations	282.09	422.80	1595.40
第一产业	Primary Industry	250.91	374.54	1159.86
农业现金支出	Agriculture	184.89	231.42	616.79
林业现金支出	Forestry	1.66	3.33	16.99
牧业现金支出	Animal Husbandry	63.70	138.01	489.61
渔业现金支出	Fishery	0.66	1.78	36.48
第二产业	Secondary Industry	10.22	16.68	137.39
工业现金支出	Industry	632.00	10.73	64.76
建筑业现金支出	Construction	3.90	5.95	72.63
第三产业	Tertiary Industry	20.96	31.59	298.14
生活消费支出	Expenses on Household Consumption	766.52	1169.89	5437.98
食品烟酒	Food, Tobacco and Liquor	242.56	422.39	1117.29
衣着	Clothing	56.13	76.29	430.76
居住	Residence	128.11	152.22	639.16
生活用品及服务	Household Facilities, Articles and Services	58.71	73.89	494.17
交通通信	Transport and Communications	47.07	128.58	712.08
教育文化娱乐	Education, Cultural and Recreation	162.86	190.77	733.67
医疗保健	Health Care and Medical Services	45.75	91.85	566.67
其他用品及服务	Miscellaneous Goods and Services	25.32	33.91	142.04
财产性支出	Expenses on Properties	0.98	2.48	10.48
转移性支出	Expenses on Transfers	77.32	112.42	215.63

Per Capita Annual Cash Expenditures of Rural Households of Out of Poverty Counties(The Original Poor Area)

(yuan)

2015	2016	2017	2018	2019	2020	2021
11781.14	**10892.04**	**12069.50**	**14757.36**	**15957.58**	**16423.22**	**20531.35**
1558.72	1512.27	1718.49	1440.97	1846.45	2729.95	3627.33
1042.45	917.56	1002.29	1041.95	1288.64	2069.51	3017.37
567.66	516.14	517.19	472.10	604.62	709.57	939.92
17.94	15.89	12.67	12.37	10.59	9.35	8.50
444.84	378.86	464.47	528.99	654.81	1323.20	1991.43
12.01	6.67	7.96	28.49	18.61	27.39	77.52
74.65	136.53	193.18	93.14	36.12	50.81	52.43
41.21	58.76	55.35	19.38	4.50	16.89	21.05
33.44	77.77	137.83	73.76	31.62	33.92	31.38
441.62	458.18	523.02	305.88	521.69	609.63	557.52
6348.07	6164.54	7069.31	8437.21	9343.88	9648.30	11592.20
2086.76	1954.59	2271.87	2753.98	3132.62	3262.20	3946.84
489.24	431.30	513.54	569.03	651.09	684.74	730.19
731.26	647.38	700.64	940.88	850.85	858.82	970.43
522.71	542.52	626.10	646.46	707.54	717.52	906.79
937.63	964.38	1006.12	1080.18	1435.35	1507.42	1766.99
829.56	799.30	995.12	1090.76	1243.68	1247.22	1608.14
573.91	618.01	739.77	1082.45	1038.63	1110.97	1341.99
177.00	207.06	216.15	273.47	284.14	259.41	320.83
5.40	10.31	11.27	18.04	20.37	19.78	17.08
265.68	239.90	293.10	393.19	490.00	428.16	507.55

主要统计指标解释

一、城镇住户

城镇家庭人口 指居住在一起，经济上合在一起共同生活的家庭成员。凡计算为家庭人口的成员其全部收支都包括在本家庭中。

城镇家庭总收入 指家庭成员得到的工薪收入、经营净收入、财产性收入、转移性收入之和，不包括出售财物收入和借贷收入。

城镇家庭可支配收入 指家庭成员得到可用于最终消费支出和其他非义务性支出以及储蓄的总和，即居民家庭可以用来自由支配的收入。它是家庭总收入扣除交纳的所得税、个人交纳的社会保障支出以及记账补贴后的收入。计算公式为:

可支配收入=家庭总收入-交纳所得税-个人交纳的社会保障支出-记账补贴

城镇家庭总支出 指除借贷支出以外的全部家庭支出。包括消费性支出、购房建房支出、转移性支出、财产性支出、社会保障支出。

城镇家庭消费性支出 指家庭用于日常生活的支出，包括食品、衣着、家庭设备用品及服务、医疗保健、交通通信、教育文化娱乐服务、居住、杂项商品和服务八大类支出。

城镇家庭服务性消费支出 指居民家庭用于本家庭支付社会提供的各种文化和生活方面的非商品性服务费用。不包括为别人付款服务。服务消费与商品消费不同，其特点在于其劳动过程和消费过程在时间与空间上的统一。

城镇家庭收入五等份分组方法 将所有调查户按户人均可支配收入由低到高排序，各按 20%的比例依次分成五等份: 低收入户、中等偏低收入户、中等收入户、中等偏上收入户、高收入户。

二、农村住户

农村住户（农村常住户） 指长期（一年以上）居住在乡镇（不包括城关镇）范围内的住户，以及长期居住在城关镇所辖行政村范围内的农村住户。户口不在本地而在本地居住一年及以上的住户也包括在本地农村常住户范围内；有本地户口，但举家外出谋生一年以上的住户，无论是否保留承包耕地都不包括在本地农村住户范围内。

常住人口 指全年经常在家或在家居住 6 个月以上，而且经济和生活与本户连成一体的人口。外出从业人员在外居住时间虽然在 6 个月以上，但收入主要带回家中，经济与本户连为一体，仍视为家庭常住人口；在家居住，生活和本户连成一体的国家职工、退休人员也为家庭常住人口。但是现役军人、中专及以上（走读生除外）的在校学生以及常年在外（不包括探亲、看病等）且已有稳定的职业与居住场所的外出从业人员，不算家庭常住人口。家庭常住人口主要作为计算农村住户平均每人收入、消费和积累水平及分析家庭人口状况的依据。

整、半劳动力 整劳动力指男子 18 周岁到 50 周岁，女子 18 周岁到 45 周岁；半劳动力指男子 16 周岁到 17 周岁，51 周岁到 60 周岁；女子 16 周岁到 17 周岁，46 周岁到 55 周岁，同时具有劳动能力的人。虽然在劳动年龄之内，但已丧失劳动能力的人，不应算为劳动力；超过劳动年龄，但能经常参加劳动，计入半劳动力数内。常住人口中的职工，若这些职工为劳动力，就包括在本户的整半劳动力中。

总收入 指调查期内农村住户和住户成员从各种来源渠道得到的收入总和。按收入的性质划分为工资性收入、家庭经营收入、财产性收入和转移性收入。

工资性收入 指农村住户成员受雇于单位或个人，靠出卖劳动而获得的收入。

家庭经营收入 指农村住户以家庭为生产经营单位进行生产筹划和管理而获得的收入。农村住户家庭经营活动按行业划分为农业、林业、牧业、渔业、工业、建筑业、交通运输业邮电业、批发和零售贸易餐饮业、社会服务业、文教卫生业和其他家庭经营。

财产性收入 指金融资产或有形非生产性资产的所有者向其他机构单位提供资金或将有形非生产性资产供其支配，作为回报而从中获得的收入。

转移性收入 指农村住户和住户成员无须付出任何对应物而获得的货物、服务、资金或资产所有权等，不包括无偿提供的用于固定资本形成的资金。一般情况下，是指农村住户在二次分配中的所有收入。

现金收入 指农村住户和住户成员在调查期内得到以现金形态表现的收入。按来源分成工资性收入、家庭经营现金收入、财产性收入、转移性收入。

纯收入 指农村住户当年从各个来源得到的总收入相应地扣除所发生的费用后的收入总和。纯收入主要用于再生产投入和当年生活消费支出，也可用于储蓄和各种非义务性支出。“农民人均纯收入”按人口平均的纯收入水平，反映的是一个地区农村居民的平均收入水平。计算方法：

纯收入=总收入-家庭经营费用支出-税费支出-生产性固定资产折旧-赠送农村外部亲友支出

总支出 指农村住户用于生产、生活和再分配的全部支出。包括家庭经营费用支出、购置生产性固定资产支出、生产性固定资产折旧、税费支出、生活消费支出、财产性支出和转移性支出。

三、城乡一体化住户（2014 年起）

住户 指居住在一个住宅内，共同分享生活开支或收入的一群人。居住在同一房间内、不共同分享生活开支的人群，每个人都视为一个住户。住家保姆、住家家庭帮工视为单独的住户。根据居住的状态，可将住户分为家庭居住户和集体居住户。家庭居住户指的是以家庭成员关系为主，居住在同一住宅内共同生活的住户。同一住宅内有住家保姆或住家家庭帮工的，仍被视为家庭居住。集体居住户指的是相互没有家庭成员关系，居住在同一房间内，不共同分享生活开支，独立生活的住户。如在工棚、工厂的集体宿舍以及在工作地的集体居住户，每个人都视为一个住户。

住户成员 指居住在一个住宅内，所有与本住户分享生活开支或收入的人员。

常住成员 指住户成员中，经常在家居住或者调查期内居住时间超过一半的人员，以及本住户供养的学生。季度调查的常住成员包括：①过去三个月已经居住或未来三个月打算居住时间超过 1.5 个月的住户成员。②过去三个月内每月至少在调查住宅居住一天以上，且没有在其他自有或独自租借的普通住宅中住过的人。或者说，在外与人合住或住在工棚、集体宿舍、工作地或其他临时性住所、又定期回家居住的人，也是本住户常住成员。③由本住户供养的在校学生（包括大中专学生和研究生）。常住成员是住户收支的调查对象。

居民可支配收入 指调查户在调查期内获得的、可用于最终消费支出和储蓄的总和，即调查户可以用来自由支配的收入。既包括现金，也包括实物收入。按照收入的来源，可支配收入包含四项，分别为：工资性收入、经营净收入、财产净收入和转移净收入。

其中：经营净收入=经营收入-经营费用-生产性固定资产折旧－生产税

财产净收入=财产性收入-财产性支出

转移净收入=转移性收入-转移性支出

工资性收入 指就业人员通过各种途径得到的全部劳动报酬和各种福利，包括受雇于单位或个人、从事各种自由职业、兼职和零星劳动得到的全部劳动报酬和福利。

经营净收入 指住户或住户成员从事生产经营活动所获得的净收入，是全部经营收入中扣除经营费用、生产性固定资产折旧和生产税之后得到的净收入。

财产净收入 指住户或住户成员将其所拥有的金融资产、住房等非金融资产和自然资源交由其他机构单位、住户或个人支配而获得的回报并扣除相关的费用之后得到的净收入。财产净收入包括利息净收入、红利收入、储蓄性保险净收益、转让承包土地经营权租金净收入、出租房屋净收入、出租其他资产净收入和自有住房折算净租金等。不包括转让资产所有权的溢价所得，这应该计入“非收入所得”。

转移性收入 指国家、单位、社会团体对住户的各种经常性转移支付和住户之间的经常性收入转移。包括政府、非行政事业单位、社会团体对居民转移的养老金或退休金、社会救济和补助、惠农补贴、政策性生活补贴、救灾款、经常性捐赠和赔偿以及报销医疗费等；住户之间的赡养收入、经常性捐赠和赔偿以及农村地区（村委会）在外（含国外）工作的本住户非常住成员寄回带回的收入等。不包括住户之间的实物馈赠。

转移性支出 指调查户对国家、单位、住户或个人的经常性或义务性转移支付。包括缴纳的税款、各项社会保障支出、赡养支出、经常性捐赠和赔偿支出以及其他经常转移支出等。

转移净收入=转移性收入-转移性支出

恩格尔系数 指食品支出金额在生活消费总支出金额中所占比例。计算公式为:

$$恩格尔系数=\frac{食品支出额}{消费支出总金额}\times 100\%$$

居民消费支出 指住户用于满足家庭日常生活消费需要的全部支出，包括用于消费品的支出和用于服务性消费的支出。根据用途不同，可划分为食品烟酒、衣着、居住、生活用品及服务、交通通信、教育文化娱乐、医疗保健、其他用品及服务八大类。根据来源不同，可划分为现金消费支出、实物消费支出（含自产自用、来自单位、来自政府和其他社会组织）。

Explanatory Notes on Main Statistical Indicators

I. Urban Households

Population of Urban Households refer to members of the household living and sharing economically together. All income and expenditure of the population of the household are included in the income and expenditure of the household.

Total Income of Urban Households refer to the sum of wage and salary, net business income, income from properties, and income from transfers members of the households during survey period, excluding income from selling of properties and income from borrowings. It is calculated on real income, no matter the income is supplied again or beforehand.

Disposable Income of Urban Households refers to the actual income at the disposal of members of the households which can be used for final consumption, other non-compulsory expenditure and savings. This equals to total income minus income tax, personal contribution to social security and sample household subsidy for keeping diaries. Following formula is used:

Disposable income = total household income - income tax - personal contribution to social security - sample household subsidy for keeping diaries

Total Expenditure of Urban Households refer to all expenditure of the households except expenditure on leading. It includes expenditure on consumption, on purchasing or building houses, on transfers, on properties and on social security.

Consumption Expenditure of Urban Households refers to total expenditure of the sample households for consumption in daily life, including expenditure on eight categories such as food, clothing, household appliances and services, health care and medical services, transport and communications, recreation, education and cultural services, housing, miscellaneous goods and services.

Expenditure of Urban Households on Consumption of Services refer to expenditure of households on services of various kinds provided by the society, not including services paid for other persons. Services are offered and consumed at the same time and place.

Urban Households by Five Equal Parts of Income All households in the sample are grouped, by per capita disposable income of the household, into groups of lowest income, low income, lower middle income, middle income, upper middle income, high income and highest income, each group consisting of 20% of all households.

II. Rural Household

Rural Households refer to resident households in rural areas. Resident households in rural areas are the households residing for more than one year in the areas under the jurisdiction of administration of township governments (excluding county towns), and in the areas under the jurisdiction of administration of villages in county towns. Migrated households residing in the current addresses for over one year with their household registration in other places are included in the resident households of their current addresses. For households with their household registration in one place but all members of the households moving away for living in another place for over one year, they will not be included in the rural households of the area where they are registered, irrespective of whether they still keep their contracted land.

Resident Population refers to population staying at home permanently or for over 6 months during a year and sharing life economically with the household. Members of the household staying away from the household for over 6 months but keeping a close economic relation with the household by sending the majority of income to the household are regarded as resident population of the household. Government staff and workers or retirees living as close members of the household are also considered as resident population. However, servicemen, students of secondary technical schools or schools of higher education and persons with stable jobs and residence outside the household (excluding those visiting relatives or seeking medical service) are not included as resident population of the household. Resident population is used in calculating income, consumption, accumulation on per capita basis of rural households and in analyzing composition of rural households.

Full/Semi Labour Force Full labour force

refers to persons capable of work, aged 18-50 for males and 18-45 for females. Semi labour force refers to persons capable of work, aged 16-17 and 51-60 for males and 16-17 and 46-55 for females. Persons at their working ages but not capable of work are not to be included as labour force. Persons not at working ages but participating regularly in work are included in semi labour force. For staff and workers as resident population of the household, they are included as full or semi labour force of the household if they are in the labour force.

Total Income refers to the sum of income earned from various sources by the rural households and their members during the reference period, and is classified as income from wages and salaries, income from household operations, income from properties and income from transfers.

Income from Wages and Salaries refers to income from labour earned by the members of rural households employed by other units or individuals.

Income from Household Operations refers to income by the rural households as units of production and operations. Operations by rural households are classified by economic activities as agriculture, forestry, animal husbandry, fishery, manufacturing, construction, transportation, post and telecommunications, wholesale, retail and catering, social service, culture, education, health, and other household operations.

Income from Properties refers to the income received as returns by owners of financial assets or tangible non-productive assets by providing capitals or tangible non-productive assets to other institutional units.

Income from Transfers refers to the receipt by rural households and their members of goods, services, capitals or rights of assets without giving or repaying accordingly, excluding capitals provided to them for the formation of fixed assets. In general, it refers to all income received by rural households through redistribution.

Cash Income refers to income received by rural households and their members in the form of cash during the reference period. It is classified, by source of income, into income from wages and salaries, cash income from household operations, income from properties and income from transfers.

Net Income refers to the total income of rural households from all sources minus all corresponding expenses. Net income is mainly used as input for reproduction and as consumption expenditure of the year, and also used for savings and non-compulsory expenses of various forms. "Per capita net income of farmers" is the level of net income averaged by population which reflects the average income level of rural households in a given area.

The formula for calculation is as follows:

Net income=total income-household operation expenses-taxes and fees depreciation of fixed assets for production-the expenses given to the relatives in rural areas

Total Expenditure refers to total expenses of rural households on production, consumption and redistribution, including expenditure on household operations, on purchase of productive fixed assets, depreciation of productive fixed assets, taxes and fees, expenses on household consumption, expenses on properties and expenses on transfers.

Ⅲ. Urban and Rural Integration (From 2014)

Household means a group of people who live in a dwelling and share living expenses or income. Everyone who live in a same room, but do not share living expenses is considered as a household. Live-in nanny and home domestic workers are considered as separate households. Depending on the state of residence, it can be divided into family households and collective households. family households refer to the family members in the same house. Nanny or home family workers are also regarded as the family residence in the same residential home. Collective households refer to the people who have no family relationships, live in the same room, do not share their living expenses, and live alone. As in the barracks, factory dormitories and work in the collective residential households, everyone as a household.

Household Member refers to the household who are living in a house and share the expenses or income of the household.

Permanent Member refers to a household member, who often lives at home, stay for more than half during the period of survey, and students households support. Permanent members of the quarterly survey are including: ①household members who have lived more than 1.5 months in the past three months, or intend to live for more than 1.5 months in the next three months. ②people who have lived in the investigated house at least one day every month in the past three months, and had not lived in a other owned or rented ordinary residence alone. In other words, people who live outside with others, or live in the shed, dormitories, temporary shelter for work or others, and also regularly return home to live, are also permanent members of the household. ③ Students at school (including college students, undergraduates and graduates) who are supported by households. Permanent members are respondent of income and expenditure of households.

Per Capita Disposable Income of the Household refers to the actual income of the households, which obtained by survey households during the survey period, and can be used for final consumption expenditure and savings according to the survey on household income and expenditure and living conditions, that is the income which can be dominated by survey household freely, dividing per capita income obtained by the resident households. Disposable income includes both cash and in kind income. Divided by source of income, disposable income contains four items, consisting of wage income, net business income, net property income, net transferred income.

Where:

Net Business Income=Business Income-Business Expenditure - Depreciation of Fixed Assets for Production - Taxes on Production

Net Property Income=Property Income-Property Expenditure

Net Transferred Income=Transferred Income-Transferred Expenditure

Wage Income refers to all the labor remuneration and welfare of the employees through various means. All labor remuneration and benefits, including the employment of units or individuals engaged in various free occupations, part-time and sporadic labor.

Net Business Income refers to the income of the household or household members engaged in the production and operation activities, is the net income of all operating expenses, production of fixed assets depreciation and production tax.

Property Net Income refers to the income received by the household or household members of the financial assets, housing, and other non financial assets and natural resources, which are obtained by other institutional units, households or individuals, and net income after deducting expenses. Property net income includes interest income, dividend income, savings insurance net income, transfer contract land management right to rent, rental housing net income, rental income and other assets of the net rent and other assets. Excluding the premium income from the transfer of property rights, which should be included in the "non income".

Transferred Income refers to the country, the unit, the social group to the tenants of a variety of recurrent transfer payments and the transfer of the regular income between households. Including residents' pension or retirement benefits from the government, the non administrative institutions, social groups, social benefits and subsidies, subsidies benefit farmers, policy subsidy, relief funds, regular donation and compensation and reimbursement of medical expenses; between tenants alimony income, often donations and compensation and the income of the rural areas households (village) (including foreign) return back to home. Does not include the physical gifts between households.

Transferred Expenditure refers to regular or voluntary transfer payment from the investigation to the country the unit, the household or the individual. Including the payment of the tax, the social security expenses, maintenance expenses, regular donations and compensation expenses, and other frequent transfer expenses, etc..

Net Transferred Income = Transferred Income - Transferred Expenditure

Engel's Coefficient refers to the percentage of expenditure on food in the total consumption expenditure, using the following formula:

$$\text{Coefficient}=\frac{\text{Engel's Expenditure on Food}}{\text{Total Consumption Expenditure}}\times 100\%$$

Per Capita Consumption Expenditure of Household refers to all expenditure which households used to meet needs of all the daily household consumption during the period of survey, including expenditure on consumer goods and services consumption, dividing per capita expenditure obtained by permanent households. Divided by function, consumption expenditure contains eight categories, consisting of food, tobacco and liquor, clothing, residence, household facilities, articles and services, transport and communications, education, cultural and recreation, health care and medical services, miscellaneous goods and services.

价格调查

Chapter 4

Price Survey

资料整理：赵艳君　蔡燕妮　方　韬
　　　　　邱　慧

4-1 居民消费、商品零售、农业生产资料价格总指数(1989-2021年)
Consumer Goods Retail, Agricultural Production Materials Price Index(1989-2021)

(上年=100) (preceding year=100)

年 份 Year	居民消费价格指数 Consumer Price Index			商品零售价格指数 Retail Price Index			农业生产资料价格指数 Price Indices of Farming Production Material
	全 省 Province	城 市 Urban Areas	农 村 Rural Areas	全 省 Province	城 市 Urban Areas	农 村 Rural Areas	全 省 Province
1989	116.3	114.1	118.2	117.0	113.9	119.0	121.5
1990	104.2	103.1	105.1	102.9	102.3	103.3	102.9
1991	104.9	106.2	103.6	104.3	105.6	103.1	102.3
1992	109.6	110.5	108.1	107.0	108.4	104.7	106.6
1993	118.4	118.8	117.6	115.0	116.2	113.2	117.4
1994	125.3	127.0	124.1	124.6	124.0	125.1	122.4
1995	120.0	120.1	119.1	116.6	115.1	118.3	129.0
1996	109.4	110.2	107.9	106.5	106.2	106.9	108.6
1997	103.2	102.6	103.6	101.5	100.8	102.2	96.0
1998	98.4	97.9	99.0	97.1	96.3	98.0	91.9
1999	97.8	97.2	98.3	95.9	95.2	96.7	93.9
2000	99.0	100.0	98.2	97.8	98.1	97.1	97.6
2001	100.3	100.4	99.8	97.4	97.0	98.0	99.3
2002	99.6	99.2	100.8	98.8	98.4	99.5	101.0
2003	102.2	102.6	101.3	101.2	101.4	100.8	100.8
2004	104.9	104.5	105.8	104.1	103.1	105.4	111.3
2005	102.9	102.7	103.3	102.1	101.9	102.4	115.1
2006	101.6	101.4	101.9	101.1	100.8	101.6	101.4
2007	104.8	104.7	105.1	104.2	103.4	105.4	108.0
2008	106.3	105.5	107.4	106.3	105.4	107.6	127.2
2009	99.6	99.3	100.0	98.6	98.4	98.9	95.3
2010	102.9	102.8	103.1	103.1	103.0	103.4	101.9
2011	105.8	105.5	106.3	105.6	105.1	106.2	113.5
2012	102.9	102.8	103.0	102.6	102.4	102.7	103.5
2013	102.8	102.7	103.0	101.8	101.6	102.1	103.1
2014	102.0	102.0	101.9	100.9	100.8	101.0	97.9
2015	101.5	101.4	101.7	100.5	100.4	100.7	100.4
2016	102.2	102.1	102.2	100.8	100.7	100.9	100.3
2017	101.5	101.7	101.2	100.3	100.2	100.9	100.9
2018	101.9	102.0	101.8	101.2	101.2	101.6	100.9
2019	103.1	103.0	103.2	102.6	102.6	102.6	103.0
2020	102.7	102.5	103.5	102.2	102.1	103.0	106.4
2021	100.3	100.4	100.0	101.2	101.2	100.8	—

注：按照统计制度要求，我国CPI每五年进行一次基期轮换，2021年1月开始使用2020年作为新一轮的对比基期，前四轮基期分别为2000年、2005年、2010年和2015年。与上轮基期相比，新基期调查目录和规格品与国际标准更为接近，一些新产品新服务纳入其中，能进一步反映居民消费和经济结构的变化；同时，CPI权数构成也相应地按照居民收支调查最新数据进行了适当调整。新基期CPI调查目录参考联合国制定的《按目的划分的个人消费分类》(COICOP)和国家统计局发布的《居民消费支出分类(2013)》进行了修订，涵盖全国城乡居民生活消费的食品烟酒、衣着、居住、生活用品及服务、交通通信、教育文化娱乐、医疗保健、其他用品及服务等8大类、268个基本分类的商品与服务价格。

Note: According to the statistical system, China's CPI every five years on a base rotation, in January 2021 started using 2020 as a new round of comparative base period, the first three rounds of base in 2000, 2005, 2010 and 2015 respectively. Compared with the wheel base on the new catalog and specification product base investigation more close with the international standard, new services include some new product, can further reflect the residents' consumption and the change of economic structure; At the same time, the composition of the CPI weighting has been appropriately adjusted according to the latest data of the household income and expenditure survey. New base the CPI investigation directory refer to the United Nations set the purpose according to the division of the personal consumption classification (COICOP) and the national bureau of statistics released by the residents' consumption expenditure classification (2013) revised, covers the national urban and rural residents living consumption of food, tobacco and liquor, clothing, housing, household items and services, transport and communications, education, culture and Recreation, health care and other products and services such as 8 categories, 268 basic classification of prices of goods and services.

4-2 居民消费价格分类指数(2021年)
Consumer Price Indices by Category(2021)

(上年=100) (preceding year=100)

指　　标	Item	全　省 Province	城　市 Urban Areas	农　村 Rural Areas
居民消费价格总指数	**Consumer Price Index**	**100.3**	**100.4**	**100.0**
非食品烟酒价格指数	**Non-food Tobacco and Alcohol Price Index**	**101.1**	**101.1**	**101.1**
服务价格指数	**Items of Service Price Index**	**100.7**	**100.7**	**100.5**
工业品价格指数	**Industrial Product Price Index**	**101.6**	**101.6**	**101.7**
消费品价格指数	**Consumable Price Index**	**100.1**	**100.3**	**99.7**
扣除食品和能源价格指数	**Deduction Food and Energy Price Index**	**100.6**	**100.7**	**100.5**
扣除鲜菜鲜果总指数	**Deduction Fresh Vegetables Fresh Fruit General Index**	**100.3**	**100.4**	**100.0**
食品烟酒	**Food, Tobacco and Liquor**	**98.5**	**98.8**	**97.6**
食品	Food	96.7	97.0	96.0
粮食	Grain	100.9	100.7	101.1
大米	Rice	100.5	99.9	101.5
面粉	Flour	100.5	100.4	100.6
其他粮食	Other Grains	101.9	101.9	101.9
粮食制品	Grain Products	102.1	103.1	99.8
薯类	Tubers	96.0	95.4	97.9
薯类	Tubers	96.0	95.4	97.9
豆类	Beans	105.7	105.6	105.9
干豆	Dried Beans	102.3	102.1	102.6
豆制品	Bean Products	106.2	106.1	106.4
食用油	Edible Oil and Fats	108.8	109.2	108.0
食用植物油	Edible Vegetable Oil	109.9	110.2	109.3
食用动物油	Edible Animal Oil	87.0	89.4	81.9
菜及食用菌	Edible Mushrooms	100.3	100.0	100.9
鲜菜	Fresh Vegetables	100.3	100.1	101.2
鲜菌	Fresh Mushrooms	96.6	97.3	94.4
干菜干菌及制品	Dried Vegetables and Vegetable Products	101.3	101.6	100.5
畜肉类	Meal, Poultry and Processed Products	79.1	80.2	76.8
猪肉	Pork	67.8	67.8	67.8
牛肉	Beef	101.5	101.8	100.6
羊肉	Mutton	101.4	100.5	104.5
其他畜肉及副产品	Other Meat and By-Products	86.9	86.1	89.2
畜肉制品	Animal By-products	101.7	101.8	101.3
禽肉类	Poultry	93.3	92.7	95.0
鸡	Chicken	89.2	88.4	91.9
鸭	Duck	93.6	91.2	101.4
其他禽肉及制品	Other Poultry Meat and Products	101.4	101.9	99.7
水产品	Aquatic Products	114.6	113.6	117.6
淡水鱼	Fish in Fresh Water	126.9	127.1	126.2
海水鱼	Fish in Sea Water	98.8	97.0	104.1
虾蟹类	Decapod Crustacean	99.5	98.6	104.0
其他水产品及制品	Other Aquatic Products and Products	101.8	101.8	101.7
蛋类	Eggs	104.7	105.7	102.3
鸡蛋	Chicken's Eggs	105.7	107.1	102.4
其他蛋及制品	Other Eggs and Products	98.1	96.8	101.4

4-2 续表 1 Continued

(上年＝100) (preceding year=100)

指　　标	Item	全　省 Province	城　市 Urban Areas	农　村 Rural Areas
奶类	Milk	102.0	102.5	101.0
鲜奶	Fresh Milk	104.0	104.1	103.5
酸奶	Yogurt	101.3	101.7	99.1
奶粉	Milk Powder	101.4	102.0	100.5
其他奶制品	Other Milk Products	101.1	100.7	102.0
干鲜瓜果类	Dried and Fresh Melons and Fruits	101.3	101.4	100.7
鲜瓜果	Fresh Fruits	101.6	101.8	101.0
坚果	Nuts	99.5	99.6	99.2
瓜果制品	Melon and Fruit Products	100.7	100.6	101.1
糖果糕点类	Confectionery	100.5	100.7	100.0
食糖	Sugar	100.3	101.6	98.2
糖果	Candy	100.4	100.0	101.6
糕点	Pastry	100.2	100.2	100.1
其他糖果糕点	Other Confectionery	102.2	103.4	99.4
调味品	Flavoring	102.2	102.4	101.7
食用盐	Salt	102.8	103.3	101.9
酱油	Soy Sauce	100.1	100.3	99.7
食醋	Vinegar	102.8	104.7	99.2
增味剂	Bechamel	100.7	100.5	100.9
其他调味品	Monosodium Glutamate	103.6	103.5	103.8
其他食品类	Other Food Categories	101.3	101.7	100.4
方便食品	Convenience Foods	101.5	102.0	100.3
淀粉及制品	Starch and Products	100.7	101.2	99.2
其他食品	Puffed Food	101.1	101.3	100.7
茶及饮料	Tea and Beverages	101.0	101.5	100.1
茶叶	Tea	101.2	101.1	101.4
固体咖啡	Solid Coffee	101.2	101.2	100.7
其他固体饮料	Other Solid Beverages	102.3	103.6	99.6
饮用水	Drinking Water	99.4	99.5	99.2
果汁饮料	Fruit Juice Beverages	99.3	99.1	99.7
其他液体饮料	Other Liquid Beverages	101.4	102.4	99.9
烟酒	Tobacco, Liquor	100.5	100.5	100.5
卷烟	Tobacco	100.1	100.0	100.2
卷烟	Tobacco	100.1	100.0	100.2
酒类	Liquor	101.8	102.1	101.3
白酒	Distilled Spirit	101.9	102.2	101.4
葡萄酒	Wine	101.3	101.4	99.6
啤酒	Beer	101.5	102.0	100.9
其他酒类	Other Liquors	101.0	101.2	100.3
在外餐饮	Dining Out	102.4	102.6	101.7
餐馆餐饮	Dinner	102.6	102.7	102.2
饮品店餐饮	Fast Food	101.3	101.6	99.9
外卖	Takeaway Food	99.9	99.8	101.1
其他在外餐饮	Local Snacks	105.2	106.7	100.3

4-2 续表 2 Continued

(上年＝100) (preceding year=100)

指　标	Item	全省 Province	城市 Urban Areas	农村 Rural Areas
衣着	**Clothing**	**100.0**	**100.2**	**99.2**
服装	Garments	100.0	100.2	99.3
男式服装	Men's Garment	99.7	100.0	98.9
男式外套	Men's Coat	99.0	99.2	98.4
男式针织衫	Men's Knitwear	101.6	103.3	97.2
男士衬衫T恤	Men's Shirt T-shirts	100.7	100.8	100.1
男士裤子	Men's Trousers	100.4	100.6	99.6
男士内衣	Men's Underwear	98.1	97.1	101.8
女式服装	Women's Dress	100.3	100.6	99.4
女式外套	Women's Overcoat	100.9	101.4	99.1
女式针织衫	Women's Knitwear	99.9	100.5	97.4
女士衬衫T恤	Women's Shirt T-shirts	99.5	99.3	100.4
女士裤子	Women's Trousers	99.7	99.4	100.9
女士裙子	Skirt	101.5	102.2	98.8
女士内衣	Women's Underwear	98.3	97.7	100.6
儿童服装	Children's Garment	99.2	99.1	99.6
婴儿服装	Infants Clothing	99.6	99.2	101.2
儿童上衣	Children's Suits	100.1	100.1	100.2
儿童裤子	Children's Trousers	96.7	96.1	98.9
儿童裙子	Children's Skirt	100.1	100.9	97.5
儿童内衣	Children's Underwear	99.1	98.3	102.2
衣着材料及配件	Clothing Materials & Accessories	100.1	100.2	99.8
袜子	Socks	100.5	100.7	100.0
帽子	Hats	99.5	99.6	99.1
其他衣着材料及配件	Other Clothing Materials & Accessories	99.7	99.6	100.2
衣着服务费	Clothing Service Fee	102.3	102.4	101.6
衣着洗涤保养	Scrubbing Maintenance	102.5	102.6	102.0
其他衣着服务	Other Clothing Service	101.5	101.7	100.9
鞋类	The Footwear	100.0	100.4	99.0
鞋	Shoes	100.0	100.3	99.0
男鞋	Men's Shoes	99.7	99.5	100.1
女鞋	Women's Shoes	100.3	100.9	98.3
童鞋	Children's Shoes	99.6	99.9	98.7
鞋类服务	Footwear Processing Service	105.4	107.4	101.3
鞋类服务	Footwear Processing Service	105.4	107.4	101.3

4-2 续表 3 Continued

(上年＝100) (preceding year=100)

指 标	Item	全 省 Province	城 市 Urban Areas	农 村 Rural Areas
居住	**Residence**	**100.0**	**100.1**	**99.7**
租赁房房租	Tenancy	99.4	99.5	99.3
公房房租	Public Housing Rent	92.8	91.6	100.0
私房房租	Talk Accommodation	100.0	100.2	99.2
住房保养维修及管理	Housing Maintenance and Management	101.5	101.4	101.8
住房装潢材料	Housing Decoration Materials	101.2	100.9	101.8
木地板	Wood Floor	100.2	100.0	100.8
瓷砖	Ceramic Tile	100.9	101.0	100.7
水泥	Cement	103.7	103.2	104.5
涂料	Paint	101.8	102.1	101.5
板材	Board	100.9	99.9	103.3
管材	Pipe	101.9	101.4	103.5
厨卫设备	Kitchen Equipment	100.0	99.5	100.8
门窗	Doors and Windows	101.0	100.8	101.2
其他住房装潢材料	Other Housing Upholstery Materials	103.4	103.4	103.4
住房维修管理费用	Housing Decoration Maintenance	101.9	102.0	101.7
物业管理费	Property Management Fees	100.1	100.1	100.0
装潢维修费	Housing Decoration Maintenance	102.9	103.3	102.2
其他住房费用	Other Housing Expenses	100.1	100.1	100.0
水电燃料	Water, Electricity and Fuels	100.5	100.5	100.4
水	Water	100.1	100.0	100.4
水	Water	100.1	100.0	100.4
电	Electric	100.0	100.0	100.0
电	Electric	100.0	100.0	100.0
燃气	The Fuel Gas	102.0	102.2	101.6
管道燃气	Pipeline Gas	100.0	100.0	100.0
液化石油气	Liquefied Petroleum Gas	104.0	106.2	101.7
其他水电燃料类	Other Hydroelectric Fuels	100.5	100.4	100.9
其他水电燃料类	Other Hydroelectric Fuels	100.5	100.4	100.9
自有住房	Self-owned House	99.6	99.8	99.0
自有住房	Self-owned House	99.6	99.8	99.0
生活用品及服务	**Articles for Daily Use and Services**	**100.4**	**100.2**	**101.0**
家具及室内装饰品	Furniture and Interior Decorations	100.9	100.6	101.6
家具	Furniture	100.9	100.6	101.6
柜	Counters	100.6	100.4	101.5
床	Beds	101.3	100.8	102.8
桌	Desks	102.2	102.4	101.7
椅	Chairs	99.4	98.9	100.8
沙发	Sofas	100.2	100.0	100.5
其他家具	Lamp	102.0	101.4	103.3
室内装饰品	Interior Decorations	101.2	101.3	101.1
灯具	Lamp	101.7	101.8	101.2
其他室内装饰品	Other Interior Decorations	100.1	99.9	100.9

4-2 续表 4 Continued

(上年＝100) (preceding year=100)

指　　标	Item	全　省 Province	城　市 Urban Areas	农　村 Rural Areas
家用器具	Household Appliances	100.6	100.1	102.3
大型家用器具	Large Household Appliances	99.9	99.2	102.1
洗衣机	Washing Machine	101.1	100.4	103.2
电冰箱(柜)	Refrigerator	101.4	99.9	104.2
抽油烟机	Smoke Exhauster	100.1	99.9	100.9
空调器	Air Conditioner	101.7	101.2	102.7
热水器	Shower Heater	100.3	100.0	101.6
炉具灶具	Cooking Stove	98.7	97.8	101.8
吸尘器	Vacuum Cleaner	98.4	98.3	99.6
空气净化器	Air Purifier	97.8	98.0	97.2
净水器	Water Purifier	94.9	94.6	95.8
其他大型家用器具	Other Large Household Appliances	97.3	96.7	99.6
小家电	Small Home Appliance	103.3	103.2	103.7
厨房小家电	Kitchen Appliances	105.0	105.0	105.1
生活小家电	Household Appliance	99.8	99.5	101.2
家用纺织品	Home Textiles	100.5	100.5	100.4
床上用品	Bed Articles	100.7	100.6	100.8
被子	Quilts	102.1	102.4	101.3
床单被套	Bed Sets	100.6	100.5	100.9
其他床上用品	Other Bedding	99.0	98.5	100.2
窗帘门帘	Curtain	99.9	100.2	99.4
窗帘门帘	Curtain	99.9	100.2	99.4
其他家用纺织品	Other Household Textiles	100.0	100.0	100.0
其他家用纺织品	Other Household Textiles	100.0	100.0	100.0
家庭日用杂品	Household Articles for Daily Use	100.2	100.0	100.5
洗涤卫生用品	Washing Sanitary Articles	100.7	100.6	100.8
清洗用品	Cleaning Supplies	101.0	101.3	100.3
清洁用具	Cleaning Appliance	100.6	100.9	99.7
清洁用纸	Cleaning Paper	100.4	100.0	101.3
厨具餐具茶具	Kitchenware Cooking-set Tea-set	98.6	98.9	97.9
厨具	Kitchenware	98.2	98.6	97.4
餐具	Cooking-set	97.2	97.2	97.2
茶具	Tea-set	102.5	102.7	101.9
其他家庭日用杂品	Other Family Daily Sundry Goods	100.1	99.6	101.3
配电附件	The Power Distribution in Attachment	100.4	100.4	100.6
雨具	Rain Gear	100.0	99.7	100.5
其他日用杂品	Other Daily Sundry Goods	100.0	99.0	101.9
个人护理用品	Personal Care Products	99.3	99.4	99.0
化妆品	Cosmetics	98.0	98.2	97.2
清洁化妆品	Cleaning Cosmetics	98.3	98.4	97.5
护肤化妆品	Skin Care Cosmetics	98.4	98.5	97.1
彩妆化妆品	Make-up Cosmetics	96.4	96.4	96.5
化妆器具	Makeup Tools	96.9	96.5	97.7

4-2 续表 5 Continued

(上年＝100) (preceding year=100)

指　　标	Item	全　省 Province	城　市 Urban Areas	农　村 Rural Areas
其他护理用品类	Other Care Products	100.8	101.0	100.4
清洁类护理用品	Cleaning Products	100.7	100.8	100.2
护发美发用品	Hair Care Products	100.5	100.7	99.7
护理器具	Care Tools	99.0	99.2	98.6
其他护理用品	Other Nursing Products	102.2	102.3	101.7
家庭服务	Household Service	102.6	102.6	102.3
家政服务	Housekeeping Service	105.2	105.3	103.2
母婴护理服务	Maternal and Child Care Services	101.9	102.0	100.4
家庭维修服务	Home Maintenance Service	101.3	100.9	102.5
其他家庭服务	Other Home Services	103.8	104.1	101.3
交通通信	**Transport and Communications**	**104.0**	**104.2**	**103.4**
交通	Transport	104.7	105.0	104.1
交通工具	Transport Facility	99.6	99.5	99.7
燃油小汽车	Fuel Car	99.5	99.5	99.5
新能源小汽车	New energy car	98.6	98.6	98.6
电动自行车	Electric Bicycle	101.3	100.6	102.3
自行车	Bicycle	103.2	103.8	101.6
其他交通工具	Other Means of Transport	100.2	100.4	100.2
交通工具使用燃料	Fuels for Transport Facility	117.4	117.4	117.4
汽油	Gasoline	117.6	117.6	117.6
柴油	Diesel Oil	119.5	119.5	119.5
其他车用能源	Other Vehicle Energy	100.8	100.5	101.4
交通工具使用及维修	Use and Maintenance of Transport Facility	102.8	103.3	101.3
停车费	Parking Fee	100.2	100.2	99.3
车辆使用费	Vehicle Usage Fee	100.4	100.0	101.8
交通工具零配件	Vehicle Spare Parts	100.6	100.6	100.5
车辆修理与保养	Vehicle Repair and Maintenance	107.1	109.5	101.7
交通费	Traffic Fee	100.0	100.1	100.0
市内公共交通	City Public Transport	100.5	100.7	99.7
出租汽车	Taxi	100.5	100.2	101.1
飞机票	Plane Ticket	99.0	99.1	97.8
火车票	Train Ticket	100.0	100.0	100.0
长途汽车	Long-distance Coach	100.1	100.3	99.9
网 约 车	Online Car Hailing	100.0	99.7	100.6
交通工具租赁费	Transportation Rental Fee	100.3	100.6	99.6
其他交通费	Other Transportation Expenses	100.0	100.1	99.7
通信	Communication	101.3	101.6	100.6
通信工具	Communication Facility	103.9	104.7	101.5
电话机	Stationary Telephone	104.1	105.0	101.6
其他通信工具及零配件	Other Communication Tools and Spare Parts	99.3	99.2	99.7
通信服务	Communication Service	100.0	100.0	100.1
电话费	Fixed Telephone Fee	100.0	100.0	100.1
家庭宽带服务	Home Broadband Services	100.0	99.9	100.1
其他通信服务	Other Communication Services	100.2	100.2	100.0

4-2 续表 6 Continued

(上年＝100) (preceding year=100)

指　　标	Item	全　省 Province	城　市 Urban Areas	农　村 Rural Areas
邮递服务	Monthly Renting Fee	100.0	100.0	100.0
邮递服务	Monthly Renting Fee	100.0	100.0	100.0
教育文化娱乐	**Education, Culture and Recreation**	**102.4**	**102.6**	**101.9**
教育	Education	101.7	101.7	101.8
教育用品	Education Supplies	100.5	100.2	101.2
工具书	Reference Book	101.3	101.0	102.2
教材	Text-book	100.0	99.9	100.1
参考资料	The Resources	101.1	100.4	102.8
其他教育用品	Other Educational Supplies	99.7	100.0	99.0
教育服务	Education Services	101.7	101.7	101.8
幼儿早期教育	Early Childhood Education	100.2	100.2	100.6
学前教育	Pre-school Education	102.5	101.4	105.3
小学初中教育	Elementary School and Junior High School Education	104.0	103.2	105.3
高中中职教育	High School and Secondary Vocational Education	99.9	100.1	99.5
高等教育	Higher Education	101.5	101.9	100.6
课外教育	Extracurricular Education	102.6	102.8	101.0
专业技能培训	Technical Training	101.7	102.5	99.6
其他教育服务	Other Educational Services	100.4	100.4	100.4
文化娱乐	Cultural Entertainment	104.1	104.6	102.0
文娱耐用消费品	Durable Consumer Goods for Recreational	101.7	101.5	102.2
电视机	Television	103.8	104.0	103.2
照相机	Camera	100.0	100.2	98.8
台式计算机	Desktop Computer	101.0	100.8	101.9
笔记本电脑	Portable Computer	100.4	99.7	102.3
平板电脑	Tablet Computer	99.7	99.6	100.1
乐器	Musical Instrument	102.1	102.4	100.0
音响	Audio	99.8	99.3	102.0
可穿戴智能设备	Wearable Smart Devices	100.7	100.5	102.3
其他文娱耐用消费品	Other Rrecreational Consumer Durables	102.7	103.6	99.0
其他文娱用品	Other Entertainment Products	101.3	101.4	101.1
书报杂志及音像制品	Books, Magazines and Audio-visual Products	100.1	100.0	100.6
纸张文具	Paper Stationery	101.4	101.8	100.5
体育户外用品	Sports Outdoor Goods	100.7	100.5	101.6
游戏用品和玩具	Game Supplies and Toys	100.8	101.3	98.9
园艺花卉及用品	Gardening Flowers and Articles	107.0	107.5	104.3
宠物及用品	Pets and Supplies	101.3	100.2	103.4
其他文化娱乐用品	Other Cultural and Recreational Items	100.5	100.0	101.2
文化娱乐服务	Cultural and Recreational Services	110.1	111.3	103.8
电影及演出票	Movie and Show Tickets	103.8	103.7	105.7
景点门票	Attractions Tickets	136.2	138.4	117.7
电视服务	TV Service	100.0	100.0	100.0
健身活动	Healthy Activities	100.1	100.1	100.3

4-2 续表 7 Continued

(上年＝100) (preceding year=100)

指标	Item	全省 Province	城市 Urban Areas	农村 Rural Areas
宠物服务	Pet Service	101.0	100.8	102.2
网络文娱服务	Online Entertainment Services	101.6	101.0	103.9
儿童娱乐项目	Children's Entertainment	100.0	99.9	100.3
其他文娱服务	Other Entertainment Services	100.6	100.6	100.5
旅游	Tourism	103.7	103.9	102.3
旅行社收费	Travel Agency Charges	104.6	104.9	102.8
其他旅游	Other Travel Charges	100.6	100.6	99.6
医疗保健	**Medicine**	**100.1**	**99.6**	**101.3**
药品及医疗器具	Medicines and Medical Devices	98.8	98.7	99.2
中药	Traditional Chinese Medicine	100.9	100.5	101.5
中药材	Chinese Herbal Material	101.1	100.8	101.6
中成药	Chinese Patent Drugs	100.8	100.4	101.5
西药	Western Medicine	98.7	98.4	99.2
抗微生物药	Antimicrobial Agents	99.9	100.1	99.5
消化系统用药	Digestive System	100.9	101.8	98.7
呼吸系统用药	Respiratory System	100.7	101.5	100.1
解热镇痛药	Antipyretic Analgesics	100.2	101.5	98.2
抗肿瘤药	Antineoplastic Agents	87.0	84.1	99.8
激素及影响内分泌药	Hormones and Endocrine Agents	99.9	99.4	100.7
心血管系统用药	Cardiovascular System	96.1	95.2	97.7
血液系统用药	Blood System Medication	99.8	100.2	99.1
治疗精神障碍药	Drugs for the Treatment of Mental Disorders	101.8	101.7	102.2
神经系统用药	Drugs for Nervous System	100.7	101.2	100.1
泌尿系统用药	Urinary System Drugs	100.3	103.4	95.1
维生素、矿物质类药	Vitamin	99.3	99.1	99.6
调节水、电解质及酸碱平衡药	Adjust Water, Electrolyte and Acid-base Balance	102.4	103.4	100.8
其他西药	Other Western Medicine	100.6	101.0	99.6
滋补保健品	Tonic and Healthy Goods	98.8	98.7	99.3
滋补保健品	Tonic and Healthy Goods	98.8	98.7	99.3
医疗卫生器具	Medical Appliance	95.3	96.4	90.7
医疗卫生器具	Medical Appliance	95.3	96.4	90.7
保健器具	Healthy Appliance	100.2	100.2	100.2
保健器具	Healthy Appliance	100.2	100.2	100.2
医疗服务	Medical Services	100.6	100.0	101.9
综合医疗类	Integrated Medical Services	100.7	100.0	102.2
一般医疗服务	General Medical Services	100.2	100.0	100.5
一般治疗操作	General Therapeutic Operation	100.0	100.0	100.0
护理	Nursing	100.7	100.0	102.2
其他综合医疗服务	Other Integrated Medical Services	103.5	99.7	111.1
诊断类	Diagnosis of Class	101.1	99.9	103.5
病理学诊断	Pathological Diagnosis	99.7	100.0	99.0
实验室诊断	Laboratory Diagnosis	101.8	100.0	105.4
影像学诊断	Imaging Diagnosis	100.9	99.8	103.1
临床诊断	Clinical Diagnosis	100.4	100.0	101.1

4-2 续表 8 Continued

(上年=100) (preceding year=100)

指　标	Item	全省 Province	城市 Urban Areas	农村 Rural Areas
治疗类	Treatment of Class	99.8	100.0	99.5
临床手术治疗	Clinical Surgical Treatment	99.7	100.0	99.0
临床非手术治疗	Clinical Non-surgical Treatment	100.0	100.0	100.0
康复类	Rehabilitation Class	100.0	100.0	100.0
康复医疗	Rehabilitation Medical	100.0	100.0	100.0
中医医疗服务类	TCM Medical Services	99.8	100.0	99.3
中医治疗	TCM Treatment	99.8	100.0	99.3
其他医疗保健服务	Other Medical Services	100.0	100.0	100.0
其他医疗保健服务	Other Medical Services	100.0	100.0	100.0
其他用品及服务	**Other Supplies and Services**	**97.7**	**97.5**	**98.4**
其他用品	Other Supplies	98.4	97.7	100.2
首饰手表	Jewelry and Watches	98.3	97.3	101.3
金饰品	Gold Ornaments	95.9	94.0	101.2
银饰品	Silver Ornaments	99.5	100.4	96.9
铂金饰品	Platinum Ornaments	107.0	108.2	103.7
手表	Watches	99.3	98.9	100.9
母婴用品	Maternal and Child Supplies	98.3	98.2	98.7
母婴洗护喂养用品	Maternal and Infant Care and Feeding Supplies	99.1	99.0	99.6
其他母婴用品	Other Maternity and Baby Products	96.5	96.6	96.1
其他杂项用品	Other Miscellaneous Goods	98.5	97.9	100.2
箱包	Luggage and Bags	97.4	96.8	99.5
眼镜	Glasses	100.5	100.2	101.0
其他服务	Other Service Classes	97.0	97.2	96.2
在外住宿	Hotel Accommodation	101.6	101.8	100.5
宾馆住宿	Hotel	101.7	101.8	100.9
其他住宿	Other	101.4	101.7	99.5
美容美发洗浴	Making-up Hair Salon Bathing	101.3	101.6	100.1
美容	Making-up	98.4	98.1	99.9
美发	Hair Salon	102.2	102.6	100.5
洗浴	Bathing	105.8	107.1	99.3
养老服务	Pension Service	100.7	100.5	101.5
养老服务	Pension Service	100.7	100.5	101.5
金融及保险服务	Finance and Insurance	94.1	94.4	93.3
金融服务	Financial Services	100.0	100.0	100.0
车辆保险	Vehicle Insurance	87.2	87.2	87.2
旅行保险	Travel Insurance	100.0	100.0	100.0
其他保险	Other Insurance	100.3	100.3	100.4
中介法律及其他服务	Other Service Classes	100.0	100.0	100.0
中介服务	Intermediary Service	100.0	99.9	100.0
法律服务	Other Services	100.0	100.0	100.0
其他杂项服务	Other Services	100.0	100.0	100.0

4-3 分月居民消费价格指数(2021年)

(上年同月=100)

指　标	Item	1月 January	2月 February	3月 March
居民消费价格总指数	**Consumer Price Index**	**98.9**	**98.2**	**98.4**
非食品烟酒价格指数	**Non-food Tobacco and Alcohol Price Index**	**98.1**	**98.8**	**99.5**
服务价格指数	**Items of Service Price Index**	**97.9**	**98.4**	**98.6**
工业品价格指数	**Industrial Product Price Index**	**98.4**	**99.3**	**100.8**
消费品价格指数	**Consumable Price Index**	**99.6**	**98.0**	**98.3**
扣除食品和能源价格指数	**Deduction Food and Energy Price Index**	**98.9**	**99.2**	**99.3**
扣除鲜菜鲜果总指数	**Deduction Fresh Vegetables Fresh Fruit General Index**	**98.6**	**98.3**	**98.7**
食品烟酒	**Food, Tobacco and Liquor**	**100.9**	**96.6**	**95.7**
食品	Food	100.9	94.4	92.9
粮食	Grain	100.7	100.4	100.4
大米	Rice	100.3	100.1	100.0
面粉	Flour	101.3	100.4	100.0
其他粮食	Other Grains	102.4	102.9	102.6
粮食制品	Grain Products	101.4	100.9	101.2
薯类	Tubers	97.5	85.3	85.5
薯类	Tubers	97.5	85.3	85.5
豆类	Beans	106.7	105.7	104.7
干豆	Dried Beans	103.5	103.5	104.0
豆制品	Bean Products	107.2	106.0	104.8
食用油	Edible Oil and Fats	103.7	105.6	107.6
食用植物油	Edible Vegetable Oil	103.7	105.8	108.1
食用动物油	Edible Animal Oil	104.4	101.0	97.9
菜及食用菌	Edible Mushrooms	114.0	94.1	88.5
鲜菜	Fresh Vegetables	115.7	94.0	87.8
鲜菌	Fresh Mushrooms	97.4	84.9	84.4
干菜干菌及制品	Dried Vegetables and Vegetable Products	100.9	101.0	101.0
畜肉类	Meal, Poultry and Processed Products	97.6	84.3	80.3
猪肉	Pork	94.1	75.6	69.9
牛肉	Beef	103.5	100.5	98.6
羊肉	Mutton	103.3	101.2	100.3
其他畜肉及副产品	Other Meat and By-Products	103.3	99.5	96.6
畜肉制品	Animal By-products	103.4	101.9	101.0
禽肉类	Poultry	91.3	89.3	88.7
鸡	Chicken	87.0	84.4	83.6
鸭	Duck	90.2	88.9	88.1
其他禽肉及制品	Other Poultry Meat and Products	101.1	100.6	100.5
水产品	Aquatic Products	102.5	105.2	105.9
淡水鱼	Fish in Fresh Water	107.9	111.5	113.4
海水鱼	Fish in Sea Water	94.5	94.1	94.2
虾蟹类	Decapod Crustacean	96.2	99.7	97.2
其他水产品及制品	Other Aquatic Products and Products	101.2	100.3	100.2
蛋类	Eggs	93.4	90.9	88
鸡蛋	Chicken's Eggs	93.9	90.9	87.5
其他蛋及制品	Other Eggs and Products	90.2	90.7	91.3

Consumer Price Indices by Month(2021)

(same month of preceding year=100)

4 月 April	5 月 May	6 月 June	7 月 July	8 月 August	9 月 September	10 月 October	11 月 November	12 月 December
99.6	**101.0**	**101.1**	**100.6**	**100.6**	**100.7**	**101.4**	**102.2**	**101.5**
100.1	**101.2**	**101.6**	**101.9**	**101.9**	**102.2**	**102.7**	**102.7**	**102.3**
98.9	**100.7**	**101.2**	**101.6**	**102.0**	**102.1**	**102.3**	**102.2**	**102.2**
101.6	**101.9**	**102.2**	**102.3**	**101.8**	**102.3**	**103.2**	**103.3**	**102.5**
100.0	**101.2**	**101.0**	**100.0**	**99.7**	**99.9**	**100.8**	**102.2**	**101.0**
99.6	**100.6**	**101.0**	**101.2**	**101.3**	**101.5**	**101.7**	**101.5**	**101.6**
99.7	**100.9**	**100.9**	**100.7**	**100.7**	**100.8**	**101.4**	**101.9**	**101.4**
98.3	**100.4**	**99.8**	**97.5**	**97.4**	**97.2**	**98.1**	**100.9**	**99.3**
96.7	99.9	98.6	95.0	95.0	94.5	95.9	100.2	97.6
100.8	100.6	100.9	101.0	101.0	100.9	101.0	101.4	101.5
100.2	100.2	100.5	100.6	100.6	100.6	100.6	101.2	100.9
100.4	100.2	100.4	100.5	100.5	100.1	100.0	100.3	101.5
102.5	102.2	101.8	101.4	101.4	101.2	101.5	101.6	101.5
102.4	101.5	102.1	102.3	102.4	102.3	102.5	102.5	103.3
91.6	94.4	93.4	92.6	99.3	101.4	103.8	109.3	109.1
91.6	94.4	93.4	92.6	99.3	101.4	103.8	109.3	109.1
106.1	106.6	106.9	106.6	106.0	105.9	104.6	104.4	104.1
103.8	103.2	102.6	102.1	101.1	101.0	101.0	100.9	101.1
106.4	107.2	107.6	107.2	106.7	106.7	105.1	104.9	104.6
108.0	108.4	108.6	109.3	108.9	110.8	111.5	111.4	111.0
108.5	109.1	109.6	110.7	110.3	112.7	113.6	113.5	113.0
98.2	95.9	89.6	83.0	80.5	75.8	71.9	73.5	72.7
95.2	105.2	106.7	90.9	93.3	96.2	102.7	116.9	105.0
94.9	106.0	107.7	90.0	92.5	95.6	102.4	118.6	105.5
93.6	96.3	96.9	94.9	97.8	103.1	112.7	105.3	94.8
101.1	101.0	101.0	100.3	100.0	100.9	101.4	102.9	104.2
83.0	84.9	77.2	71.2	71.5	69.4	72.0	80.5	76.9
72.5	74.1	62.7	55.9	57.1	54.5	58.2	71.0	65.4
100.6	102.4	103.6	103.4	102.4	101.3	100.9	100.8	100.6
100.9	101.1	101.3	101.2	101.5	101.3	101.1	103.0	101.6
97.0	96.2	89.8	81.6	78.9	75.2	73.5	76.9	77.3
101.2	101.5	102.1	101.9	101.9	101.2	100.6	101.7	101.8
90.1	92.6	94.1	94.8	94.1	95.4	95.8	97.2	97.2
85.2	88.6	90.4	91.4	90.3	92.1	92.3	94.2	94.1
90.1	92.6	95.0	95.7	95.7	96.6	97.0	97.7	98.0
100.7	100.9	101.3	101.3	101.1	101.5	102.2	102.8	102.8
118.3	125.1	124.2	121.5	118.0	114.4	113.1	113.7	113.1
136.9	147.2	144.2	138.3	132.1	124.9	121.4	122.3	120.5
95.9	99.7	100.2	98.3	96.6	97.9	101.7	105.7	108.0
96.5	97.1	97.1	99.4	101	103.8	104.3	102.2	101.1
101.3	102.2	102.4	102.6	102.3	102.4	102.3	102.2	102.6
97.3	106.1	113.3	114.9	113.3	110.9	110	114.5	112.9
97.8	107.8	116.3	117.3	115	112.1	111	115.8	113.9
94.5	95.9	96.3	100.5	102.2	103.3	103.9	105.7	106

4-3 续表 1

(上年同月=100)

指　　标	Item	1 月 January	2 月 February	3 月 March
奶类	Milk	100.9	100.8	101.0
鲜奶	Fresh Milk	101.3	101.5	102.2
酸奶	Yogurt	101.3	100.9	101.3
奶粉	Milk Powder	100.6	100.4	100.4
其他奶制品	Other Milk Products	101.1	101.3	101.3
干鲜瓜果类	Dried and Fresh Melons and Fruits	97.9	95.6	97.6
鲜瓜果	Fresh Fruits	97.4	94.9	97.1
坚果	Nuts	100.1	98.9	99.9
瓜果制品	Melon and Fruit Products	100.5	99.9	101.3
糖果糕点类	Confectionery	100.4	100.0	99.8
食糖	Sugar	99.8	99.5	99.4
糖果	Candy	101.4	100.8	101.3
糕点	Pastry	99.9	99.4	99.1
其他糖果糕点	Other Confectionery	102.7	102.5	102.6
调味品	Flavoring	102.7	102.2	101.9
食用盐	Salt	100.1	100.2	100.3
酱油	Soy Sauce	101.1	100.4	99.8
食醋	Vinegar	104.2	103.0	102.9
增味剂	Bechamel	101.8	100.7	101.0
其他调味品	Monosodium Glutamate	103.9	104.0	103.5
其他食品类	Other Food Categories	100.5	100.1	100.3
方便食品	Convenience Foods	100.0	99.7	100.2
淀粉及制品	Starch and Products	101.7	101.5	101.3
其他食品	Puffed Food	101.0	100.4	100.3
茶及饮料	Tea and Beverages	99.5	99.3	99.5
茶叶	Tea	100.2	100.1	100.4
固体咖啡	Solid Coffee	101.4	101.3	101.4
其他固体饮料	Other Solid Beverages	100.2	100.3	100.3
饮用水	Drinking Water	98.0	97.8	97.9
果汁饮料	Fruit Juice Beverages	100.6	99.4	99.0
其他液体饮料	Other Liquid Beverages	99.3	99.1	99.5
烟酒	Tobacco, Liquor	100.4	100.3	100.4
卷烟	Tobacco	100.1	100.0	100.0
卷烟	Tobacco	100.1	100.0	100.0
酒类	Liquor	101.1	100.9	101.5
白酒	Distilled Spirit	101.2	101.0	101.6
葡萄酒	Wine	100.7	100.6	100.6
啤酒	Beer	100.5	100.7	100.9
其他酒类	Other Liquors	101.3	101.0	101.3
在外餐饮	Dining Out	101.2	102.0	101.9
餐馆餐饮	Dinner	101.5	101.9	101.8
饮品店餐饮	Fast Food	100.8	100.7	100.8
外卖	Takeaway Food	99.9	100.2	100.4
其他在外餐饮	Local Snacks	101.4	105.3	105.2

Continued

(same month of preceding year=100)

4 月 April	5 月 May	6 月 June	7 月 July	8 月 August	9 月 September	10 月 October	11 月 November	12 月 December
102.0	102.4	101.8	102.4	101.9	102.5	103.2	102.7	102.7
104.1	105.0	105.4	104.5	103.9	103.9	105.1	105.6	105.2
101.1	101.0	101.3	101.5	102.1	102.1	101.7	100.4	100.2
101.3	101.7	100.5	101.7	101.1	102.0	102.8	102.2	102.3
101.1	101.0	101.2	101.5	101.2	101.0	100.8	101.0	100.9
100.7	102.1	104.5	105.9	106.5	104.3	101.2	100.3	100.1
100.9	102.7	105.8	107.7	108.3	105.4	101.4	100.2	100.0
99.6	98.8	98.6	98.2	98.9	99.1	100.3	100.7	100.5
100.7	100.8	100.3	100.3	100.1	101.2	101.0	101.3	101.2
99.8	99.9	100.3	100.6	100.2	100.3	101.1	101.3	102.0
98.4	98.9	100.1	100.0	99.7	99.8	102.1	103.8	102.5
101.6	101.1	100.5	100.2	99.5	100.3	99.8	99.1	99.6
99.3	99.5	99.9	100.3	99.9	100.0	100.9	101.3	102.4
101.9	101.8	102.3	102.3	102.6	102.1	102.2	102.1	101.5
101.7	101.8	102.3	101.6	101.4	101.9	102.8	102.7	102.8
100.8	100.9	101.0	100.8	101.0	102.0	104.3	111.2	111.1
100.6	100.1	100.6	99.0	99.6	99.5	100.4	99.9	100.4
102.7	103.2	103.9	102.6	102.8	103.3	103.9	101.1	100.7
100.1	100.5	100.3	100.5	99.9	100.4	100.6	100.9	101.0
102.8	102.9	103.6	103.4	102.5	103.5	104.4	104.2	104.4
100.0	100.0	101.1	101.0	101.5	102.2	102.3	103.0	103.6
99.8	99.7	101.0	101.0	101.8	103.0	103.1	103.9	104.8
100.6	100.7	100.7	100.7	100.1	100.1	100.5	100.0	100.1
100.2	100.3	101.2	101.1	101.2	101.4	101.4	102.2	102.4
99.9	100.6	101.9	101.6	101.8	102.0	101.8	101.9	102.3
100.8	100.6	100.6	100.9	100.7	102.2	102.9	102.6	102.3
101.5	101.7	102.1	101.5	100.9	100.6	100.8	100.7	100.4
101.6	101.7	102.3	102.3	102.5	102.6	103.5	104.5	105.3
98.1	99.9	100.9	99.6	100.8	100.2	99.4	99.9	100.1
98.3	97.9	98.6	99.8	99.4	99.3	99.5	99.8	99.6
99.9	100.8	103.2	102.7	102.8	102.8	102.0	102.2	103.0
100.4	100.5	100.5	100.4	100.4	100.5	100.5	100.9	101.0
100.0	100.0	100.1	100.1	100.0	100.0	100.0	100.1	100.1
100.0	100.0	100.1	100.1	100.0	100.0	100.0	100.1	100.1
101.6	101.6	101.7	101.3	101.5	102.0	101.9	103.0	103.5
101.8	101.5	101.9	101.5	101.7	102.1	101.9	103.3	103.9
100.6	100.1	100.1	99.6	100.0	101.6	102.9	104.4	104.1
100.4	102.0	101.2	100.8	101.3	102.0	102.7	103.1	102.8
101.6	101.8	100.6	100.7	100.9	100.6	100.8	100.5	100.5
102.0	102.0	102.5	103.0	102.8	103.0	102.8	102.9	103.0
101.9	102.0	102.6	103.2	103.1	103.4	103.1	103.3	103.4
100.7	100.7	102.0	101.7	101.7	101.7	101.7	101.7	101.7
100.5	100.0	100.3	100.2	99.4	99.1	99.7	99.6	100.0
105.5	105.3	105.5	105.7	106.0	106.0	106.0	105.5	105.2

4-3 续表 2

(上年同月=100)

指 标	Item	1 月 January	2 月 February	3 月 March
衣着	**Clothing**	**98.6**	**98.5**	**99.2**
服装	Garments	98.8	98.7	99.4
男式服装	Men's Garment	98.5	98.3	99.4
男式外套	Men's Coat	98.3	97.8	99.2
男式针织衫	Men's Knitwear	101.2	100.7	100.5
男士衬衫T恤	Men's Shirt T-shirts	99.1	99.2	100.2
男士裤子	Men's Trousers	97.2	97.9	99.1
男士内衣	Men's Underwear	98.9	97.8	97.7
女式服装	Women's Dress	99.2	99.1	99.7
女式外套	Women's Overcoat	100.2	99.9	100.5
女式针织衫	Women's Knitwear	97.7	97.6	97.7
女士衬衫T恤	Women's Shirt T-shirts	96.9	97.1	98.6
女士裤子	Women's Trousers	99.0	99.5	101.0
女士裙子	Skirt	98.9	98.8	98.9
女士内衣	Women's Underwear	99.8	99.1	98.8
儿童服装	Children's Garment	97.6	97.6	98.0
婴儿服装	Infants Clothing	97.9	98.4	98.8
儿童上衣	Children's Suits	98.0	98.0	98.5
儿童裤子	Children's Trousers	98.6	98.5	98.9
儿童裙子	Children's Skirt	95.0	94.9	95.3
儿童内衣	Children's Underwear	97.9	97.8	98.4
衣着材料及配件	Clothing Materials & Accessories	100.2	100.2	99.5
袜子	Socks	100.1	100.2	99.2
帽子	Hats	101.0	100.8	100.4
其他衣着材料及配件	Other Clothing Materials & Accessories	99.8	99.8	99.3
衣着服务费	Clothing Service Fee	101.1	102.2	101.5
衣着洗涤保养	Scrubbing Maintenance	101.5	102.7	101.7
其他衣着服务	Other Clothing Service	99.8	100.9	100.9
鞋类	The Footwear	97.5	97.5	98.0
鞋	Shoes	97.5	97.4	98.0
男鞋	Men's Shoes	98.0	98.0	98.7
女鞋	Women's Shoes	97.0	97.0	97.5
童鞋	Children's Shoes	98.1	97.5	98.3
鞋类服务	Footwear Processing Service	102.7	105.6	103.2
鞋类服务	Footwear Processing Service	102.7	105.6	103.2

Continued

(same month of preceding year=100)

4 月 April	5 月 May	6 月 June	7 月 July	8 月 August	9 月 September	10 月 October	11 月 November	12 月 December
99.3	**99.8**	**99.9**	**100.1**	**99.5**	**101.1**	**101.3**	**101.4**	**101.1**
99.4	99.8	99.9	100.2	99.5	101.0	101.2	101.2	100.9
99.0	99.3	99.5	100.0	99.3	100.6	100.5	101.3	101.0
98.8	98.0	98.4	98.6	98.8	99.8	99.4	100.8	100.6
100.9	100.5	100.8	100.7	100.7	103.5	103.8	103.4	102.6
99.7	103.9	103.7	105.0	99.1	99.3	99.3	99.5	99.4
98.7	98.5	98.7	99.9	100.2	103.5	104.0	103.8	103.3
97.4	97.6	97.7	97.9	98.4	98.3	98.4	98.7	97.8
99.7	100.1	100.1	100.5	99.6	101.5	101.9	101.4	101.0
100.9	99.9	100.0	100.1	100.2	102.7	102.4	102.3	101.6
98.8	98.4	98.6	98.8	99.2	101.6	104.0	103.1	102.9
98.3	100.8	101.3	102.6	99.0	100.4	100.4	99.5	99.3
99.9	97.5	97.6	98.8	99.6	101.8	101.4	100.2	100.3
98.8	106.1	105.3	105.8	99.5	100.0	102.3	101.9	101.7
98.3	97.8	97.5	97.2	98.0	98.3	98.5	98.4	97.9
98.3	99.3	99.5	99.4	99.2	100.3	100.3	100.6	100.5
99.5	99.2	99.4	99.2	99.3	100.7	99.9	101.2	102.3
99.9	99.5	99.5	99.3	99.4	102.3	102.6	102.4	102.0
96.9	97.1	97.1	96.9	95.8	94.9	94.8	95.7	95.3
95.4	101.6	102.3	102.7	103.0	102.6	103.1	103.1	103.1
98.9	99.7	99.6	99.9	100.0	100.0	99.1	98.9	99.0
100.2	100.2	100.6	100.4	100.0	99.9	99.7	100.1	100.1
100.2	100.1	101.3	101.5	100.8	100.8	100.4	100.9	100.9
101.0	101.0	99.9	98.9	98.5	98.2	98.1	98.2	98.3
99.7	99.7	99.7	99.6	99.5	99.6	99.8	100.0	100.2
101.6	101.7	102.7	102.6	102.7	103.0	103.1	103.1	102.1
101.7	101.7	103.1	103.2	103.2	103.1	103.2	103.2	102.0
101.3	101.4	101.6	100.8	101.2	102.6	102.6	102.6	102.5
99.3	99.8	100.0	99.6	99.6	101.9	102.3	102.3	102.3
99.2	99.8	100.0	99.6	99.5	101.9	102.3	102.3	102.3
99.5	99.4	99.5	99.2	98.9	101.1	101.5	101.4	100.7
99.3	100.2	100.3	99.9	99.9	102.8	103.3	103.2	103.2
98.6	99.3	99.9	99.2	99.5	100.1	100.5	101.2	102.4
103.9	106.4	106.4	106.4	105.8	105.8	106.1	106.3	106.3
103.9	106.4	106.4	106.4	105.8	105.8	106.1	106.3	106.3

4-3 续表 3

(上年同月＝100)

指　标	Item	1 月 January	2 月 February	3 月 March
居住	**Residence**	**97.1**	**97.3**	**97.8**
租赁房房租	Tenancy	96.2	96.4	96.9
公房房租	Public Housing Rent	84.4	84.4	84.4
私房房租	Talk Accommodation	97.3	97.5	98.0
住房保养维修及管理	Housing Maintenance and Management	100.4	100.4	100.6
住房装潢材料	Housing Decoration Materials	99.6	99.6	99.9
木地板	Wood Floor	99.7	99.6	99.6
瓷砖	Ceramic Tile	99.1	99.2	99.2
水泥	Cement	99.8	99.7	99.7
涂料	Paint	100.7	100.7	101.3
板材	Board	100.2	100.5	100.5
管材	Pipe	100.3	100.3	101.4
厨卫设备	Kitchen Equipment	98.5	98.6	98.5
门窗	Doors and Windows	99.4	99.3	100.0
其他住房装潢材料	Other Housing Upholstery Materials	99.6	99.6	100.1
住房维修管理费用	Housing Decoration Maintenance	101.4	101.4	101.5
物业管理费	Property Management Fees	100.0	100.0	100.0
装潢维修费	Housing Decoration Maintenance	102.1	102.2	102.3
其他住房费用	Other Housing Expenses	100.0	100.0	100.1
水电燃料	Water, Electricity and Fuels	99.6	99.5	99.5
水	Water	100.3	100.3	100.3
水	Water	100.3	100.3	100.3
电	Electric	100.0	100.0	100.0
电	Electric	100.0	100.0	100.0
燃气	The Fuel Gas	98.0	97.5	97.5
管道燃气	Pipeline Gas	100.0	100.0	100.0
液化石油气	Liquefied Petroleum Gas	96.2	95.1	95.0
其他水电燃料类	Other Hydroelectric Fuels	**99.8**	**99.9**	**100.0**
其他水电燃料类	Other Hydroelectric Fuels	99.8	99.9	100.0
自有住房	Self-owned House	96.0	96.3	96.9
自有住房	Self-owned House	96.0	96.3	96.9
生活用品及服务	**Articles for Daily Use and Services**	100.0	99.7	99.8
家具及室内装饰品	Furniture and Interior Decorations	99.1	100.3	100.5
家具	Furniture	99.0	100.3	100.5
柜	Counters	99.8	100.3	100.5
床	Beds	99.2	100.7	100.9
桌	Desks	99.6	102.4	102.5
椅	Chairs	98.1	98.1	98.5
沙发	Sofas	97.9	99.4	99.6
其他家具	Lamp	99.6	101.3	101.6
室内装饰品	Interior Decorations	100.4	100.5	100.4
灯具	Lamp	100.4	100.4	100.4
其他室内装饰品	Other Interior Decorations	100.3	100.7	100.3

Continued

(same month of preceding year=100)

4 月 April	5 月 May	6 月 June	7 月 July	8 月 August	9 月 September	10 月 October	11 月 November	12 月 December
97.9	**100.2**	**101.3**	**101.5**	**101.3**	**101.2**	**101.6**	**101.5**	**101.5**
97.0	99.4	101.2	101.5	101.4	101.2	101.0	100.8	100.7
84.4	84.4	100.0	100.0	100.0	100.0	100.0	100.0	100.0
98.2	100.8	101.3	101.7	101.5	101.2	101.1	100.9	100.8
100.5	100.6	100.7	100.8	100.8	102.3	103.3	104.0	104.0
100.1	100.5	100.8	100.9	100.8	101.2	103.1	104.0	104.1
99.5	99.4	99.6	99.6	99.6	99.9	101.8	102.0	102.3
99.3	99.4	100.0	99.8	100.0	101.2	104.1	104.4	105.0
100.2	100.4	100.7	99.9	100.1	101.7	116.4	114.1	111.7
101.5	102.1	101.8	101.8	101.7	101.9	102.9	102.8	103.0
100.5	100.7	100.7	100.9	100.8	100.5	101.8	101.8	101.9
101.5	101.5	101.6	101.7	101.7	101.7	103.6	103.6	103.6
98.8	100.0	100.1	100.2	100.0	100.6	101.3	101.8	102.0
100.4	100.4	101.2	101.3	101.0	101.4	102.0	102.7	102.8
100.8	102.0	102.7	102.9	103.4	103.3	104.1	111.2	111.0
101.0	100.7	100.6	100.6	100.7	103.6	103.6	103.9	103.8
100.0	100.1	100.1	100.1	100.1	100.1	100.1	100.1	100.1
101.6	101.1	100.9	100.9	101.1	105.5	105.5	105.9	105.8
100.1	100.1	100.1	100.1	100.1	100.1	100.1	100.1	100.1
99.7	99.8	99.9	100.3	100.4	100.5	102.2	102.0	102.1
100.0	100.0	100.0	100.0	100.0	100.0	100.0	100.0	100.0
100.0	100.0	100.0	100.0	100.0	100.0	100.0	100.0	100.0
100.0	100.0	100.0	100.0	100.0	100.0	100.0	100.0	100.0
100.0	100.0	100.0	100.0	100.0	100.0	100.0	100.0	100.0
98.6	99.0	99.5	101.6	102.1	102.4	109.8	109.2	109.5
100.0	100.0	100.0	100.0	100.0	100.0	100.0	100.0	100.0
97.3	98.1	99.0	103.2	104.2	104.9	119.9	118.7	119.3
100.0	**100.0**	**100.1**	**100.1**	**100.1**	**100.1**	**102.1**	**102.0**	**102.2**
100.0	100.0	100.1	100.1	100.1	100.1	102.1	102.0	102.2
97.0	100.3	101.8	101.9	101.6	101.2	101.1	101.0	101.0
97.0	100.3	101.8	101.9	101.6	101.2	101.1	101.0	101.0
100.2	100.1	100.1	100.1	100.9	101.0	101.3	100.5	101.0
100.2	100.4	100.8	100.5	100.9	101.7	101.9	101.7	102.6
100.2	100.4	100.8	100.5	101.0	101.6	101.8	101.5	102.6
100.6	100.6	100.9	100.8	100.7	100.7	100.7	100.4	101.4
99.7	100.0	100.9	101.0	101.5	102.7	103.2	102.4	103.1
102.6	102.8	102.9	101.7	101.8	102.3	102.7	102.4	103.3
98.5	98.4	98.2	98.5	101.1	101.2	101.2	100.8	100.8
99.5	99.8	100.2	99.7	100.0	100.6	101.1	101.3	103.0
101.3	101.5	101.5	101.6	102.3	103.4	103.2	102.6	103.5
100.4	100.6	100.6	100.4	100.6	102.8	102.8	102.7	102.4
100.5	100.8	100.7	100.6	100.8	103.9	104.0	103.8	103.6
100.2	100.2	100.2	99.9	100.1	100.1	99.9	100.1	99.6

4-3 续表 4

(上年同月=100)

指标	Item	1月 January	2月 February	3月 March
家用器具	Household Appliances	98.4	98.7	98.8
大型家用器具	Large Household Appliances	97.1	97.3	97.6
洗衣机	Washing Machine	97.0	97.0	96.9
电冰箱(柜)	Refrigerator	98.9	99.0	99.7
抽油烟机	Smoke Exhauster	98.2	98.4	98.2
空调器	Air Conditioner	96.6	96.7	98.2
热水器	Shower Heater	98.4	98.0	97.9
炉具灶具	Cooking Stove	99.5	99.2	98.1
吸尘器	Vacuum Cleaner	97.3	96.5	92.9
空气净化器	Air Purifier	100.1	99.1	98.9
净水器	Water Purifier	95.2	97.5	97.6
其他大型家用器具	Other Large Household Appliances	94.6	94.8	95.0
小家电	Small Home Appliance	103.4	104.4	103.2
厨房小家电	Kitchen Appliances	106.6	106.5	104.6
生活小家电	Household Appliance	97.1	100.1	100.4
家用纺织品	Home Textiles	100.3	100.3	100.1
床上用品	Bed Articles	100.6	100.5	100.3
被子	Quilts	101.1	101.1	101.3
床单被套	Bed Sets	100.9	100.8	101.0
其他床上用品	Other Bedding	99.5	99.2	97.8
窗帘门帘	Curtain	99.7	99.7	99.8
窗帘门帘	Curtain	99.7	99.7	99.8
其他家用纺织品	Other Household Textiles	99.7	99.7	99.8
其他家用纺织品	Other Household Textiles	99.7	99.7	99.8
家庭日用杂品	Household Articles for Daily Use	100.3	100.1	99.9
洗涤卫生用品	Washing Sanitary Articles	101.4	101.2	101.0
清洗用品	Cleaning Supplies	102.7	102.4	101.0
清洁用具	Cleaning Appliance	100.5	100.8	101.4
清洁用纸	Cleaning Paper	100.5	100.4	100.9
厨具餐具茶具	Kitchenware Cooking-set Tea-set	96.5	96.2	96.1
厨具	Kitchenware	98.5	93.6	94.2
餐具	Cooking-set	94.7	99.1	97.5
茶具	Tea-set	94.3	98.3	98.7
其他家庭日用杂品	Other Family Daily Sundry Goods	100.6	100.4	100.2
配电附件	The Power Distribution in Attachment	99.8	99.9	99.9
雨具	Rain Gear	100.1	100.1	100.0
其他日用杂品	Other Daily Sundry Goods	101.2	100.8	100.4
个人护理用品	Personal Care Products	102.2	99.3	100.0
化妆品	Cosmetics	102.0	97.6	99.7
清洁化妆品	Cleaning Cosmetics	98.4	98.7	99.3
护肤化妆品	Skin Care Cosmetics	104.9	98.3	101.3
彩妆化妆品	Make-up Cosmetics	96.5	92.4	94.7
化妆器具	Makeup Tools	98.3	96.3	97.0

Continued

(same month of preceding year=100)

4 月 April	5 月 May	6 月 June	7 月 July	8 月 August	9 月 September	10 月 October	11 月 November	12 月 December
99.1	99.9	101.0	101.4	101.7	102.1	101.9	102.0	102.7
98.1	98.8	100.7	101.2	101.5	101.7	101.6	101.5	102.3
97.9	99.1	102.6	103.1	104.2	104.8	103.6	103.7	103.6
100.5	101.1	102.2	102.0	102.3	103.2	102.5	102.9	103.2
98.4	99.6	100.5	100.7	101.6	101.6	101.5	101.3	101.4
99.0	100.7	104.1	103.9	104.8	105.0	103.8	104.0	104.2
98.5	98.2	100.8	101.9	102.0	102.4	102.6	101.6	101.5
99.2	99.6	98.9	98.7	98.4	97.8	98.4	98.2	98.3
95.6	98.5	96.8	99.9	101.6	99.6	103.8	98.6	99.9
98.8	100.0	96.7	100.8	95.9	96.6	94.2	94.3	98.4
95.7	94.5	95.6	94.7	92.4	91.7	93.0	92.1	98.8
94.9	95.2	95.9	98.1	98.4	98.8	99.7	100.7	102.0
103.0	104.0	102.2	102.5	102.4	103.4	103.4	103.6	104.2
104.5	104.9	103.3	103.4	103.2	105.3	105.6	105.8	106.3
100.0	102.3	99.9	100.6	100.6	99.4	98.6	99.1	99.9
101.1	101.2	100.2	99.9	99.8	100.3	100.6	100.9	101.2
101.6	101.7	100.3	99.9	99.7	100.3	100.7	101.1	101.6
102.5	103.6	101.8	101.2	101.5	102.5	102.4	102.8	103.8
101.3	101.1	101.3	100.1	99.7	99.7	100.4	100.5	100.5
100.8	100.2	96.8	98.1	97.7	98.4	98.9	99.8	100.7
99.9	99.9	99.8	99.7	99.7	99.9	100.3	100.3	100.4
99.9	99.9	99.8	99.7	99.7	99.9	100.3	100.3	100.4
99.5	99.9	100.3	99.7	100.0	100.7	100.2	100.3	100.0
99.5	99.9	100.3	99.7	100.0	100.7	100.2	100.3	100.0
100.5	99.3	98.9	100.0	100.6	100.8	100.8	100.4	100.3
101.4	99.5	98.9	100.2	101.4	102.0	101.9	99.9	99.3
101.5	98.7	98.8	101.3	101.9	101.0	103.1	100.7	99.3
99.8	99.4	100.0	99.6	99.7	101.7	101.3	100.4	102.6
101.6	100.3	98.8	99.2	101.3	103.1	101.0	99.0	98.7
98.1	97.4	97.2	100.2	99.0	98.3	99.1	102.3	103.6
97.5	97.9	96.5	100.8	98.0	98.5	98.7	102.0	103.5
97.2	94.9	95.1	96.1	97.4	95.0	95.9	102.4	102.6
102.0	101.2	103.7	107.3	105.2	104.7	107.1	103.0	106.0
100.4	100.2	100.1	99.7	100.1	100.0	99.7	100.2	100.1
99.9	100.2	100.1	100.9	100.7	100.8	101.0	101.0	100.8
100.0	99.8	100.8	99.9	100.1	100.0	99.5	99.9	99.8
100.8	100.4	99.9	98.9	99.6	99.4	98.9	99.7	99.6
100.6	100.4	99.3	97.6	99.7	98.5	99.8	96.8	97.5
100.4	100.5	99.3	96.1	98.7	96.4	98.0	93.6	94.3
100.2	101.6	98.4	97.8	99.1	96.3	98.6	96.4	94.8
102.1	101.2	100.6	95.2	99.5	96.2	98.0	91.3	92.7
96.5	96.5	95.7	97.1	95.2	97.5	97.2	98.9	98.9
94.3	98.6	97.6	96.2	96.0	96.4	97.4	96.0	98.5

4-3 续表 5

(上年同月=100)

指　　标	Item	1 月 January	2 月 February	3 月 March
其他护理用品类	Other Care Products	102.4	101.4	100.3
清洁类护理用品	Cleaning Products	102.9	101.7	99.4
护发美发用品	Hair Care Products	101.7	102.8	101.6
护理器具	Care Tools	100.9	96.2	100.2
其他护理用品	Other Nursing Products	102.0	101.9	101.6
家庭服务	Household Service	102.0	102.4	102.4
家政服务	Housekeeping Service	102.7	103.5	104.3
母婴护理服务	Maternal and Child Care Services	101.7	101.7	101.7
家庭维修服务	Home Maintenance Service	101.5	101.9	101.6
其他家庭服务	Other Home Services	103.4	103.9	103.8
交通通信	**Transport and Communications**	95.7	99.2	102.0
交通	Transport	94.3	98.4	101.8
交通工具	Transport Facility	99.6	100.6	99.5
燃油小汽车	Fuel Car	99.9	101.2	99.8
新能源小汽车	New energy car	96.5	96.5	96.5
电动自行车	Electric Bicycle	98.8	98.9	99.8
自行车	Bicycle	103.1	103.1	103.6
其他交通工具	Other Means of Transport	99.6	99.6	99.5
交通工具使用燃料	Fuels for Transport Facility	86.4	95.1	111.7
汽油	Gasoline	86.3	95.0	111.8
柴油	Diesel Oil	85.0	94.3	113.0
其他车用能源	Other Vehicle Energy	100.1	100.1	100.1
交通工具使用及维修	Use and Maintenance of Transport Facility	96.9	104.1	99.8
停车费	Parking Fee	99.7	99.7	99.8
车辆使用费	Vehicle Usage Fee	100.5	99.9	100.5
交通工具零配件	Vehicle Spare Parts	100.3	100.3	100.2
车辆修理与保养	Vehicle Repair and Maintenance	91.3	111.1	99.1
交通费	Traffic Fee	91.6	92.1	93.0
市内公共交通	City Public Transport	99.4	100.3	100.5
出租汽车	Taxi	97.2	102.0	98.9
飞机票	Plane Ticket	56.0	52.7	62.1
火车票	Train Ticket	100.0	100.0	100.0
长途汽车	Long-distance Coach	99.2	103.7	98.3
网 约 车	Online Car Hailing	99.8	101.3	99.9
交通工具租赁费	Transportation Rental Fee	99.9	99.9	99.5
其他交通费	Other Transportation Expenses	99.7	101.1	99.8
通信	Communication	100.9	102.3	102.5
通信工具	Communication Facility	102.5	106.6	107.4
电话机	Stationary Telephone	102.7	107.1	107.9
其他通信工具及零配件	Other Communication Tools and Spare Parts	99.2	99.1	99.1
通信服务	Communication Service	100.1	100.1	100.1
电话费	Fixed Telephone Fee	100.1	100.1	100.1
家庭宽带服务	Home Broadband Services	100.0	100.0	100.0
其他通信服务	Other Communication Services	100.2	100.2	100.1

Continued

(same month of preceding year=100)

4 月 April	5 月 May	6 月 June	7 月 July	8 月 August	9 月 September	10 月 October	11 月 November	12 月 December
100.7	100.3	99.1	99.4	101.0	101.1	102.1	100.9	101.4
100.1	99.6	98.8	98.7	101.1	101.4	102.0	100.8	101.3
102.0	99.0	95.4	98.2	99.9	100.7	103.0	100.3	101.1
96.3	99.6	99.3	98.0	97.5	99.1	102.0	99.3	100.1
103.2	103.0	102.0	102.2	102.4	101.4	101.8	101.9	102.4
101.9	101.7	101.9	102.0	103.3	103.3	103.4	103.2	103.2
104.3	103.4	103.5	103.5	107.2	107.2	107.3	107.8	107.9
101.6	101.6	101.6	101.6	102.7	102.7	102.7	101.6	101.6
100.5	100.5	100.8	101.0	101.5	101.5	101.6	101.7	101.7
104.1	104.0	104.0	104.1	104.1	104.1	104.4	102.9	102.4
104.2	105.7	106.0	106.4	105.7	105.6	106.5	106.9	104.6
104.5	106.5	107.1	107.7	107.0	106.6	108.5	109.4	106.4
100.1	100.0	100.1	99.5	99.4	99.1	99.1	98.7	99.5
100.4	100.2	100.2	99.5	99.3	98.4	98.3	97.9	98.8
96.5	96.6	97.8	97.7	98.2	101.1	103.0	101.2	102.4
100.9	101.5	101.7	101.3	101.3	102.5	103.0	103.2	103.1
103.7	103.3	102.6	102.5	102.7	103.1	103.2	103.1	103.8
99.7	99.9	100.1	99.9	100.1	101.1	101.0	101.2	101.1
119.8	121.8	124.1	125.3	122.5	123.2	132.1	136.5	122.9
120.0	122.0	124.4	125.6	122.8	123.5	132.5	136.9	123.1
122.2	124.6	127.3	128.4	125.3	126.0	136.1	141.1	125.5
100.3	100.3	100.0	100.0	100.1	100.6	102.4	102.8	103.0
103.0	103.1	103.2	103.2	104.0	104.1	104.2	104.1	104.1
99.8	100.3	100.3	100.3	100.3	100.5	100.5	100.5	100.5
100.3	100.1	100.5	100.5	100.5	100.5	100.5	100.5	100.5
100.2	100.3	100.6	100.5	100.5	100.7	101.1	101.1	101.0
108.3	108.3	108.3	108.4	110.5	110.5	110.7	110.2	110.2
94.1	104.6	103.9	107.6	107.2	104.1	102.1	102.3	100.7
101.0	101.0	101.0	100.0	100.0	100.0	101.0	101.0	100.0
101.6	100.7	100.7	100.7	100.7	100.7	100.7	100.7	101.0
68.6	138.6	139.1	180.2	167.8	138.9	113.4	116.8	104.6
100.0	100.0	100.0	100.0	100.0	100.0	100.0	100.0	100.0
99.7	99.0	98.9	100.4	100.4	100.4	100.1	100.6	101.1
100.1	100.1	100.2	100.2	100.2	99.5	99.4	99.4	99.5
99.9	100.0	99.6	99.8	99.6	100.6	102.4	102.2	100.6
99.8	99.8	100.1	100.1	99.9	99.9	100.0	100.0	100.0
102.9	102.8	102.2	101.8	101.4	102.0	99.9	98.7	98.5
108.6	108.6	106.6	105.3	104.3	106.0	99.8	96.1	95.5
109.2	109.2	107.1	105.7	104.7	106.5	99.8	95.9	95.3
99.2	99.1	99.1	99.2	99.2	99.3	100.0	99.7	99.8
100.1	100.0	100.0	100.0	100.0	100.0	100.0	100.0	100.0
100.1	100.0	100.0	100.0	100.0	100.0	100.0	100.0	100.0
100.0	100.0	100.0	100.0	100.0	100.0	100.0	100.0	99.9
100.2	100.2	100.2	100.2	100.2	100.1	100.1	100.0	100.0

4-3 续表 6

(上年同月=100)

指　标	Item	1 月 January	2 月 February	3 月 March
邮递服务	Monthly Renting Fee	100.1	100.1	100.1
邮递服务	Monthly Renting Fee	100.1	100.1	100.1
教育文化娱乐	**Education, Culture and Recreation**	**100.3**	**100.5**	**100.4**
教育	Education	100.8	100.8	100.8
教育用品	Education Supplies	99.8	99.8	100.2
工具书	Reference Book	100.0	100.0	100.5
教材	Text-book	99.2	99.2	100.0
参考资料	The Resources	100.3	100.3	100.5
其他教育用品	Other Educational Supplies	99.7	99.7	99.8
教育服务	Education Services	100.8	100.9	100.9
幼儿早期教育	Early Childhood Education	100.0	100.0	100.0
学前教育	Pre-school Education	102.3	102.5	102.8
小学初中教育	Elementary School and Junior High School Education	103.5	103.5	103.6
高中中职教育	High School and Secondary Vocational Education	100.0	100.0	99.7
高等教育	Higher Education	100.2	100.2	100.2
课外教育	Extracurricular Education	100.0	100.0	100.0
专业技能培训	Technical Training	99.8	99.8	99.8
其他教育服务	Other Educational Services	100.0	100.0	100.0
文化娱乐	Cultural Entertainment	99.1	99.7	99.5
文娱耐用消费品	Durable Consumer Goods for Recreational	99.1	99.2	99.7
电视机	Television	96.5	96.4	97.6
照相机	Camera	98.0	98.1	97.2
台式计算机	Desktop Computer	100.1	100.4	100.5
笔记本电脑	Portable Computer	100.7	100.7	100.8
平板电脑	Tablet Computer	101.5	102.6	103.1
乐器	Musical Instrument	101.0	101.1	101.3
音响	Audio	100.0	99.8	100.1
可穿戴智能设备	Wearable Smart Devices	97.3	96.0	96.7
其他文娱耐用消费品	Other Recreational Consumer Durables	101.3	101.6	101.6
其他文娱用品	Other Entertainment Products	101.1	101.2	101.2
书报杂志及音像制品	Books, Magazines and Audio-visual Products	100.1	100.1	100.1
纸张文具	Paper Stationery	101.6	101.7	101.2
体育户外用品	Sports Outdoor Goods	100.8	100.9	101.1
游戏用品和玩具	Game Supplies and Toys	99.7	99.6	99.6
园艺花卉及用品	Gardening Flowers and Articles	106.7	107.3	108.0
宠物及用品	Pets and Supplies	100.7	101.2	101.4
其他文化娱乐用品	Other Cultural and Recreational Items	100.7	100.7	100.5
文化娱乐服务	Cultural and Recreational Services	99.9	101.2	100.6
电影及演出票	Movie and Show Tickets	103.1	109.0	105.5
景点门票	Attractions Tickets	99.1	100.5	100.7
电视服务	TV Service	100.0	100.0	100.0
健身活动	Healthy Activities	99.8	99.8	99.8

Continued

(same month of preceding year=100)

4 月 April	5 月 May	6 月 June	7 月 July	8 月 August	9 月 September	10 月 October	11 月 November	12 月 December
100.1	99.9	99.9	99.9	99.9	99.9	99.9	99.9	99.9
100.1	99.9	99.9	99.9	99.9	99.9	99.9	99.9	99.9
100.8	**101.2**	**101.1**	**101.6**	**103.6**	**104.4**	**105.1**	**105.1**	**105.1**
100.8	100.8	100.9	101.0	101.3	102.7	103.5	103.5	103.5
100.3	100.3	100.2	100.1	100.2	101.2	101.3	101.4	101.3
100.5	100.5	100.5	100.5	100.5	103.2	103.2	103.2	103.2
99.8	99.8	99.8	99.8	99.8	100.6	100.6	100.6	100.6
100.8	100.8	100.8	100.8	100.9	101.9	101.9	101.9	101.9
99.9	99.9	99.5	98.9	98.9	99.4	100.1	100.5	100.1
100.9	100.9	100.9	101.1	101.3	102.7	103.6	103.6	103.6
100.0	100.0	100.0	100.1	100.1	100.6	100.6	100.6	100.6
102.8	102.8	102.8	102.8	102.8	102.1	102.0	102.0	102.0
103.6	103.6	103.6	103.6	103.6	104.8	104.8	104.8	104.8
99.7	99.7	99.7	99.7	99.7	100.0	100.0	100.0	100.0
100.2	100.2	100.2	100.2	100.2	104.1	104.1	104.1	104.1
100.0	100.0	100.0	101.7	101.6	102.0	108.6	108.6	108.6
99.7	99.7	99.9	99.1	104.5	104.6	104.6	104.6	104.6
100.0	100.0	100.0	100.0	100.0	101.1	101.1	101.1	101.1
100.8	102.0	101.7	103.0	109.1	108.4	109.0	108.9	109.0
100.5	101.0	102.3	103.4	103.5	103.6	103.3	102.1	102.7
99.7	101.9	107.9	109.1	109.9	109.9	106.8	105.7	105.5
96.6	97.4	98.2	99.4	102.6	100.5	103.4	103.4	105.0
100.8	100.7	101.3	101.4	101.4	101.4	101.4	101.3	101.3
100.4	100.2	99.9	99.8	100.2	100.6	101.0	100.7	100.1
103.2	101.9	97.3	100.3	97.1	97.9	100.1	94.0	97.8
102.0	102.0	102.1	102.1	102.1	102.3	102.3	103.5	103.6
99.7	99.3	99.3	99.6	99.8	99.8	100.0	99.7	100.3
97.5	98.2	96.7	101.3	103.3	101.9	104.9	105.3	109.9
102.6	102.0	102.1	102.0	102.2	101.8	105.2	105.4	104.7
101.3	101.5	101.7	101.7	101.6	101.1	101.0	101.4	101.3
100.1	100.1	100.1	100.1	100.1	100.1	100.1	100.1	100.1
101.4	100.8	100.5	100.9	100.3	100.6	100.3	103.7	103.9
100.4	100.6	100.5	100.7	100.4	100.6	100.8	100.9	101.0
99.9	100.1	101.4	101.3	101.2	101.8	101.6	101.8	101.3
108.3	111.3	111.0	111.2	111.2	103.2	103.1	102.2	102.1
101.4	101.5	101.4	101.3	101.3	101.2	101.3	101.3	101.3
100.5	100.4	100.7	100.3	100.6	100.6	100.5	100.5	100.5
100.7	102.0	101.2	100.5	123.6	123.4	128.1	127.8	128.0
104.3	104.3	104.1	105.2	104.7	104.0	101.4	98.9	101.1
100.7	104.7	102.2	99.4	230.6	230.9	295.5	295.5	295.5
100.0	100.0	100.0	100.0	100.0	100.0	100.0	100.0	100.0
99.8	99.8	99.9	101.2	101.2	99.9	99.9	99.9	99.9

4-3 续表 7

(上年同月=100)

指　　标	Item	1 月 January	2 月 February	3 月 March
宠物服务	Pet Service	100.3	104.5	100.5
网络文娱服务	Online Entertainment Services	100.1	100.2	100.3
儿童娱乐项目	Children's Entertainment	99.8	100.2	99.9
其他文娱服务	Other Entertainment Services	100.1	102.2	99.9
旅游	Tourism	96.5	97.2	96.5
旅行社收费	Travel Agency Charges	95.5	96.4	95.6
其他旅游	Other Travel Charges	99.7	99.8	99.8
医疗保健	**Medicine**	**99.9**	**99.6**	**100.0**
药品及医疗器具	Medicines and Medical Devices	99.7	98.4	97.8
中药	Traditional Chinese Medicine	101.3	101.4	101.0
中药材	Chinese Herbal Material	101.0	101.3	101.1
中成药	Chinese Patent Drugs	101.5	101.4	101.0
西药	Western Medicine	99.5	99.5	98.6
抗微生物药	Antimicrobial Agents	98.8	98.7	98.5
消化系统用药	Digestive System	102.6	102.6	102.4
呼吸系统用药	Respiratory System	102.5	102.0	102.0
解热镇痛药	Antipyretic Analgesics	104.1	103.9	103.8
抗肿瘤药	Antineoplastic Agents	93.5	93.6	85.5
激素及影响内分泌药	Hormones and Endocrine Agents	99.9	100.1	99.9
心血管系统用药	Cardiovascular System	95.2	95.2	95.1
血液系统用药	Blood System Medication	99.2	99.0	98.8
治疗精神障碍药	Drugs for The Treatment of Mental Disorders	102.4	102.4	102.2
神经系统用药	Drugs for Nervous System	101.3	101.5	101.9
泌尿系统用药	Urinary System Drugs	102.1	102.1	102.0
维生素、矿物质类药	Vitamin	100.9	100.9	100.9
调节水、电解质及酸碱平衡药	Adjust Water, Electrolyte and Acid-base Balance	104.3	104.3	104.3
其他西药	Other Western Medicine	101.0	101.0	101.0
滋补保健品	Tonic and Healthy Goods	99.0	98.7	98.3
滋补保健品	Tonic and Healthy Goods	99.0	98.7	98.3
医疗卫生器具	Medical Appliance	98.0	86.6	86.7
医疗卫生器具	Medical Appliance	98.0	86.6	86.7
保健器具	Healthy Appliance	100.2	100.2	100.2
保健器具	Healthy Appliance	100.2	100.2	100.2
医疗服务	Medical Services	100.0	100.0	100.7
综合医疗类	Integrated Medical Services	100.0	100.0	100.8
一般医疗服务	General Medical Services	100.0	100.0	100.2
一般治疗操作	General Therapeutic Operation	100.0	100.0	100.1
护理	Nursing	100.0	100.0	100.9
其他综合医疗服务	Other Integrated Medical Services	100.0	100.0	103.6
诊断类	Diagnosis of Class	100.0	99.9	101.3
病理学诊断	Pathological Diagnosis	99.9	99.9	99.6
实验室诊断	Laboratory Diagnosis	100.0	100.0	102.1
影像学诊断	Imaging Diagnosis	99.8	99.8	101.1
临床诊断	Clinical Diagnosis	100.0	100.0	100.4

Continued

(same month of preceding year=100)

4 月 April	5 月 May	6 月 June	7 月 July	8 月 August	9 月 September	10 月 October	11 月 November	12 月 December
100.5	100.5	100.5	100.8	100.8	100.8	101.0	101.0	101.0
102.0	102.1	102.2	102.1	102.0	102.0	102.1	102.1	102.1
99.9	99.9	99.9	99.9	99.9	100.2	100.2	100.2	100.2
99.9	100.1	100.0	100.1	100.0	101.0	101.6	101.1	101.2
100.7	103.2	101.8	106.3	110.4	108.5	108.0	108.2	108.1
100.9	104.2	102.4	108.1	113.5	111.0	109.8	110.2	109.9
99.9	100.1	99.9	100.2	100.2	100.7	102.0	101.9	102.4
100.0	**100.1**	**100.2**	**100.3**	**100.3**	**100.3**	**100.3**	**100.4**	**100.5**
97.8	98.4	98.7	98.9	98.9	99.0	99.2	99.4	99.8
100.9	100.7	100.9	100.9	100.8	101.0	100.9	100.4	100.4
100.8	100.6	100.8	100.9	101.0	101.1	101.4	101.0	102.0
101.0	100.7	100.9	100.9	100.7	101.0	100.6	100.1	99.6
98.2	98.1	98.4	98.3	98.2	98.4	98.4	98.8	99.3
98.5	100.4	100.3	100.3	100.0	100.5	100.4	101.6	101.3
101.7	100.4	100.5	99.8	99.8	99.9	100.0	100.5	100.8
100.0	100.6	100.4	100.5	100.4	100.0	100.2	100.2	100.2
102.5	98.5	99.0	98.9	98.6	98.6	98.4	98.1	98.4
85.2	85.2	85.1	85.0	85.0	85.1	85.1	84.9	91.1
100.0	99.5	99.7	99.9	99.8	99.9	100.2	100.2	100.2
94.9	94.4	97.2	96.7	97.3	97.1	96.7	96.9	96.3
99.3	99.3	99.3	100.6	100.6	100.4	100.2	100.2	100.2
103.2	100.7	100.8	100.8	100.9	101.0	102.5	102.5	102.5
101.2	101.0	100.9	100.8	99.6	99.8	100.2	100.2	100.4
100.4	100.4	100.4	98.9	98.6	98.8	100.3	100.4	99.5
99.8	99.1	99.1	96.7	97.1	99.0	98.9	99.9	98.9
104.3	101.8	101.9	101.9	101.9	101.6	101.6	101.5	100.1
99.3	99.1	99.4	100.7	100.5	100.9	101.3	101.2	101.3
98.4	98.4	98.4	98.7	98.8	98.8	98.8	99.4	99.9
98.4	98.4	98.4	98.7	98.8	98.8	98.8	99.4	99.9
88.3	94.5	96.0	97.7	98.2	98.3	100.5	101.0	101.1
88.3	94.5	96.0	97.7	98.2	98.3	100.5	101.0	101.1
100.8	100.8	100.6	100.4	100.5	100.6	99.3	99.2	99.2
100.8	100.8	100.6	100.4	100.5	100.6	99.3	99.2	99.2
100.7	100.7	100.7	100.7	100.7	100.7	100.7	100.7	100.7
100.8	100.8	100.8	100.9	100.9	100.9	100.8	100.8	100.8
100.2	100.2	100.2	100.2	100.2	100.2	100.2	100.2	100.2
100.0	100.0	100.0	100.0	100.0	100.0	100.0	100.0	100.0
100.9	100.9	100.9	100.9	100.9	100.9	100.9	100.9	100.9
103.6	103.6	103.6	104.9	104.9	104.9	104.1	104.1	104.1
101.3	101.3	101.3	101.3	101.3	101.3	101.3	101.3	101.3
99.6	99.6	99.6	99.6	99.6	99.6	99.6	99.6	99.6
102.1	102.1	102.1	102.1	102.1	102.1	102.1	102.1	102.1
101.1	101.1	101.1	101.1	101.1	101.1	101.1	101.1	101.1
100.4	100.4	100.4	100.4	100.4	100.4	100.4	100.4	100.4

4-3 续表 8

(上年同月=100)

指 标	Item	1 月 January	2 月 February	3 月 March
治疗类	Treatment of Class	100.0	100.0	99.8
临床手术治疗	Clinical Surgical Treatment	100.0	100.0	99.6
临床非手术治疗	Clinical Non-surgical Treatment	100.0	100.0	100.0
康复类	Rehabilitation Class	100.0	100.0	100.0
康复医疗	Rehabilitation Medical	100.0	100.0	100.0
中医医疗服务类	TCM Medical Services	100.0	100.0	99.7
中医治疗	TCM Treatment	100.0	100.0	99.7
其他医疗保健服务	Other Medical Services	100.1	100.0	100.0
其他医疗保健服务	Other Medical Services	100.1	100.0	100.0
其他用品及服务	**Other Supplies and Services**	**98.2**	**98.3**	**97.7**
其他用品	Other Supplies	102.3	101.3	101.0
首饰手表	Jewelry and Watches	107.5	105.5	102.4
金饰品	Gold Ornaments	110.8	107.2	102.0
银饰品	Silver Ornaments	99.2	99.1	99.1
铂金饰品	Platinum Ornaments	104.6	106.0	106.8
手表	Watches	99.6	100.2	100.1
母婴用品	Maternal and Child Supplies	97.4	98.4	101.4
母婴洗护喂养用品	Maternal and Infant Care and Feeding Supplies	98.0	98.9	101.2
其他母婴用品	Other Maternity and Baby Products	96.2	97.1	101.8
其他杂项用品	Other Miscellaneous Goods	100.0	98.1	98.3
箱包	Luggage and Bags	99.9	96.9	97.3
眼镜	Glasses	100.1	100.1	100.1
其他服务	Other Service Classes	94.2	95.4	94.3
在外住宿	Hotel Accommodation	97.7	97.8	97.7
宾馆住宿	Hotel	97.0	97.0	97.0
其他住宿	Other	99.6	99.7	99.3
美容美发洗浴	Making-up Hair Salon Bathing	94.4	100.1	95.1
美容	Making-up	97.5	98.2	96.4
美发	Hair Salon	93.2	102.9	94.7
洗浴	Bathing	90.7	95.1	93.1
养老服务	Pension Service	100.5	100.5	100.4
养老服务	Pension Service	100.5	100.5	100.4
金融及保险服务	Finance and Insurance	92.3	92.3	92.3
金融服务	Financial Services	100.0	100.0	100.0
车辆保险	Vehicle Insurance	83.7	83.7	83.7
旅行保险	Travel Insurance	100.0	100.0	100.0
其他保险	Other Insurance	100.3	100.3	100.3
中介法律及其他服务	Other Service Classes	99.9	99.9	99.9
中介服务	Intermediary Service	99.9	99.9	99.9
法律服务	Other Services	100.0	100.0	100.0
其他杂项服务	Other Services	100.0	100.0	100.0

Continued

(same month of preceding year=100)

4 月 April	5 月 May	6 月 June	7 月 July	8 月 August	9 月 September	10 月 October	11 月 November	12 月 December
99.8	99.8	99.8	99.8	99.8	99.8	99.8	99.8	99.8
99.6	99.6	99.6	99.6	99.6	99.6	99.6	99.6	99.6
100.0	100.0	100.0	100.0	100.0	100.0	100.0	100.0	100.0
100.0	100.0	100.0	100.0	100.0	100.0	100.0	100.0	100.0
100.0	100.0	100.0	100.0	100.0	100.0	100.0	100.0	100.0
99.7	99.7	99.7	99.7	99.7	99.7	99.7	99.7	99.7
99.7	99.7	99.7	99.7	99.7	99.7	99.7	99.7	99.7
100.0	100.0	100.0	100.0	100.0	100.0	100.0	100.0	100.0
100.0	100.0	100.0	100.0	100.0	100.0	100.0	100.0	100.0
98.0	**98.3**	**98.2**	**97.5**	**94.8**	**95.6**	**98.8**	**98.3**	**98.8**
100.1	100.2	100.2	98.8	93.5	95.0	96.8	95.9	96.0
104.7	103.9	102.8	97.3	87.8	89.8	92.9	94.7	93.6
99.8	99.2	100.1	93.3	84.1	86.2	89.6	91.1	92.6
99.1	99.2	99.9	99.8	100.1	99.7	99.7	99.8	99.9
131.7	129.0	118.8	112.7	92.0	94.3	99.3	104.7	90.9
100.2	100.5	98.1	98.0	98.1	98.9	99.2	99.3	99.3
97.8	99.6	97.1	100.1	97.3	98.6	99.2	95.7	97.4
99.2	102.3	97.6	102.7	96.3	99.8	101.2	95.3	97.8
94.7	94.2	95.9	94.9	99.6	95.9	95.1	96.6	96.5
95.6	94.8	99.5	99.7	99.3	99.9	100.7	98.2	98.3
92.8	91.5	98.9	99.2	98.5	99.5	100.8	96.6	96.8
100.4	100.6	100.5	100.5	100.5	100.5	100.5	100.8	100.9
95.9	96.4	96.2	96.2	96.2	96.3	101.1	100.9	101.8
100.0	105.0	102.0	102.7	102.2	103.8	104.9	102.9	103.0
99.8	105.7	102.6	103.4	102.7	103.7	105.4	103.5	103.5
100.5	103.5	100.7	101.3	101.2	104.0	103.7	101.7	102.1
102.3	102.4	102.5	102.3	102.5	102.6	102.5	102.7	106.9
98.6	98.6	98.6	98.1	98.4	98.4	98.4	98.6	101.3
103.0	103.2	103.2	103.2	103.2	103.5	103.4	103.5	110.2
109.7	110.4	111.1	111.1	111.3	111.3	111.1	111.0	110.7
100.6	100.9	100.9	100.9	100.9	100.9	100.9	100.9	100.7
100.6	100.9	100.9	100.9	100.9	100.9	100.9	100.9	100.7
92.3	92.3	92.3	92.3	92.3	92.3	100.1	100.1	100.1
100.0	100.0	100.0	100.0	100.0	100.0	100.0	100.0	100.0
83.7	83.7	83.7	83.7	83.7	83.6	99.9	100.0	100.0
100.0	100.0	100.0	100.0	100.0	100.0	100.0	100.0	100.0
100.4	100.3	100.3	100.3	100.3	100.3	100.3	100.3	100.3
100.0	100.0	100.0	100.0	100.0	100.0	100.0	100.0	100.0
100.0	100.0	100.0	100.0	100.0	100.0	100.0	100.0	100.0
100.0	100.0	100.0	100.0	100.0	100.1	100.1	100.1	100.1
100.0	100.0	100.0	100.0	100.0	100.0	100.0	100.0	100.0

4-4 主要城市居民消费价格总指数(1989-2021年)
Major Urban Consumer Price Index(1989-2021)

(上年=100) (preceding year=100)

年 份 Year	武汉市 Wuhan	黄石市 Huangshi	十堰市 Shiyan	宜昌市 Yichang	襄阳市 Xiangyang	孝感市 Xiaogan	荆州市 Jingzhou	咸宁市 Xianning
1989	113.4	117.4	112.3	116.1	113.3	114.9	113.9	113.9
1990	103.0	102.6	107.1	104.1	103.9	102.5	104.4	103.4
1991	107.3	107.8	109.5	107.0	107.4	105.0	105.0	107.4
1992	111.4	111.8	108.2	110.8	111.8	110.5	107.4	110.3
1993	119.8	120.5	119.9	121.8	117.3	111.3	119.8	120.0
1994	126.3	125.9	128.1	136.6	124.8	122.0	127.2	125.6
1995	118.4	120.0	119.8	124.1	118.6	115.5	117.4	122.1
1996	112.2	108.0	110.0	109.6	110.4	108.3	107.3	108.8
1997	103.1	101.0	102.9	101.5	104.4	102.3	99.2	101.5
1998	97.4	97.1	98.4	100.8	97.8	99.2	99.2	98.0
1999	96.1	94.7	97.7	101.5	97.8	97.5	98.0	99.8
2000	100.6	96.9	98.8	101.3	99.8	99.0	100.6	98.6
2001	99.5	98.3	98.8	99.5	99.1	99.1	99.8	99.5
2002	98.6	100.8	98.3	101.2	100.0	99.2	99.8	100.0
2003	102.3	101.4	101.6	104.5	102.5	101.9	102.1	101.3
2004	103.3	104.1	103.6	104.0	104.4	105.0	104.2	106.0
2005	102.7	101.9	102.1	102.4	101.9	101.9	101.5	102.0
2006	101.4	101.3	101.4	101.2	101.3	102.8	102.0	103.2
2007	104.1	104.8	105.8	106.4	105.1	104.7	105.3	106.4
2008	105.7	106.8	106.3	105.1	105.2	106.9	106.4	108.4
2009	99.4	99.5	100.8	100.1	98.7	99.2	98.8	99.3
2010	103.0	102.2	102.7	103.1	102.1	103.2	102.4	103.1
2011	105.2	105.3	106.0	106.8	105.8	105.6	105.3	105.7
2012	102.8	103.1	102.4	103.4	102.8	103.1	102.7	102.8
2013	102.4	102.5	103.4	103.3	102.9	103.1	103.1	102.8
2014	101.9	102.2	101.5	102.2	101.5	102.0	102.1	101.8
2015	101.4	101.6	101.4	101.5	102.0	101.3	101.5	101.4
2016	102.4	102.1	101.9	102.3	102.2	102.2	101.8	101.7
2017	101.9	101.5	101.8	101.1	101.4	101.4	101.9	101.5
2018	101.9	102.6	102.3	101.7	102.9	101.6	101.5	102.7
2019	103.2	102.8	103.1	102.7	102.4	103.3	103.2	102.7
2020	102.4	102.3	102.3	102.7	102.9	102.4	102.6	102.5
2021	100.6	100.2	100.6	99.8	100.2	100.6	100.2	100.4

4-5 主要城市居民消费价格分类指数(2021年)
Major Urban Consumer Price Indices by Category(2021)

(上年=100) (preceding year=100)

指　标	Item	武汉市 Wuhan	黄石市 Huangshi	十堰市 Shiyan	宜昌市 Yichang
居民消费价格总指数	**Consumer Price Index**	**100.6**	**100.2**	**100.6**	**99.8**
非食品烟酒价格指数	**Non-food Tobacco and Alcohol Price Index**	**101.2**	**101.2**	**101.0**	**100.8**
服务价格指数	**Items of Service Price Index**	**100.9**	**100.4**	**100.5**	**99.8**
工业品价格指数	**Industrial Product Price Index**	**101.5**	**102.1**	**101.6**	**101.9**
消费品价格指数	**Consumable Price Index**	**100.3**	**100.1**	**100.6**	**99.7**
扣除食品和能源价格指数	**Deduction Food and Energy Price Index**	**100.8**	**100.8**	**100.5**	**100.3**
扣除鲜菜鲜果总指数	**Deduction Fresh Vegetables Fresh Fruit General Index**	**100.5**	**100.2**	**100.4**	**100.0**
食品烟酒	**Food, Tobacco and Liquor**	**99.1**	**97.6**	**99.4**	**97.1**
食品	Food	97.3	94.9	98.3	94.6
粮食	Grain	101.4	98.5	101.0	99.8
薯类	Tubers	95.4	91.1	89.4	104.3
豆类	Beans	106.8	104.6	103.9	103.1
食用油	Edible Oil and Fats	111.1	108.4	102.8	100.7
菜及食用菌	Edible Mushrooms	100.2	98.8	102.1	97.6
畜肉类	Meal, Poultry and Processed Products	81.4	75.9	81.8	78.9
禽肉类	Poultry	92.4	88.5	88.2	93.5
水产品	Aquatic Products	111.4	112.6	121.9	120.4
蛋类	Eggs	104.5	110.9	109.3	104.3
奶类	Milk	102.4	103.8	103.4	102.7
干鲜瓜果类	Dried and Fresh Melons and Fruits	101.6	98.4	104.4	91.7
糖果糕点类	Confectionery	100.9	101.0	103.6	99.6
调味品	Flavoring	103.1	99.2	104.3	97.1
其他食品类	Other Food Categories	102.5	99.3	97.6	99.3
茶及饮料	Tea and Beverages	102.9	102.4	99.6	97.5
烟酒	Tobacco, Liquor	100.8	100.0	99.7	100.8
卷烟	Tobacco	100.0	100.0	100.0	100.2
酒类	Liquor	103.0	100.1	98.9	102.5
在外餐饮	Dining Out	102.5	103.6	102.5	102.2
衣着	**Clothing**	**99.7**	**102.1**	**99.5**	**101.3**
服装	Garments	99.5	103.0	99.4	101.4
男式服装	Men's Garment	98.9	103.7	100.9	101.2
女式服装	Women's Dress	100.1	103.8	98.5	101.9
儿童服装	Children's Garment	98.4	99.4	98.0	101.6
衣着材料及配件	Clothing Materials & Accessories	100.6	95.0	102.2	99.1
衣着服务费	Clothing Service Fee	102.6	103.9	104.3	96.8
鞋类	The Footwear	100.7	97.3	100.0	101.2
居住	**Residence**	**100.3**	**100.1**	**100.4**	**98.7**
租赁房房租	Tenancy	99.7	102.2	100.0	99.3
住房保养维修及管理	Housing Maintenance and Management	101.3	101.5	101.6	102.4
水电燃料	Water, Electricity and Fuels	100.4	101.7	101.1	100.1
自有住房	Self-owned House	100.2	99.3	100.0	97.6
生活用品及服务	**Daily Necessities and Services**	**100.1**	**100.2**	**100.8**	**101.0**
家具及室内装饰品	Furniture and Interior Decorations	100.8	101.2	100.4	100.9
家具	Furniture	100.7	101.4	100.4	100.9
室内装饰品	Interior Decorations	101.7	100.2	100.0	100.8

4-5 续表 1 Continued

(上年＝100) (preceding year=100)

指　　标	Item	武汉市 Wuhan	黄石市 Huangshi	十堰市 Shiyan	宜昌市 Yichang
家用器具	Household Appliances	99.1	99.9	101.2	102.7
家用纺织品	Home Textiles	101.4	98.9	99.8	98.1
家庭日用杂品	Household Articles for Daily Use	100.1	100.9	100.2	100.1
个人护理用品	Personal Care Products	99.7	99.3	100.1	99.2
家庭服务	Household Service	102.7	99.8	105.1	106.3
交通通信	**Transport and Communication**	**104.5**	**104.1**	**104.3**	**104.0**
交通	Transport	105.3	104.7	105.2	104.7
交通工具	Transport Facility	99.6	99.6	99.6	99.1
交通工具用燃料	Fuels for Transport Facility	117.5	117.3	117.4	117.5
交通工具使用及维修	Use and Maintenance of Transport Facility	104.2	104.4	105.8	100.3
交通费	Traffic Fee	99.8	98.9	99.5	101.9
通信	Communication	101.9	102.1	101.1	101.7
通信工具	Communication Facility	105.5	105.9	102.9	105.3
通信服务	Communication Service	100.0	100.1	100.0	99.7
邮递服务	Monthly Renting Fee	100.0	100.0	100.0	98.6
教育文化娱乐	**Education, Culture and Recreation**	**102.9**	**101.8**	**101.2**	**102.7**
教育	Education	101.6	101.1	101.2	102.4
教育用品	Education Supplies	100.0	100.4	99.9	99.6
教育服务	Education Services	101.6	101.1	101.2	102.5
文化娱乐	Cultural Entertainment	105.4	103.5	101.1	103.2
文娱耐用消费品	Durable Consumer Goods for Recreational	102.2	102.1	98.5	101.4
其他文娱用品	Other Entertainment Products	101.9	100.1	101.9	100.3
文化娱乐服务	Cultural and Recreational Services	111.2	113.0	114.2	111.3
旅游	Tourism	105.5	100.5	91.2	100.6
医疗保健	**Medicine**	**99.6**	**99.8**	**100.4**	**99.4**
药品及医疗器具	Medicines and Medical Devices	98.3	99.2	101.6	98.0
中药	Traditional Chinese Medicine	100.8	100.7	102.8	98.2
西药	Western Medicine	97.4	100.3	101.9	98.4
滋补保健品	Tonic and Healthy Goods	98.9	99.9	100.5	97.3
医疗卫生器具	Medical Appliance	97.9	89.3	100.6	98.0
保健器具	Healthy Appliance	98.8	99.9	100.0	96.7
医疗服务	Medical Services	100.0	100.0	100.0	100.0
综合医疗类	Integrated Medical Services	100.0	100.0	100.0	100.0
诊断类	Diagnosis of Class	100.0	100.0	100.0	100.0
治疗类	Treatment of Class	100.0	100.0	100.0	100.0
康复类	Rehabilitation Class	100.0	100.0	100.0	100.0
中医医疗服务类	TCM Medical Services	100.0	100.0	100.0	100.0
其他医疗服务	Other Medical Services	100.0	100.0	100.0	100.0
其他用品及服务	**Other Supplies and Services**	**97.3**	**98.1**	**97.5**	**97.9**
其他用品	Other Supplies	97.3	98.3	98.2	99.0
首饰手表	Jewelry Watches	96.7	95.8	98.0	99.7
母婴用品	Maternal and Child Supplies	98.3	99.6	98.9	97.0
其他杂项用品	Other Miscellaneous Goods	97.1	100.4	97.7	100.3
其他服务	Other Service Classes	97.3	97.8	96.8	96.7
在外住宿	Hotel Accommodation	102.5	99.3	98.6	98.7
美容美发洗浴	Making-up Hair Salon Bathing	101.8	104.6	100.3	103.7
养老服务	Pension Service	100.0	105.0	100.0	100.0
金融及保险服务	Finance and Insurance	94.5	94.4	94.2	91.8
中介法律及其他服务	Other Service Classes	100.0	99.3	100.0	100.0

4-5 续表 2 Continued

(上年＝100) (preceding year=100)

指　　标	Item	襄阳市 Xiangyang	孝感市 Xiaogan	荆州市 Jingzhou	咸宁市 Xianning
居民消费价格总指数	**Consumer Price Index**	**100.2**	**100.6**	**100.2**	**100.4**
非食品烟酒价格指数	**Non-food Tobacco and Alcohol Price Index**	**101.0**	**101.2**	**100.6**	**101.1**
服务价格指数	**Items of Service Price Index**	**100.3**	**100.7**	**99.8**	**100.8**
工业品价格指数	**Industrial Product Price Index**	**102.0**	**101.8**	**101.4**	**101.4**
消费品价格指数	**Consumable Price Index**	**100.1**	**100.6**	**100.5**	**100.0**
扣除食品和能源价格指数	**Deduction Food and Energy Price Index**	**100.4**	**100.9**	**100.4**	**100.7**
扣除鲜菜鲜果总指数	**Deduction Fresh Vegetables Fresh Fruit General Index**	**100.1**	**100.6**	**100.1**	**100.4**
食品烟酒	**Food Tobacco and Alcohol**	**98.0**	**99.2**	**99.4**	**98.5**
食品	Food	96.6	97.2	97.2	96.3
粮食	Grain	99.8	99.0	99.8	101.2
薯类	Tubers	98.7	90.9	96.4	80.8
豆类	Beans	105.5	103.3	101.3	105.0
食用油	Edible Oil and Fats	111.2	104.1	105.5	107.8
菜及食用菌	Edible Mushrooms	101.4	98.6	100.4	96.7
畜肉类	Meal, Poultry and Processed Products	76.3	80.1	74.9	77.9
禽肉类	Poultry	102.3	94.3	89.1	94.6
水产品	Aquatic Products	117.6	117.6	124.2	118.7
蛋类	Eggs	106.3	112.3	109.7	107.3
奶类	Milk	101.8	102.1	103.9	103.0
干鲜瓜果类	Dried and Fresh Melons and Fruits	103.0	103.4	106.9	100.5
糖果糕点类	Confectionery	98.4	100.8	98.9	102.0
调味品	Flavoring	103.4	100.3	102.0	101.6
其他食品类	Other Food Categories	102.5	99.2	102.1	99.2
茶及饮料	Tea and Beverages	96.8	100.1	100.4	100.6
烟酒	Tobacco, Liquor	100.0	100.3	99.8	101.3
卷烟	Tobacco	100.0	100.0	100.0	100.0
酒类	Liquor	100.0	101.5	98.9	107.0
在外餐饮	Dining Out	100.7	104.4	105.0	103.2
衣着	**Clothing**	**102.0**	**102.5**	**100.5**	**98.9**
服装	Garments	102.3	103.1	100.7	98.8
男式服装	Men's Garment	101.2	104.0	104.0	98.5
女式服装	Women's Dress	103.6	102.9	98.6	98.6
儿童服装	Children's Garment	101.1	102.8	99.2	100.3
衣着材料及配件	Clothing Materials & Accessories	99.0	100.1	100.0	96.7
衣着服务费	Clothing Service Fee	100.0	100.6	109.1	101.5
鞋类	The Footwear	100.1	99.1	98.9	99.5
居住	**Residence**	**99.9**	**99.9**	**99.4**	**99.9**
租赁房房租	Tenancy	98.9	99.7	97.8	99.0
住房保养维修及管理	Housing Maintenance and Management	100.2	101.8	101.2	102.6
水电燃料	Water, Electricity and Fuels	100.4	100.5	100.5	100.3
自有住房	Self-owned House	99.8	99.4	98.9	99.1
生活用品及服务	**Daily Necessities and Services**	**100.2**	**99.8**	**100.2**	**101.0**
家具及室内装饰品	Furniture and Interior Decorations	99.2	100.0	100.1	105.0
家具	Furniture	99.1	100.0	99.8	105.6
室内装饰品	Interior Decorations	100.3	100.0	103.2	99.8

4-5 续表 3 Continued

(上年＝100) (preceding year=100)

指　　标	Item	襄阳市 Xiangyang	孝感市 Xiaogan	荆州市 Jingzhou	咸宁市 Xianning
家用器具	Household Appliances	102.8	100.8	102.3	99.9
家用纺织品	Home Textiles	99.0	100.0	98.3	104.8
家庭日用杂品	Household Articles for Daily Use	100.4	99.2	99.0	99.2
个人护理用品	Personal Care Products	97.5	97.9	98.9	99.1
家庭服务	Household Service	100.1	102.1	101.5	103.0
交通通信	**Transport and Communication**	**103.5**	**103.6**	**103.2**	**104.1**
交通	Transport	104.2	104.4	103.9	105.1
交通工具	Transport Facility	99.5	99.6	99.6	99.5
交通工具用燃料	Fuels for Transport Facility	117.5	117.2	117.4	117.4
交通工具使用及维修	Use and Maintenance of Transport Facility	100.0	99.2	100.0	100.4
交通费	Traffic Fee	98.1	100.8	103.1	99.8
通信	Communication	100.8	100.8	100.6	100.8
通信工具	Communication Facility	102.0	102.4	101.7	102.3
通信服务	Communication Service	100.0	100.0	100.0	100.0
邮递服务	Monthly Renting Fee	100.0	100.0	100.0	100.0
教育文化娱乐	**Education, Culture and Recreation**	**101.9**	**103.1**	**101.2**	**103.3**
教育	Education	101.7	103.2	100.2	103.1
教育用品	Education Supplies	102.7	100.2	100.7	99.8
教育服务	Education Services	101.7	103.3	100.2	103.2
文化娱乐	Cultural Entertainment	102.5	103.1	103.5	103.7
文娱耐用消费品	Durable Consumer Goods for Recreational	99.6	101.9	98.8	102.7
其他文娱用品	Other Entertainment Products	99.9	100.3	100.6	101.4
文化娱乐服务	Cultural and Recreational Services	112.3	112.4	107.6	109.1
旅游	Tourism	97.9	98.3	105.6	101.8
医疗保健	**Medicine**	**99.9**	**99.4**	**99.5**	**99.5**
药品及医疗器具	Medicines and Medical Devices	99.8	97.7	100.2	98.0
中药	Traditional Chinese Medicine	103.5	96.7	100.3	95.9
西药	Western Medicine	100.4	97.6	101.4	100.2
滋补保健品	Tonic and Healthy Goods	100.0	99.9	99.1	98.0
医疗卫生器具	Medical Appliance	85.0	94.1	92.4	87.4
保健器具	Healthy Appliance	103.5	101.2	101.0	100.0
医疗服务	Medical Services	99.9	100.0	99.3	100.0
综合医疗类	Integrated Medical Services	99.4	100.0	100.0	100.0
诊断类	Diagnosis of Class	100.0	100.0	98.1	100.0
治疗类	Treatment of Class	100.0	100.0	100.0	100.0
康复类	Rehabilitation Class	100.0	100.0	100.0	100.0
中医医疗服务类	TCM Medical Services	100.0	100.0	100.0	100.0
其他医疗服务	Other Medical Services	100.0	100.0	100.0	100.0
其他用品及服务	**Other Supplies and Services**	**97.9**	**97.7**	**97.8**	**98.0**
其他用品	Other Supplies	99.0	97.8	98.2	98.8
首饰手表	Jewelry Watches	99.4	95.4	99.9	98.9
母婴用品	Maternal and Child Supplies	98.5	98.8	95.3	98.2
其他杂项用品	Other Miscellaneous Goods	98.9	99.8	100.0	99.7
其他服务	Other Service Classes	96.9	97.7	97.4	97.3
在外住宿	Hotel Accommodation	101.1	105.5	98.3	90.8
美容美发洗浴	Making-up Hair Salon Bathing	100.0	99.8	99.9	102.8
养老服务	Pension Service	100.0	103.1	100.0	114.1
金融及保险服务	Finance and Insurance	94.0	94.0	96.0	94.6
中介法律及其他服务	Other Service Classes	100.0	100.0	100.3	100.0

4-6 商品零售价格分类指数(2021年)
Retail Price Indices by Category(2021)

(上年＝100) (preceding year=100)

指 标	Item	全 省 Province	城 市 Urban Areas	农 村 Rural Areas
商品零售价格指数	**Retail Price Index**	**101.2**	**101.2**	**100.8**
食品	**Food**	**98.3**	**98.5**	**97.2**
粮食	Grain	101.0	100.7	101.9
大米	Rice	100.5	99.9	102.3
面粉	Flour	100.5	100.4	100.8
其他粮食	Other Grain	102.3	102.1	102.8
粮食制品	Grain Products	102.6	103.0	100.6
薯类	Tubers	96.0	95.7	98.1
薯类	Tubers	96.0	95.7	98.1
豆类	Beans	105.5	105.6	105.2
干豆	Dried Beans	102.3	102.0	103.2
豆制品	Bean Products	106.0	106.1	105.5
食用油	Edible Oil and Fats	108.9	109.1	108.1
食用植物油	Edible Vegetable Oil	109.9	110.1	109.3
植物油制品	Vegetable Oil Processed Products	88.6	90.0	83.0
菜及食用菌	Vegetables and Mushrooms	100.1	100.0	100.4
鲜菜	Fresh Vegetables	100.1	100.0	100.7
鲜菌	Fresh Mushrooms	96.9	97.2	94.8
干菜干菌及制品	Dried Vegetables and Vegetable Products	101.3	101.5	100.1
畜肉类	Meal, Poultry and Processed Products	79.5	80.0	77.0
猪肉	Pork	67.7	67.7	67.9
牛肉	Beef	101.6	101.7	100.9
羊肉	Mutton	101.1	100.7	103.5
其他畜肉及副产品	Other Meat and By-Products	86.5	85.7	90.6
畜肉制品	Animal By-products	101.7	101.8	101.0
禽肉类	Poultry	93.2	92.8	95.5
鸡	Chicken	89.1	88.5	92.4
鸭	Duck	92.7	91.3	101.4
其他禽肉及制品	Other Poultry Meat and Products	101.6	101.8	100.3
水产品	Aquatic Products	114.2	113.6	117.8
淡水鱼	Fish in Fresh Water	127.1	127.1	127.1
海水鱼	Fish in Sea Water	97.9	97.1	102.6
虾蟹类	Decapod Crustacean	99.1	98.6	103.3
其他水产品及制品	Other Aquatic Products and Products	101.7	101.8	101.2
蛋类	Eggs	105.0	105.6	102.3
鸡蛋	Chicken's Eggs	106.2	107.0	102.4
其他蛋及制品	Other Eggs and Products	97.5	96.8	101.3
奶类	Milk	102.1	102.5	100.6
鲜奶	Fresh Milk	103.9	103.9	103.9
酸奶	Yogurt	101.7	102.1	99.1
奶粉	Milk Powder	101.5	102.0	99.8
其他奶制品	Other Milk Products	101.1	100.7	102.4
干鲜瓜果类	Dried and Fresh Melons and Fruits	101.3	101.2	101.8
鲜果	Fresh Fruits	101.7	101.5	102.5
坚果	Nuts	99.3	99.5	98.4
瓜果制品	Melon and Fruit Products	100.6	100.5	100.8
糖果糕点类	Confectionery	100.5	100.6	100.1
食糖	Sugar	100.6	101.4	97.7
糖果	Candy	100.2	99.9	101.7
糕点	Pastry	100.2	100.2	100.3
其他糖果糕点	Other Confectionery	102.7	103.3	99.5
调味品	Flavoring	102.2	102.2	101.8
食用盐	Salt	103.0	103.3	102.0
酱油	Soy Sauce	100.1	100.2	99.3

4-6 续表 1 Continued

(上年＝100) (preceding year=100)

指 标	Item	全 省 Province	城 市 Urban Areas	农 村 Rural Areas
食醋	Vinegar	103.3	104.5	99.0
增味剂	Bechamel	100.6	100.6	101.0
其他调味品	Monosodium Glutamate	103.5	103.3	104.2
其他食品类	Other Food Categories	101.4	101.7	100.2
方便食品	Convenience Foods	101.6	102.0	99.8
淀粉及制品	Starch and Products	101.1	101.3	99.7
其他食品	Puffed Food	101.2	101.2	101.0
餐饮业零售	Food and Beverage Retail	102.5	102.5	102.0
餐馆餐饮	Restaurant Dining	102.7	102.7	102.5
饮品店餐饮	Beverage shop catering	101.4	101.6	99.8
餐饮配送及外卖送餐	Food Delivery and Takeaway Meals	99.8	99.8	100.6
其他餐饮业零售	Other Catering Retail	105.6	106.4	100.7
饮料、烟酒	**Beverages, Tobacco and Liquor**	**100.7**	**100.7**	**100.4**
茶及饮料	Tea and Beverages	101.3	101.5	100.2
茶叶	Tea	101.2	101.1	101.2
固体咖啡	Solid Coffee	101.2	101.2	100.9
其他固体饮料	Other Solid Beverages	103.2	103.7	100.0
饮用水	Drinking Water	99.4	99.4	99.5
果汁饮料	Fruit Juice Beverages	99.0	98.9	99.6
其他液体饮料	Other Liquid Beverages	102.0	102.4	100.2
卷烟	Tobacco	100.0	100.0	100.3
卷烟	Tobacco	100.0	100.0	100.3
酒类	Liquor	101.9	102.1	101.0
白酒	Distilled Spirit	102.1	102.2	101.2
葡萄酒	Wine	101.3	101.3	99.3
啤酒	Beer	101.9	102.2	100.8
其他酒类	Other Liquors	101.2	101.3	100.1
服装、鞋帽	**Garments, Shoes and Hats**	**100.0**	**100.1**	**99.4**
服装	Garments	100.0	100.1	99.6
男式服装	Men's Garment	99.8	99.9	99.3
男式外套	Men's Coat	99.0	99.1	98.5
男式针织衫	Men's Knitwear	102.6	103.5	98.8
男式衬衫T恤	Men's Shirt T-shirts	100.8	100.8	100.7
男士裤子	Men's Trousers	100.5	100.6	100.1
男士内衣	Men's Underwear	97.7	97.0	102.0
女式服装	Women's Dress	100.4	100.6	99.7
女式外套	Women's Overcoat	101.2	101.4	99.9
女式针织衫	Women's Knitwear	100.2	100.5	98.0
女士衬衫T恤	Women's Shirt T-shirts	99.4	99.2	100.5
女士裤子	Women's Trousers	99.5	99.4	100.6
女士裙子	Skirt	102.0	102.4	99.3
女士内衣	Women's Underwear	97.9	97.5	100.0
儿童服装	Children's Garment	99.1	99.0	99.6
婴儿服装	Infants Clothing	99.2	98.9	100.9
儿童上衣	Children's Suits	100.0	100.0	100.5
儿童裤子	Children's Trousers	96.3	95.9	98.8
儿童裙子	Children's Skirt	100.4	100.9	97.1
儿童内衣	Children's Underwear	98.8	98.3	102.2

4-6 续表 2 Continued

(上年=100) (preceding year=100)

指 标	Item	全 省 Province	城 市 Urban Areas	农 村 Rural Areas
鞋袜帽	Footwear, Socks and Hats	100.1	100.3	98.8
鞋	Shoes	100.0	100.3	98.6
男鞋	Men's Shoes	99.4	99.5	99.1
女鞋	Women's Shoes	100.5	101.0	98.3
童鞋	Children's Shoes	99.8	100.0	99.0
袜子	Socks and Stockings	100.6	100.7	100.2
袜子	Socks and Stockings	100.6	100.7	100.2
帽子	Hats	99.6	99.7	99.2
帽子	Hats	99.6	99.7	99.2
其他衣着配件	Other Clothing and Accessories	99.6	99.6	100.4
其他衣着配件	Other Clothing and Accessories	99.6	99.6	100.4
纺织品	**Textiles**	**101.8**	**102.0**	**100.9**
服装材料	Clothing Material	104.7	105.8	101.0
服装材料	Clothing Material	104.7	105.8	101.0
床上用品	Bed Articles	100.7	100.7	100.9
被子	Quilts	102.4	102.5	101.7
床单被套	Bed Sets	100.6	100.6	101.0
其他床上用品	Other Bedding	98.9	98.4	100.2
家用电器及音像器材	**Household Appliances, Music and Video Equipment**	**101.3**	**101.2**	**102.0**
家庭设备	Household Facilities	100.3	100.1	101.9
洗衣机	Washing Machine	100.7	100.4	102.5
电冰箱(柜)	Refrigerator	100.6	99.8	103.3
抽油烟机	Smoke Exhauster	99.9	99.8	100.5
空调器	Air Conditioner	101.4	101.2	102.1
热水器	Shower Heater	100.2	99.9	101.6
炉具灶具	Cooking Stove	98.2	97.6	102.1
吸 尘 器	Vacuum Cleaner	98.4	98.4	99.4
空气净化器	Air Purifier	97.9	98.0	96.9
净 水 器	Water Purifier	94.8	94.6	95.8
厨房小家电	Kitchen Appliances	105.0	105.0	105.2
生活小家电	Household Appliance	99.6	99.4	101.2
其他大型家用器具	Other Large Household Appliances	97.0	96.7	99.5
文娱用耐用消费品	Durable Consumer Goods for Recreational	103.1	103.3	102.2
电视机	Television	104.3	104.7	102.6
照相机	Camera	100.3	100.5	98.5
音响	Audio	99.5	99.3	101.8
可穿戴智能设备	Wearable Smart Devices	100.4	100.3	102.0
其他文娱耐用消费品	Other Rrecreational Consumer Durables	103.5	103.9	99.0
专业音像器材	Audiovisual Equipment	99.3	99.1	101.2
专业音响器材	Professional Audio Equipment	98.4	98.1	100.8
专业声像器材	Professional Audio-visual Equipment	101.0	100.9	101.8
文化办公用品	**Cultural and Office Goods**	**100.7**	**100.7**	**100.9**
纸张文具	Paper Stationery	101.7	101.9	100.4
台式计算机	Desktop Computer	100.9	101.0	100.7
笔记本电脑	Portable Computer	100.2	99.9	101.4
平板电脑	Tablet Computer	99.7	99.7	100.0
电脑附件	Computer Accessories	99.7	99.4	101.4
打印复印机	Printer Copier	103.1	103.2	102.4
教学设备	Teaching Equipment	100.2	100.4	99.0
日用品	**Articles for Daily Use**	**99.9**	**99.8**	**100.5**
日用百货	General Merchandise for Daily Use	100.2	100.1	100.9
电动自行车	Electric Bicycle	100.9	100.6	101.7
自行车	Bicycle	103.6	103.9	101.8
雨具	Rain Gear	99.9	99.7	100.7
护理器具	Care Tools	99.1	99.2	98.7
清洁用纸	Cleaning Paper	100.2	100.0	101.0
化妆器具	Makeup Tools	96.7	96.4	97.6

4-6 续表 3 Continued

(上年=100) (preceding year=100)

指　标	Item	全　省 Province	城　市 Urban Areas	农　村 Rural Areas
厨具餐具茶具	Kitchenware Cooking-set Tea-set	98.8	99.0	98.0
厨具	Kitchenware	98.6	98.8	97.5
餐具	Cooking-set	97.3	97.3	97.3
茶具	Tea-set	102.7	102.7	102.1
清洗用品	Cleaning Supplies	101.1	101.3	100.2
清洗用品	Cleaning Supplies	101.1	101.3	100.2
其他日用品	Other Daily Necessities	99.5	99.3	100.8
灯具	Lamp	101.7	101.9	101.0
箱包	Luggage and Bags	97.1	96.7	100.3
母婴用品	Maternal and Child Supplies	99.1	99.0	99.7
眼镜	Glasses	100.3	100.2	100.9
其他护理用品	Other Nursing Supplies	102.5	102.7	102.0
其他日用杂品	Other Daily Groceries	99.5	99.0	101.6
体育娱乐用品	**Sports and Recreation Articles**	**101.6**	**101.6**	**101.0**
体育户外用品	Sports Outdoor Goods	100.6	100.5	101.9
体育户外用品	Sports Outdoor Goods	100.6	100.5	101.9
娱乐用品	Amusement Articles	101.7	101.8	101.0
乐器	Musical Instrument	102.0	102.1	99.7
游戏用品和玩具	Game Supplies and Toys	101.1	101.3	99.3
园艺花卉及用品	Gardening Flowers and Articles	107.0	107.2	103.6
宠物及用品	Pets and Supplies	100.5	100.2	102.5
其他文化娱乐用品	Other Cultural and Recreational Items	100.2	100.0	101.0
交通、通信用品	**Transport and Communication Appliances**	**100.8**	**100.9**	**100.2**
交通运输机械	Machinery of Communications and Transportation	99.7	99.7	99.7
燃油小汽车	Fuel Car	99.5	99.5	99.5
新能源小汽车	Compact Car	98.6	98.6	98.6
大中型客车	Large and Medium Passenger Vehicle	100.9	100.9	100.9
交通工具零配件	Vehicle Spare Parts	100.4	100.4	100.4
通信器材	Apparatus of Communication	104.7	105.0	102.1
电 话 机	Stationary Telephone	104.8	105.2	102.1
其他通信器材	Other Communication Tools	101.4	101.5	100.9
家具	**Furniture**	**100.8**	**100.6**	**101.5**
柜	Cupboard	100.6	100.4	101.5
床	Beds	101.0	100.8	102.4
桌	Desks	102.2	102.3	101.8
椅	Chairs	99.6	99.2	101.3
沙发	Sofas	100.2	100.1	100.4
其他家具	Other Furniture	101.5	101.3	102.5
化妆品	**Cosmetic Products**	**99.1**	**99.2**	**98.5**
清洁化妆品	Cleaning Cosmetics	98.3	98.5	97.1
护肤化妆品	Skin Care Cosmetics	98.5	98.7	97.0
彩妆化妆品	Make-up Cosmetics	96.4	96.4	96.3
清洁类护理用品	Cleaning Supplies	100.7	100.8	100.2
护发美发用品	Hair Care Products	100.5	100.8	99.5
金银饰品	**Jewel of Gold and Silver**	**97.5**	**97.1**	**99.9**
金饰品	Gold Ornaments	94.6	94.0	99.2
银饰品	Silver Ornaments	100.0	100.3	97.2
铂金饰品	Platinum Ornaments	107.9	108.6	103.4
中西药品及医疗保健用品	**Traditional Chinese and Western Medicines and Health**	**98.8**	**98.7**	**99.3**
医疗卫生器具	Medical Appliance	95.8	96.3	91.4
医疗卫生器具	Medical Appliance	95.8	96.3	91.4
中药	Traditional Chinese Medicine	100.7	100.6	101.4
中药材	Chinese Herbal Material	100.8	100.8	101.1
中成药	Chinese Patent Drugs	100.7	100.5	101.6

4-6 续表 4 Continued

(上年＝100) (preceding year=100)

指　标	Item	全 省 Province	城 市 Urban Areas	农 村 Rural Areas
西药	Western Medicine	98.7	98.5	99.4
抗微生物药	Antimicrobial Agents	100.2	100.4	99.5
消化系统用药	Digestive System	101.5	101.9	99.4
呼吸系统用药	Respiratory System	101.2	101.5	100.7
解热镇痛药	Antipyretic Analgesics	100.8	101.4	98.5
抗肿瘤药	Antineoplastic Agents	86.3	84.8	99.8
激素及影响内分泌药	Hormones and Endocrine Agents	99.5	99.2	100.6
心血管系统用药	Cardiovascular System	95.8	95.4	97.7
血液系统用药	Blood System Medication	100.0	100.2	99.3
治疗精神障碍药	Drugs for the Treatment of Mental Disorders	101.6	101.6	101.9
神经系统用药	Drugs for Nervous System	101.1	101.5	99.9
泌尿系统用药	Urinary System Drugs	101.3	103.1	94.7
维生素、矿物质类药	Vitamin	99.3	99.1	100.1
调节水、电解质及酸碱平衡药	Adjust Water, Electrolyte and Acid-base Balance	102.7	103.3	100.6
其他西药	Other Western Medicine	100.8	101.0	99.6
保健器具及用品	Healthy Appliances and Articles	98.9	98.9	99.8
保健器具	Healthy Appliance	100.2	100.2	100.2
滋补保健品	Tonic and Healthy Goods	98.8	98.7	99.5
书报杂志及电子出版物	**Books, Newspapers, Magazines and Electronic Publications**	**100.8**	**100.9**	**100.8**
教材及参考书	Texts and Reference Books	100.5	100.3	101.4
工具书	Reference Book	101.4	101.0	103.5
教材	Text-book	100.1	100.1	100.2
参考资料	The Resources	100.8	100.5	102.6
其他教育用品	Other Educational Supplies	99.9	100.0	99.4
书报杂志及音像制品	Books, Magazines and Audio-visual Products	100.0	100.0	100.2
书报杂志及音像制品	Books, Magazines and Audio-visual Products	100.0	100.0	100.2
计算机办公软件	Computer Office Software	102.5	102.8	100.4
计算机办公软件	Computer Office Software	102.5	102.8	100.4
燃料	**Fuels**	**113.4**	**113.5**	**113.0**
煤炭及制品	Coal and Its Products	100.5	100.2	101.3
原煤	Coal	100.0	100.0	100.0
煤制品	Coal Products	100.7	100.3	101.8
石油及制品	Oil and Its Products	114.4	114.4	114.7
管道燃气	Pipeline Gas	100.0	100.0	100.0
液化石油气	Liquefied Petroleum Gas	105.3	106.3	102.9
汽油	Gasoline	117.6	117.6	117.6
柴油	Diesel Oil	119.5	119.5	119.5
建筑材料及五金电料	**Building Materials and Hardware**	**100.9**	**100.7**	**101.9**
建筑装潢材料	Building Decoration Materials	101.1	100.9	102.0
木地板	Wood Floor	100.0	99.9	101.1
瓷砖	Ceramic Tile	101.0	101.1	100.7
水泥	Cement	103.4	103.2	104.8
涂料	Paint	101.9	102.0	101.6
板材	Board	100.4	99.9	104.1
管材	Pipe	101.5	101.3	102.8
厨卫设备	Kitchen Equipment	99.7	99.4	101.1
门窗	Doors and Windows	101.0	100.9	101.7
其他住房装潢材料	Other Housing Upholstery Materials	103.5	103.6	103.0
五金水暖	Hardware Plumbing	100.5	100.2	101.8
家用手工工具	Hand Tools for Household Use	99.3	99.2	99.9
配电附件	The Power Distribution in Attachment	100.6	100.4	101.6
水暖器材	Plumbing Equipment	101.0	100.6	102.9

4-7 分月商品零售价格分类指数(2021年)

(上年同月=100)

指 标	Item	1月 January	2月 February	3月 March
商品零售价格指数	**Retail Price Index**	**99.1**	**99.0**	**99.8**
食品	**Food**	**101.0**	**96.2**	**94.9**
粮食	Grain	100.5	100.3	100.5
薯类	Tubers	97.1	85.2	85.5
豆类	Beans	107.7	105.9	105.4
食用油	Edible Oil and Fats	103.4	105.4	107.6
菜及食用菌	Vegetables and Mushrooms	113.8	94.0	87.9
畜肉类	Meal, Poultry and Processed Products	97.4	84.1	79.6
猪肉	Pork	93.7	74.9	68.5
牛肉	Beef	103.6	100.7	98.7
羊肉	Mutton	103.5	100.8	100.0
其他畜肉及副产品	Other Meat and By-Products	102.3	98.6	95.5
畜肉制品	Animal By-products	102.9	101.6	100.9
禽肉类	Poultry	91.3	89.2	88.7
水产品	Aquatic Products	102.3	105.1	105.4
淡水鱼	Fish in Fresh Water	107.7	111.6	113.1
海水鱼	Fish in Sea Water	93.8	93.1	93.0
虾蟹类	Decapod Crustacean	96.4	99.9	97.1
其他水产品及制品	Other Aquatic Products and Products	101.5	100.4	100.5
蛋类	Eggs	94.8	92.1	88.7
奶类	Milk	101.0	100.7	100.9
干鲜瓜果类	Dried and Fresh Melons and Fruits	97.6	95.6	97.5
糖果糕点类	Confectionery	100.6	100.1	99.8
调味品	Flavoring	102.8	102.2	101.9
其他食品类	Other Food Categories	100.7	100.2	100.4
在外餐饮	Dining Out	101.4	102.0	102.0
饮料、烟酒	**Beverages, Tobacco and Liquor**	**100.2**	**100.1**	**100.2**
茶及饮料	Tea and Beverages	99.4	99.1	99.3
茶叶	Tea	100.0	99.9	100.2
固体咖啡	Solid Coffee	101.6	101.5	101.7
其他固体饮料	Other Solid Beverages	100.6	100.8	101.0
饮用水	Drinking Water	98.5	98.0	97.5
果汁饮料	Fruit Juice Beverages	100.4	99.0	98.6
其他液体饮料	Other Liquid Beverages	98.8	98.6	99.1
卷烟	Tobacco	100.1	100.0	100.0
酒类	Liquor	101.2	101.1	101.5
服装、鞋帽	**Garments, Shoes and Hats**	**98.5**	**98.5**	**99.1**
服装	Garments	98.7	98.7	99.4
男式服装	Men's Garment	98.6	98.5	99.5
女式服装	Women's Dress	99.3	99.2	99.8
儿童服装	Children's Garment	97.2	97.4	97.6
鞋袜帽	Footwear, Socks and Hats	97.6	97.7	98.0
鞋	Shoes	97.1	97.2	97.7
袜子	Socks and Stockings	100.0	100.1	99.2

Retail Price Indices by Category and Month(2021)

(same month of preceding year=100)

4 月 April	5 月 May	6 月 June	7 月 July	8 月 August	9 月 September	10 月 October	11 月 November	12 月 December
101.2	**102.0**	**102.2**	**101.6**	**101.2**	**101.4**	**102.2**	**102.8**	**101.8**
97.9	**100.5**	**99.9**	**97.3**	**97.2**	**96.9**	**98.0**	**101.1**	**99.2**
100.8	100.8	101.0	101.1	101.0	101.1	101.2	101.7	101.8
92.2	95.3	94.0	92.9	99.1	101.1	103.3	108.9	108.6
106.2	106.2	106.4	106.0	105.6	105.5	104.0	103.8	103.6
107.9	108.1	108.3	109.2	108.9	111.4	112.2	112.1	111.8
94.4	104.8	106.5	91.2	93.3	96.2	102.6	116.9	105.1
82.8	85.4	78.2	72.0	72.4	70.1	72.7	81.1	77.5
71.7	74.3	63.3	56.2	57.5	54.6	58.5	71.3	65.8
101.1	102.7	103.8	103.4	102.5	101.2	100.7	100.6	100.4
100.8	101.0	101.1	101.0	101.2	101.0	100.3	101.6	100.6
96.1	95.6	89.6	81.4	78.8	74.7	73.4	77.0	77.5
101.1	101.5	102.2	102.0	102.0	101.4	100.8	101.9	102.2
89.8	92.4	93.9	94.6	94.0	95.4	95.9	97.3	97.2
117.5	124.6	123.9	120.8	117.1	113.8	112.9	113.7	113.2
136.4	147.6	145.0	138.5	131.8	124.8	122.0	122.9	121.7
95.0	98.8	99.4	97.2	95.4	96.9	101.0	105.6	107.7
96.1	96.5	96.6	98.7	100.1	103.1	103.6	101.6	100.4
101.5	102.3	102.2	102.5	102.0	101.9	102.1	101.7	101.9
97.4	106.6	114.5	115.3	112.6	110.7	109.7	113.7	112.4
102.1	102.6	102.2	102.4	101.9	102.7	103.3	102.8	102.7
100.3	101.7	104.8	106.3	106.8	104.8	101.6	100.2	99.9
99.9	100.0	100.5	100.7	100.4	100.6	101.1	101.1	101.6
101.8	101.7	102.3	101.6	101.3	101.8	102.7	102.8	103.1
100.1	100.2	101.4	101.2	101.6	102.3	102.4	103.1	103.5
102.1	101.9	102.5	103.0	102.8	103.0	102.9	103.0	103.0
100.3	**100.5**	**100.8**	**100.6**	**100.8**	**101.0**	**101.0**	**101.3**	**101.6**
99.6	100.6	102.4	102.2	102.1	102.6	102.6	102.7	103.1
100.3	100.3	100.5	101.0	100.6	102.5	103.2	102.8	102.6
101.7	101.8	102.1	101.5	100.8	100.4	100.7	100.6	100.3
102.2	102.8	103.0	103.1	103.0	103.9	105.1	105.8	107.0
97.9	99.9	101.0	99.6	101.0	100.2	99.4	99.9	100.3
97.7	97.3	98.0	99.5	99.1	99.1	99.5	99.9	99.7
99.5	100.9	104.4	104.0	103.7	103.9	103.4	103.6	104.3
100.0	100.0	100.0	100.0	100.0	100.0	100.0	100.0	100.1
101.5	101.6	101.6	101.0	101.6	102.2	102.1	103.7	104.2
99.3	**99.8**	**99.9**	**100.2**	**99.5**	**101.2**	**101.5**	**101.5**	**101.2**
99.3	99.8	99.9	100.3	99.5	101.1	101.4	101.3	101.0
99.1	99.3	99.6	100.2	99.4	100.7	100.7	101.3	101.0
99.8	100.3	100.2	100.6	99.6	101.7	102.2	101.5	101.2
97.9	99.2	99.4	99.4	99.1	100.2	100.4	100.6	100.5
99.3	99.9	100.2	99.9	99.9	101.8	102.3	102.3	102.2
99.1	99.8	100.1	99.8	99.8	102.1	102.7	102.7	102.6
100.0	100.2	101.5	101.6	101.0	101.0	100.5	101.0	101.1

4-7 续表

(上年同月=100)

指 标	Item	1 月 January	2 月 February	3 月 March
帽子	Hats	101.2	101.1	100.7
其他衣着配件	Other Clothing and Accessories	99.8	99.8	99.4
纺织品	**Textiles**	**101.6**	**101.5**	**101.4**
服装材料	Clothing Material	103.9	103.9	104.3
床上用品	Bed Articles	100.8	100.6	100.5
家用电器及音像器材	**Household Appliances, Music and Video Equipment**	**98.1**	**98.1**	**98.3**
家庭设备	Household Facilities	98.3	98.6	98.4
文娱用耐用消费品	Durable Consumer Goods for Recreational	97.8	97.3	98.1
专业音像器材	Audiovisual Equipment	97.7	97.7	98.8
文化办公用品	**Cultural and Office Goods**	**101.0**	**101.2**	**101.3**
日用品	**Articles for Daily Use**	**100.0**	**99.6**	**99.9**
日用百货	General Merchandise for Daily Use	100.1	99.6	100.3
厨具餐具茶具	Kitchenware Cooking-set Tea-set	96.4	96.2	96.2
清洗用品	Cleaning Supplies	102.8	102.5	101.0
其他日用品	Other Daily Necessities	99.8	99.4	100.2
体育娱乐用品	**Sports and Recreation Articles**	**101.3**	**101.3**	**101.5**
体育户外用品	Sports Outdoor Goods	100.8	100.8	101.0
娱乐用品	Amusement Articles	101.4	101.4	101.5
交通、通信用品	**Transport and Communication Appliances**	**100.5**	**102.4**	**101.8**
交通运输机械	Machinery of Communications and Transportation	99.7	100.8	99.8
通信器材	Apparatus of Communication	102.8	107.7	108.5
家具	**Furniture**	**98.8**	**100.2**	**100.4**
化妆品	**Cosmetic Products**	**102.6**	**99.3**	**100.0**
金银饰品	**Jewel of Gold and Silver**	**108.5**	**105.8**	**102.0**
中西药品及医疗保健用品	**Traditional Chinese and Western Medicines and Health**	**99.7**	**98.5**	**97.8**
医疗卫生器具	Medical Appliance	98.8	88.0	87.8
中药	Traditional Chinese Medicine	101.3	101.3	100.9
西药	Western Medicine	99.6	99.5	98.5
保健器具及用品	Healthy Appliances and Articles	99.1	98.9	98.5
书报杂志及电子出版物	**Books, Newspapers, Magazines and Electronic Publications**	**100.0**	**99.9**	**100.2**
教材及参考书	Texts and Reference Books	99.6	99.6	100.2
书报杂志	Newspapers and Magazines	100.0	100.0	100.0
计算机办公软件	Computer Office Software	100.5	100.2	100.3
燃料	**Fuels**	**89.3**	**95.9**	**108.4**
煤炭及制品	Coal and Its Products	99.9	99.5	99.6
石油及制品	Oil and Its Products	88.6	95.7	109.1
建筑材料及五金电料	**Building Materials and Hardware**	**99.8**	**99.8**	**100.0**
建筑装潢材料	Building Decoration Materials	99.6	99.7	99.9
五金水暖	Hardware Plumbing	100.1	100.2	100.1

Continued

(same month of preceding year=100)

4 月 April	5 月 May	6 月 June	7 月 July	8 月 August	9 月 September	10 月 October	11 月 November	12 月 December
101.3	101.3	99.9	98.8	98.5	98.0	98.0	98.1	98.2
99.6	99.6	99.6	99.5	99.4	99.5	99.7	99.8	100.0
102.5	**102.6**	**101.3**	**101.0**	**101.0**	**101.4**	**101.8**	**102.7**	**102.3**
104.6	105.2	104.6	104.3	104.4	104.8	105.2	107.2	104.2
101.7	101.7	100.2	99.9	99.8	100.3	100.6	101.1	101.6
98.9	**100.0**	**102.6**	**103.3**	**103.8**	**104.0**	**103.0**	**102.7**	**103.5**
98.7	99.4	100.6	101.1	101.4	101.9	101.6	101.7	102.5
99.3	100.9	106.0	107.2	107.9	107.9	105.7	104.8	105.5
98.3	99.9	99.9	100.3	100.5	100.3	99.4	99.2	100.1
101.1	**100.8**	**100.1**	**100.6**	**100.0**	**100.4**	**100.6**	**100.4**	**101.0**
99.7	**99.4**	**99.0**	**100.4**	**99.8**	**100.6**	**101.0**	**99.6**	**99.9**
100.4	100.2	99.4	99.4	100.4	101.9	101.1	100.0	100.1
98.4	97.6	97.4	100.5	99.2	98.5	99.3	102.7	104.3
101.5	98.6	98.8	101.5	102.3	101.1	103.3	100.9	99.3
98.9	99.5	99.2	100.7	98.6	100.1	100.7	98.1	99.0
101.5	**101.9**	**102.3**	**102.1**	**102.1**	**101.2**	**101.2**	**101.2**	**101.1**
100.3	100.6	100.5	100.6	100.2	100.3	100.5	100.7	100.8
101.7	102.0	102.5	102.3	102.3	101.3	101.3	101.2	101.2
102.4	**102.3**	**101.9**	**101.1**	**100.8**	**100.7**	**99.3**	**98.3**	**98.7**
100.3	100.1	100.2	99.6	99.5	98.9	99.0	98.8	99.5
109.8	109.9	107.6	105.9	104.8	107.0	100.5	96.7	96.0
100.1	**100.3**	**100.8**	**100.5**	**100.9**	**101.5**	**101.7**	**101.4**	**102.6**
100.9	**100.3**	**99.1**	**97.1**	**99.8**	**98.3**	**99.6**	**96.1**	**96.6**
105.4	**104.6**	**103.5**	**96.1**	**84.5**	**87.0**	**91.0**	**93.5**	**91.9**
97.7	**98.3**	**98.6**	**98.9**	**98.9**	**99.1**	**99.2**	**99.5**	**99.8**
88.7	94.8	96.4	98.1	98.6	98.7	100.5	101.1	101.1
100.7	100.4	100.7	100.8	100.8	101.1	100.7	100.2	100.0
98.2	98.1	98.4	98.3	98.3	98.4	98.5	99.0	99.5
98.6	98.5	98.5	98.9	99.0	99.0	98.8	99.5	99.9
100.2	**100.2**	**100.2**	**101.2**	**101.3**	**101.8**	**101.8**	**101.8**	**101.8**
100.3	100.3	100.2	100.2	100.2	101.3	101.4	101.4	101.4
100.0	100.0	100.0	100.0	100.0	100.0	100.0	100.0	100.0
100.2	100.2	100.5	104.4	105.0	104.8	104.7	104.8	104.7
114.3	**115.8**	**117.7**	**119.1**	**117.1**	**117.7**	**125.6**	**128.7**	**118.8**
99.6	99.6	100.1	100.1	100.1	100.1	102.3	102.2	102.2
115.5	117.1	119.1	120.6	118.5	119.1	127.5	130.8	120.1
100.0	**100.4**	**100.5**	**100.5**	**100.4**	**100.9**	**102.3**	**103.2**	**103.3**
100.1	100.5	100.7	100.7	100.5	101.0	102.7	103.7	103.8
99.8	100.0	99.9	100.1	100.2	100.5	101.3	101.9	101.9

4-8 主要城市商品零售价格总指数(1989-2021年)
Major Cities in Overall Retail Price Index(1989-2021)

(上年=100) (preceding year=100)

年份 Year	武汉市 Wuhan	黄石市 Huangshi	十堰市 Shiyan	宜昌市 Yichang	襄阳市 Xiangyang	孝感市 Xiaogan	荆州市 Jingzhou	咸宁市 Xianning
1989	113.9	117.4	111.6	116.7	112.8	116.8	113.9	116.8
1990	102.5	101.2	105.1	103.2	102.3	104.5	103.7	101.8
1991	106.7	107.2	106.6	105.6	105.6	105.6	104.8	104.4
1992	110.0	109.2	108.8	109.9	107.5	102.8	106.6	107.9
1993	118.8	116.7	116.4	119.5	113.1	102.5	114.8	115.6
1994	124.1	122.3	120.4	127.5	123.2	120.4	122.5	127.7
1995	114.0	115.6	117.0	119.1	113.9	119.5	124.6	117.7
1996	106.0	106.6	108.4	106.3	106.6	107.7	106.3	105.9
1997	100.7	100.1	101.2	99.9	101.4	101.4	100.9	101.4
1998	96.2	96.3	96.6	96.3	97.6	97.9	96.9	97.2
1999	93.7	94.7	95.6	99.8	95.3	97.1	96.9	96.4
2000	97.4	96.9	98.0	101.7	97.5	98.7	99.9	97.9
2001	96.0	97.2	97.7	99.9	97.6	99.3	97.9	97.9
2002	97.7	99.0	99.5	102.5	98.8	99.6	98.4	98.4
2003	100.4	100.4	100.6	102.4	99.1	100.0	100.5	101.4
2004	101.0	102.2	102.9	103.6	103.5	103.3	104.1	104.9
2005	100.9	100.6	100.9	102.1	100.3	101.3	101.8	101.8
2006	100.7	100.5	101.3	101.2	100.0	102.3	101.1	101.2
2007	103.0	103.4	104.5	104.8	103.6	102.9	106.3	105.9
2008	105.1	107.0	106.3	105.1	104.7	105.9	106.7	108.0
2009	98.4	98.8	99.9	99.8	98.1	99.5	97.0	98.8
2010	103.1	102.5	103.3	102.1	102.8	103.5	102.0	103.5
2011	105.6	105.5	105.0	105.4	105.7	105.6	105.2	105.9
2012	102.3	102.3	101.7	102.4	103.2	103.2	102.4	102.4
2013	100.9	101.1	102.8	101.7	102.2	102.7	102.0	102.2
2014	100.5	101.3	100.5	101.0	101.2	101.2	100.7	100.9
2015	100.0	100.4	100.3	100.6	101.5	100.3	100.7	100.4
2016	101.3	99.5	100.7	100.2	100.6	101.5	100.5	100.0
2017	100.1	100.7	101.2	100.1	99.6	100.4	101.1	102.2
2018	101.4	100.9	100.8	101.2	101.6	99.7	100.4	103.0
2019	102.5	102.9	103.4	102.7	102.3	102.1	101.6	102.2
2020	102.2	101.8	101.8	102.3	103.1	101.1	100.8	101.6
2021	101.3	101.1	101.2	101.0	101.0	101.5	101.2	101.0

4-9 主要城市商品零售价格分类指数(2021年)
Major Cities in the Retail Price Indices by Category(2021)

(上年=100) (preceding year=100)

指　　标	Item	武汉市 Wuhan	黄石市 Huangshi	十堰市 Shiyan	宜昌市 Yichang
商品零售价格指数	**Retail Price Index**	**101.3**	**101.1**	**101.2**	**101.0**
食品	**Food**	**98.8**	**97.1**	**99.3**	**96.7**
粮食	Grain	101.4	98.5	101.0	99.8
薯类	Tubers	95.4	91.1	89.4	104.3
豆类	Beans	106.8	104.6	103.9	103.1
食用油	Edible Oil and Fats	111.1	108.4	102.8	100.7
菜及食用菌	Vegetables and Mushrooms	100.2	98.8	102.1	97.6
畜肉类	Meal, Poultry and Processed Products	81.4	75.9	81.8	78.9
猪肉	Pork	68.3	66.1	73.1	65.7
牛肉	Beef	102.1	98.5	101.7	101.4
羊肉	Mutton	99.1	111.5	107.0	103.2
其他畜肉及副产品	Other Meat and By-Products	89.5	71.6	77.1	88.2
畜肉制品	Animal By-products	102.4	99.3	97.0	102.4
禽肉类	Poultry	92.4	88.5	88.3	93.6
水产品	Aquatic Products	111.4	112.5	121.8	120.4
淡水鱼	Fish in Fresh Water	125.7	122.6	138.5	129.8
海水鱼	Fish in Sea Water	96.2	103.8	100.7	98.5
虾蟹类	Decapod Crustacean	97.7	95.2	100.8	108.7
其他水产品及制品	Other Aquatic Products and Products	101.9	98.7	106.5	101.3
蛋类	Eggs	104.5	110.9	109.3	104.3
奶类	Milk	102.4	103.8	103.4	102.7
干鲜瓜果类	Dried and Fresh Melons and Fruits	101.6	98.4	104.5	91.7
糖果糕点类	Confectionery	100.9	101.0	103.6	99.6
调味品	Flavoring	103.1	99.2	104.3	97.1
其他食品类	Other Food Categories	102.5	99.3	97.6	99.3
在外餐饮	Dining Out	102.5	103.6	102.5	102.2
饮料、烟酒	**Beverages, Tobacco and Liquor**	**101.2**	**100.4**	**99.6**	**100.1**
茶及饮料	Tea and Beverages	102.9	102.4	99.6	97.5
茶叶	Tea	101.5	102.2	100.0	100.0
固体咖啡	Solid Coffee	101.2	99.1	106.4	103.4
其他固体饮料	Other Solid Beverages	105.8	97.0	100.1	96.4
饮用水	Drinking Water	100.6	97.7	98.8	95.0
果汁饮料	Fruit Juice Beverages	98.4	99.8	105.1	92.5
其他液体饮料	Other Liquid Beverages	104.7	105.2	98.4	95.3
卷烟	Tobacco	100.0	100.0	100.0	100.2
酒类	Liquor	103.0	100.1	98.9	102.5
服装、鞋帽	**Garments, Shoes and Hats**	**99.7**	**102.1**	**99.4**	**101.4**
服装	Garments	99.4	103.2	99.2	101.6
男式服装	Men's Garment	98.9	103.7	100.9	101.2
女式服装	Women's Dress	100.1	103.8	98.5	101.9
儿童服装	Children's Garment	98.4	99.4	98.0	101.6
鞋袜帽	Footwear, Socks and Hats	100.7	96.8	100.1	101.1
鞋	Shoes	100.7	97.3	99.6	101.2
袜子	Socks and Stockings	101.8	90.3	102.7	98.3

4-9 续表 1 Continued

(上年=100) (preceding year=100)

指 标	Item	武汉市 Wuhan	黄石市 Huangshi	十堰市 Shiyan	宜昌市 Yichang
帽子	Hats	98.6	99.8	102.4	103.9
其他衣着配件	Other Clothing and Accessories	99.8	100.9	100.8	95.2
纺织品	**Textiles**	**102.4**	**98.7**	**99.8**	**98.9**
服装材料	Clothing Material	104.0	101.6	100.0	103.5
床上用品	Bed Articles	101.9	97.5	99.7	97.7
家用电器及音像器材	**Household Appliances, Music and Video Equipment**	**101.4**	**99.9**	**99.9**	**101.7**
家庭设备	Household Facilities	99.1	99.9	101.2	102.7
文娱用耐用消费品	Durable Consumer Goods for Recreational	104.9	100.2	97.3	100.5
专业音像器材	Audiovisual Equipment	98.6	98.5	102.8	99.4
文化办公用品	**Cultural and Office Goods**	**100.5**	**102.8**	**99.8**	**102.1**
日用品	**Articles for Daily Use**	**99.7**	**100.5**	**100.3**	**99.7**
日用百货	General Merchandise for Daily Use	99.8	101.8	100.5	99.9
厨具餐具茶具	Kitchenware Cooking-set Tea-set	99.6	98.8	96.9	98.5
清洗用品	Cleaning Supplies	101.6	100.7	101.1	98.5
其他日用品	Other Daily Necessities	99.1	100.1	100.6	100.6
体育娱乐用品	**Sports and Recreation Articles**	**102.2**	**100.0**	**102.4**	**100.4**
体育户外用品	Sports Outdoor Goods	100.5	99.4	100.0	101.2
娱乐用品	Amusement Articles	102.4	100.0	102.6	100.3
交通、通信用品	**Transport and Communication Appliances**	**101.2**	**101.0**	**100.3**	**100.7**
交通运输机械	Machinery of Communications and Transportation	99.7	99.5	99.6	99.5
通信器材	Apparatus of Communication	105.8	105.4	102.9	105.7
家具	**Furniture**	**100.7**	**101.4**	**100.4**	**100.9**
化妆品	**Cosmetic Products**	**99.6**	**99.6**	**98.9**	**98.6**
金银饰品	**Jewel of Gold and Silver**	**96.3**	**95.5**	**98.1**	**100.2**
中西药品及医疗保健用品	**Traditional Chinese and Western Medicines and Health**	**98.3**	**99.2**	**101.6**	**98.0**
医疗卫生器具	Medical Appliance	97.9	89.3	100.6	98.0
中药	Traditional Chinese Medicine	100.8	100.7	102.8	98.2
西药	Western Medicine	97.4	100.3	101.9	98.4
保健器具及用品	Healthy Appliances and Articles	98.9	99.9	100.4	97.2
书报杂志及电子出版物	**Books, Newspapers, Magazines and Electronic Publications**	**100.9**	**102.8**	**100.0**	**100.4**
教材及参考书	Texts and Reference Books	100.0	100.4	99.9	99.7
书报杂志	Newspapers and Magazines	100.0	100.0	100.0	100.0
计算机办公软件	Computer Office Software	103.2	111.4	100.0	102.7
燃料	**Fuels**	**113.5**	**114.3**	**114.2**	**112.5**
煤炭及制品	Coal and Its Products	100.0	100.0	103.2	98.6
石油及制品	Oil and Its Products	114.2	116.0	114.8	114.5
建筑材料及五金电料	**Building Materials and Hardware**	**100.4**	**101.4**	**100.4**	**101.4**
建筑装潢材料	Building Decoration Materials	100.7	102.1	100.5	101.3
五金水暖	Hardware Plumbing	99.2	99.4	100.2	101.6

4-9 续表 2 Continued

(上年＝100) (preceding year=100)

指　标	Item	襄阳市 Xiangyang	孝感市 Xiaogan	荆州市 Jingzhou	咸宁市 Xianning
商品零售价格指数	**Retail Price Index**	**101.0**	**101.5**	**101.2**	**101.0**
食品	**Food**	**97.8**	**99.1**	**99.3**	**98.1**
粮食	Grain	99.8	99.0	99.8	101.2
薯类	Tubers	98.7	90.9	96.4	80.8
豆类	Beans	105.5	103.3	101.3	105.0
食用油	Edible Oil and Fats	111.2	104.1	105.5	107.8
菜及食用菌	Vegetables and Mushrooms	101.4	98.6	100.4	96.7
畜肉类	Meal, Poultry and Processed Products	76.3	80.1	74.9	77.9
猪肉	Pork	64.7	68.4	65.9	63.9
牛肉	Beef	101.5	104.3	98.0	101.5
羊肉	Mutton	103.9	102.9	98.9	90.8
其他畜肉及副产品	Other Meat and By-Products	70.2	91.7	75.0	104.9
畜肉制品	Animal By-products	101.3	99.6	101.0	98.5
禽肉类	Poultry	102.3	94.3	89.2	94.6
水产品	Aquatic Products	117.6	117.6	124.2	118.7
淡水鱼	Fish in Fresh Water	128.1	131.1	134.9	129.1
海水鱼	Fish in Sea Water	104.6	96.6	94.6	98.4
虾蟹类	Decapod Crustacean	96.3	102.8	111.9	105.7
其他水产品及制品	Other Aquatic Products and Products	98.6	100.7	103.1	103.7
蛋类	Eggs	106.3	112.3	109.7	107.3
奶类	Milk	101.8	102.1	103.9	103.0
干鲜瓜果类	Dried and Fresh Melons and Fruits	103.0	103.4	106.9	100.5
糖果糕点类	Confectionery	98.3	100.8	98.9	102.0
调味品	Flavoring	103.4	100.3	102.0	101.6
其他食品类	Other Food Categories	102.5	99.2	102.1	99.2
在外餐饮	Dining Out	100.7	104.4	105.0	103.2
饮料、烟酒	**Beverages, Tobacco and Liquor**	**99.5**	**100.3**	**99.9**	**101.1**
茶及饮料	Tea and Beverages	96.8	100.1	100.4	100.6
茶叶	Tea	100.5	100.4	101.9	103.1
固体咖啡	Solid Coffee	97.6	96.8	100.4	102.1
其他固体饮料	Other Solid Beverages	98.8	103.4	103.5	96.6
饮用水	Drinking Water	97.0	99.6	97.5	99.7
果汁饮料	Fruit Juice Beverages	102.2	100.0	101.1	99.6
其他液体饮料	Other Liquid Beverages	93.4	99.7	100.7	100.4
卷烟	Tobacco	100.0	100.0	100.0	100.0
酒类	Liquor	100.0	101.5	98.9	107.0
服装、鞋帽	**Garments, Shoes and Hats**	**102.1**	**102.5**	**100.3**	**98.8**
服装	Garments	102.5	103.3	100.6	98.8
男式服装	Men's Garment	101.2	104.0	104.0	98.5
女式服装	Women's Dress	103.6	102.9	98.6	98.6
儿童服装	Children's Garment	101.1	102.8	99.2	100.3
鞋袜帽	Footwear, Socks and Hats	99.9	99.2	99.0	99.1
鞋	Shoes	100.1	99.0	98.9	99.5
袜子	Socks and Stockings	98.0	100.0	100.0	92.6

4-9 续表 3 Continued

(上年＝100) (preceding year=100)

指 标	Item	襄阳市 Xiangyang	孝感市 Xiaogan	荆州市 Jingzhou	咸宁市 Xianning
帽子	Hats	100.0	100.0	100.0	100.5
其他衣着配件	Other Clothing and Accessories	100.0	100.2	100.0	100.5
纺织品	**Textiles**	**109.4**	**99.8**	**97.4**	**100.3**
服装材料	Clothing Material	134.7	99.4	94.7	88.5
床上用品	Bed Articles	98.6	100.0	98.2	106.2
家用电器及音像器材	**Household Appliances, Music and Video Equipment**	**102.0**	**101.8**	**100.6**	**100.4**
家庭设备	Household Facilities	102.8	100.8	102.2	99.9
文娱用耐用消费品	Durable Consumer Goods for Recreational	101.0	104.6	96.4	101.1
专业音像器材	Audiovisual Equipment	100.0	100.2	99.6	99.7
文化办公用品	**Cultural and Office Goods**	**99.0**	**99.0**	**102.6**	**103.6**
日用品	**Articles for Daily Use**	**99.7**	**99.1**	**99.3**	**99.1**
日用百货	General Merchandise for Daily Use	100.0	100.0	101.4	99.3
厨具餐具茶具	Kitchenware Cooking-set Tea-set	97.5	96.1	97.4	97.3
清洗用品	Wash Articles	102.3	100.6	101.6	99.4
其他日用品	Other Daily Necessities	99.2	98.8	97.7	99.5
体育娱乐用品	**Sports and Recreation Articles**	**99.7**	**100.2**	**100.8**	**102.1**
体育户外用品	Sports Outdoor Goods	100.9	101.9	99.9	99.8
娱乐用品	Amusement Articles	99.5	100.0	100.9	102.3
交通、通信用品	**Transportation and Communication Appliances**	**100.2**	**100.2**	**99.9**	**99.9**
交通运输机械	Machinery of Communications and Transportation	99.6	99.8	99.6	99.5
通信器材	Apparatus of Communication	101.9	102.4	101.6	102.2
家具	**Furniture**	**99.0**	**100.0**	**99.8**	**105.6**
化妆品	**Cosmetic Products**	**97.3**	**98.5**	**98.8**	**99.0**
金银饰品	**Jewel of Gold and Silver**	**99.3**	**94.8**	**99.9**	**98.5**
中西药品及医疗保健用品	**Traditional Chinese and Western Medicines and Health**	**99.8**	**97.6**	**100.1**	**98.0**
医疗卫生器具	Medical Appliance	85.0	94.1	92.4	87.4
中药	Traditional Chinese Medicine	103.5	96.7	100.3	96.0
西药	Western Medicine	100.4	97.6	101.4	100.2
保健器具及用品	Healthy Appliances and Articles	100.8	100.0	99.5	98.2
书报杂志及电子出版物	**Books, Newspapers, Magazines and Electronic Publications**	**101.3**	**98.7**	**100.3**	**99.9**
教材及参考书	Texts and Reference Books	102.7	100.2	100.7	99.8
书报杂志	Newspapers and Magazines	100.0	100.0	100.0	100.0
计算机办公软件	Computer Office Software	100.0	93.3	100.0	100.0
燃料	**Fuels**	**114.5**	**113.8**	**111.8**	**113.3**
煤炭及制品	Coal and Its Products	100.0	100.0	100.0	108.4
石油及制品	Oil and Its Products	115.0	114.4	114.2	113.8
建筑材料及五金电料	**Building Materials and Hardware**	**100.9**	**100.5**	**102.8**	**99.9**
建筑装潢材料	Building Decoration Materials	100.3	100.6	102.3	99.7
五金水暖	Hardware Plumbing	102.7	99.8	103.7	100.8

4-10 工业生产者出厂价格分类指数(1995-2021年)
Producer Price Indices for Industrial Producers by Category(1995-2021)

(上年=100) (preceding year=100)

年份 Year	工业生产者出厂价格指数 Producer Price Indices for Industrial Products	轻工业 Light Industry	以农产品为原料 Agricultural products as raw materials	以非农产品为原料 Non-agricultural Products as Raw Materials	重工业 Heavy Industry	采掘 Mining & Quarrying Industry	原材料 Raw Materials Industry	加工 Processing Industry	生产资料 Means of Production	生活资料 Consumer Goods
1995	113.1	121.8	123.2	115.6	106.4	114.9	100.1	113.9	108.4	120.3
1996	102.7	101.1	101.1	101.3	103.8	105.6	103.7	103.7	103.4	101.4
1997	98.7	98.0	98.2	97.0	99.2	97.7	100.4	98.8	98.8	98.5
1998	96.2	95.3	95.5	94.5	97.1	97.4	95.0	99.2	97.0	95.3
1999	97.8	97.3	97.1	96.9	98.3	100.4	97.7	98.6	98.0	97.5
2000	101.6	98.6	97.9	101.3	103.5	114.8	107.8	98.6	103.3	97.6
2001	98.9	97.7	98.2	94.3	99.6	104.0	100.0	98.7	99.4	97.7
2002	98.2	97.7	97.9	95.8	98.4	101.9	99.2	97.5	98.0	98.5
2003	103.5	101.9	103.7	99.6	104.5	118.6	108.9	99.5	104.3	100.8
2004	105.7	105.3	107.4	102.3	106.0	118.1	109.5	102.3	106.4	103.1
2005	104.5	100.9	100.5	101.4	106.5	120.6	109.8	102.9	105.9	99.4
2006	102.9	101.3	100.8	102.3	103.8	115.8	106.0	101.3	103.7	99.9
2007	103.9	104.5	104.8	103.9	103.5	105.9	105.7	102.0	104.0	103.3
2008	106.1	106.0	106.0	105.9	106.2	111.4	108.3	104.4	106.3	105.2
2009	95.6	97.2	97.4	96.8	94.7	81.3	94.1	96.4	94.7	98.9
2010	104.9	103.5	105.3	101.4	105.6	119.2	109.1	101.8	105.8	101.9
2011	106.6	109.6	111.1	104.0	105.5	120.2	106.8	103.7	107.3	104.5
2012	100.3	101.9	101.9	102.0	99.8	101.8	98.7	100.1	99.5	102.6
2013	99.2	101.6	101.8	101.0	98.3	96.5	97.6	98.8	98.1	101.7
2014	98.4	99.9	100.0	99.5	97.9	96.0	96.6	98.7	97.8	100.1
2015	96.7	99.3	99.3	99.3	95.7	84.5	93.0	97.9	95.2	100.5
2016	99.0	99.9	99.6	101.0	98.5	97.7	99.0	98.4	98.4	100.2
2017	105.6	102.9	102.5	104.9	107.0	115.3	111.0	105.4	107.6	101.3
2018	104.2	101.9	101.8	102.5	105.4	107.0	107.7	104.6	105.6	101.2
2019	100.2	100.1	100.3	99.0	100.3	106.2	98.1	100.6	99.9	101.0
2020	99.1	101.0	101.3	99.8	98.1	101.3	95.3	98.7	98.1	101.2
2021	104.1	101.2	101.8	99.7	105.6	116.2	111.3	103.7	105.8	100.2

4-11 按工业部门分工业生产者出厂价格指数(1995-2021年)
Producer Price Indices for Industrial Producers by Sector(1995-2021)

(上年=100) (preceding year=100)

年份 Year	冶金工业 Metallurgical Industry	电力工业 Power Industry	煤炭及炼焦工业 Coal and Coking Industry	化学工业 Chemical Industry	机械工业 Machine Manufacturing Industry
1995	92.7	110.6	119.9	127.4	107.9
1996	102.2	110.3	118.9	105.5	101.6
1997	95.8	112.3	98.4	93.7	100.3
1998	92.4	101.9	95.2	92.7	100.4
1999	96.2	101.3	97.7	95.4	99.0
2000	103.1	103.2	97.8	96.9	98.9
2001	99.0	100.9	113.2	98.1	98.3
2002	97.9	102.3	119.3	99.0	97.0
2003	110.5	104.4	122.3	101.7	98.0
2004	115.8	100.7	118.2	106.3	99.8
2005	108.6	103.6	116.9	107.3	100.7
2006	102.5	102.1	98.2	100.3	102.2
2007	109.7	102.6	104.1	107.1	101.5
2008	112.3	102.4	126.6	110.3	102.7
2009	86.8	103.8	100.6	92.8	97.8
2010	112.3	102.6	108.4	105.0	99.7
2011	107.8	103.1	118.3	108.6	100.0
2012	94.0	103.3	103.3	100.6	100.9
2013	95.5	100.8	93.5	98.4	99.4
2014	93.1	100.1	94.2	98.7	99.4
2015	89.7	98.9	91.8	98.5	99.5
2016	99.7	97.3	94.8	97.6	99.0
2017	122.1	100.8	133.3	107.1	101.4
2018	108.4	100.5	104.4	106.0	101.2
2019	101.2	99.3	97.7	98.4	99.6
2020	101.6	98.9	88.5	95.4	99.0
2021	118.8	100.2	—	109.1	100.6

注：本轮基期没有煤炭和炼焦工业指数。
Note: There is no coal and coking industry index in the base period of this round。

4-11 续表 Continued

(上年＝100) (preceding year=100)

年 份 Year	建筑材料工业 Building Material Industry	森林工业 Timber Industry	食品工业 Food Industry	纺织工业 Textile Industry	造纸工业 Paper Industry
1995	105.4	91.5	123.6	120.4	150.7
1996	104.3	104.3	105.2	96.5	97.5
1997	98.4	96.6	94.8	104.2	92.6
1998	99.3	96.7	96.9	93.4	93.1
1999	98.8	97.4	98.3	96.3	96.4
2000	98.4	95.6	94.2	104.0	100.1
2001	98.5	94.8	98.4	96.3	100.2
2002	99.0	95.8	100.0	93.2	98.1
2003	100.0	98.4	102.5	106.8	99.3
2004	103.9	100.0	107.8	108.7	99.4
2005	101.7	100.3	101.2	99.6	102.5
2006	105.0	100.3	100.0	102.4	100.2
2007	106.2	104.8	106.4	99.0	99.5
2008	107.9	106.0	108.5	101.6	106.2
2009	99.3	100.1	99.3	96.3	94.5
2010	101.0	101.3	103.2	113.4	101.9
2011	113.5	104.5	109.2	119.0	107.3
2012	98.9	102.7	103.5	96.7	100.1
2013	98.4	102.7	102.0	99.4	100.6
2014	100.5	101.4	100.4	98.6	98.9
2015	96.0	99.7	100.0	97.0	98.4
2016	100.1	100.9	99.7	98.7	99.3
2017	107.9	100.8	100.8	107.9	106.3
2018	112.8	102.2	100.6	103.5	111.1
2019	105.4	100.3	100.9	99.0	98.6
2020	99.7	98.9	102.2	99.2	97.4
2021	100.5	97.3	102.0	102.0	104.3

4-12 分月工业生产者出厂价格指数(2021年)

(上年同月=100)

类 别	Item	全 年 Annual Year	1 月 January	2 月 February	3 月 March
工业生产者出厂价格指数	**Producer Price Indices for Industrial Products**	**104.1**	**100.0**	**100.5**	**101.7**
#轻工业	Light Industry	101.2	101.1	101.0	101.0
以农产品为原料	Agricultural Products as Raw Materials	101.8	102.1	102.2	102.4
以非农产品为原料	Non-agricultural Products as Raw Materials	99.7	98.9	98.4	97.8
重工业	Heavy Industry	105.6	99.4	100.3	102.0
采掘	Mining and Quarrying	116.2	102.4	105.9	111.6
原材料	Raw Material	111.3	98.7	101.3	105.8
加工	Processing	103.7	99.6	99.8	100.7
#生产资料	Means of Production	105.8	99.8	100.6	102.4
采掘	Mining and Quarrying	116.2	102.4	105.9	111.6
原材料	Raw Material	111.7	98.6	101.3	106.2
加工	Processing	104.1	100.0	100.3	101.2
生活资料	Consumer Goods	100.2	100.5	100.3	100.0
食品	Food	101.2	102.2	102.2	102.1
衣着	Clothing	101.3	101.0	100.9	101.4
一般日用品	Articles for Daily Use	97.7	98.9	98.3	97.2
耐用消费品	Durable Consumers' Goods	100.4	98.5	98.3	98.3
按工业部门分	**Grouped by Department of Industry**				
冶金工业	Metallurgical Industry	118.8	106.8	109.7	114.5
电力工业	Power Industry	100.2	99.2	99.2	99.2
石油工业	Petroleum Industry	118.4	84.4	92.7	109.7
化学工业	Chemical Industry	109.1	99.1	100.2	101.3
机械工业	Machine Building Industry	100.6	98.8	98.7	99.1
建筑材料工业	Building Material Industry	100.5	96.6	95.6	95.0
森林工业	Timber Industry	97.3	98.6	98.2	98.9
食品工业	Food Industry	102.0	102.8	103.0	103.0
纺织工业	Textile Industry	102.0	102.1	101.1	101.3
缝纫工业	Tailoring Industry	100.2	98.6	98.5	99.2
皮革工业	Leather Industry	104.0	110.6	110.6	110.7
造纸工业	Paper Industry	104.3	98.7	100.8	102.8
文教艺术用品工业	Cultural, Educational and Handicraft Articles	100.3	99.6	99.9	100.0
其他工业	Other Industry	96.4	100.3	98.7	97.9

Producer Price Indices for Industrial Producers by Month(2021)

(same month of preceding year=100)

4 月 April	5 月 May	6 月 June	7 月 July	8 月 August	9 月 September	10 月 October	11 月 November	12 月 December
103.0	**104.0**	**104.3**	**104.8**	**104.9**	**105.6**	**106.9**	**107.3**	**106.8**
101.2	100.7	100.9	101.5	100.8	101.0	101.4	101.8	101.8
102.5	101.9	101.4	101.8	101.3	101.3	101.7	101.8	101.7
98.2	98.0	99.7	100.8	99.8	100.4	100.7	101.8	102.0
103.9	105.7	106.0	106.6	107.1	107.9	109.7	110.1	109.3
114.7	120.1	122.7	124.7	125.7	122.2	118.5	115.0	112.0
109.2	111.2	111.7	113.1	113.6	113.8	118.6	120.7	118.7
102.1	103.7	104.0	104.2	104.6	105.8	106.9	107.0	106.6
104.2	105.7	106.1	106.8	107.2	107.8	109.8	110.3	109.3
114.7	120.1	122.7	124.7	125.7	122.2	118.5	115.0	112.0
109.6	111.7	112.1	113.6	113.9	114.1	119.1	121.4	119.4
102.6	103.9	104.2	104.7	105.1	105.8	107.3	107.5	106.8
100.1	100.0	100.1	100.3	99.7	100.5	100.2	100.4	100.9
102.0	101.8	101.5	100.9	100.4	100.0	100.2	100.3	100.5
102.4	102.3	102.4	102.3	101.2	101.7	100.3	99.9	99.3
97.5	96.4	97.3	98.1	96.9	97.2	98.3	98.7	98.1
98.4	99.0	99.5	100.3	100.4	104.2	102.0	102.1	104.5
119.2	124.5	123.1	123.2	123.0	122.1	123.7	120.4	115.4
99.6	99.6	99.6	99.6	99.6	99.7	99.9	100.3	107.2
121.5	124.9	126.7	127.6	125.5	126.7	135.3	136.8	124.4
103.1	104.8	107.6	109.6	112.1	113.9	118.2	121.1	119.2
99.6	100.2	100.6	100.7	101.1	102.0	101.8	102.0	102.9
97.9	100.2	100.2	101.1	100.1	100.8	105.4	107.9	106.3
99.7	99.3	94.4	95.8	95.2	97.1	97.1	97.2	96.6
102.8	102.7	102.4	101.9	101.4	101.0	101.1	101.1	101.2
101.3	99.2	98.8	102.0	102.1	102.4	104.3	104.8	104.6
100.5	100.3	100.4	101.4	101.4	101.6	100.7	100.4	99.4
110.5	110.4	110.1	103.8	97.2	99.6	96.2	95.5	96.8
104.6	105.4	105.4	104.7	104.0	104.6	106.1	107.9	106.9
99.9	99.1	98.8	100.7	100.3	100.8	101.4	101.5	101.2
96.6	95.7	95.6	95.1	92.0	94.6	95.6	97.2	97.9

4-13 分行业工业生产者出厂价格指数(2021年)

(上年同月=100)

类别	Item	全年 Annual Year	1月 January	2月 February
石油和天然气开采业	Oil and Gas Industry	145.8	77.5	97.6
石油开采	Oil Drilling	145.8	77.5	97.6
黑色金属矿采选业	Black Metal Mineral Mining and Selecting Industry	141.0	123.0	131.8
铁矿采选	The Iron Mineral Mining and Selecting	141.0	123.0	131.8
有色金属矿采选业	Colored Metal Mineral Mining and Selecting	135.7	117.6	128.3
常用有色金属矿采选	The Regular Colored Metal Mineral Mining and Selecting	135.7	117.6	128.3
非金属矿采选业	Non-Metal Mineral Mining and Selecting	104.2	98.1	97.2
土砂石开采	Soil Sand Mining	100.2	98.3	96.9
化学矿采选	Chemical Mineral Mining and Selecting	113.8	97.9	98.2
采盐	Salt Mining	101.9	95.3	95.3
农副食品加工业	Farm and Side-Line Food Processed Industry	102.9	104.3	104.6
谷物磨制	Corn Whetted	101.5	102.7	103.5
饲料加工	Forage Processed	111.1	107.8	110.6
植物油加工	Planting-Oil Processed	115.4	115.0	115.5
屠宰及肉类加工	Slaughtered Meta and Meat Processes	80.6	104.2	98.9
水产品加工	Fishery Product Processed	102.8	97.0	96.7
蔬菜、菌类、水果和坚果加工	Vegetable, Fungus, Fruit and Nut Processing	96.3	96.7	95.2
其他农副食品加工	Other Farm and Side-line Food Processed	105.2	101.6	102.5
食品制造业	Manufacture of Foods	101.4	100.3	100.5
焙烤食品制造	Baked Food Manufacturing	100.6	100.9	100.6
糖果、巧克力及蜜饯制造	Made of Candy, Chocolate and Preserves	99.4	100.0	100.0
方便食品制造	Convenient Food Manufacturing	101.4	100.1	101.1
乳制品制造	Dairy Products Manufacturing	99.6	99.0	99.1
罐头食品制造	Dairy Products Manufacturing	104.4	104.5	105.2
调味品、发酵制品制造	Condiment, Ferment Product Manufacturing	107.1	104.2	104.2
其他食品制造	Other Food Manufacturing	100.5	97.1	97.4
酒、饮料和精制茶制造业	Manufacture of Liquor, Beverages and Refined Tea	101.0	101.6	101.5
酒的制造	Wine Manufacturing	100.2	99.9	99.9
饮料制造	Beverage Manufacturing	101.0	103.2	102.8
精制茶加工	Refined-tea Process	102.7	102.5	102.5
烟草制品业	Manufacture of Tobacco	100.3	100.4	100.4
卷烟制造	Cigarette Manufacturing	100.3	100.2	100.2
其他烟草制品制造	Other Tobacco Products Manufacturing	101.5	109.9	109.9

Producer Price Indices for Industrial Producers by Industry(2021)

(same month of preceding year=100)

3 月 March	4 月 April	5 月 May	6 月 June	7 月 July	8 月 August	9 月 September	10 月 October	11 月 November	12 月 December
151.2	236.1	202.8	154.6	150.1	144.2	154.0	176.4	177.3	139.3
151.2	236.1	202.8	154.6	150.1	144.2	154.0	176.4	177.3	139.3
142.0	148.5	151.3	160.7	170.5	166.9	156.1	131.8	114.1	103.0
142.0	148.5	151.3	160.7	170.5	166.9	156.1	131.8	114.1	103.0
140.1	148.0	161.5	150.4	135.2	129.5	130.9	134.9	134.3	124.2
140.1	148.0	161.5	150.4	135.2	129.5	130.9	134.9	134.3	124.2
97.4	96.8	102.6	106.2	106.9	109.9	107.3	108.0	108.8	111.8
96.8	95.9	102.4	106.1	104.9	104.9	99.4	99.2	99.2	99.2
98.7	99.0	103.1	106.7	111.8	121.8	127.1	129.8	132.0	142.5
95.3	95.4	98.8	98.6	102.2	100.6	100.5	106.1	119.6	116.5
104.4	104.0	104.1	104.0	103.2	102.1	101.7	101.5	101.2	100.6
103.1	103.4	102.9	103.3	102.4	101.0	100.9	99.8	97.5	97.9
111.5	111.7	111.4	112.8	113.3	112.6	112.0	111.3	109.5	108.7
119.1	119.4	119.1	119.4	117.1	112.0	111.9	111.7	113.5	112.0
91.8	84.5	83.1	73.0	71.9	72.1	69.0	69.4	74.8	73.3
96.7	98.2	99.9	101.0	103.2	105.6	108.6	108.8	109.6	109.4
94.4	93.0	95.8	98.3	97.8	96.8	95.1	98.0	98.8	95.9
103.8	105.1	106.7	107.4	105.4	106.3	105.5	105.8	106.4	105.8
101.8	101.8	101.5	100.9	100.7	101.1	100.5	101.9	102.9	103.3
100.7	100.5	100.6	100.3	100.1	100.0	100.3	100.5	100.6	101.8
102.3	103.3	103.3	103.3	103.3	103.3	93.5	93.5	93.5	93.5
101.2	101.7	101.6	101.8	101.8	102.0	101.0	100.8	102.4	101.7
99.1	98.4	97.1	97.1	98.3	98.3	101.3	102.8	102.3	102.3
107.1	106.4	107.0	104.1	102.2	102.4	103.5	103.5	102.8	104.4
109.3	110.6	107.2	103.2	102.3	104.6	104.7	111.7	111.9	112.0
98.6	98.0	98.1	98.4	98.6	99.2	101.0	104.0	108.0	108.3
101.5	101.8	100.7	100.3	100.3	100.5	100.6	100.9	101.1	101.2
100.0	100.0	100.0	100.1	100.0	100.0	100.2	100.3	100.7	100.8
103.2	103.2	100.1	99.3	99.4	99.6	99.6	100.5	100.5	100.6
102.1	103.3	103.1	102.3	102.3	102.8	102.8	102.8	102.7	103.3
100.0	100.0	100.0	100.0	100.0	100.0	100.0	100.0	100.0	103.2
100.0	100.0	100.0	100.0	100.0	100.0	100.0	100.0	100.0	103.2
100.0	100.0	100.0	100.0	100.0	100.0	100.0	100.0	100.0	100.0

4-13 续表 1

(上年同月=100)

类 别	Item	全 年 Annual Year
纺织业	Manufacture of Textile	102.0
棉纺织及印染精加工	Cotton Textiles and Dyeing and Finishing Processing	107.2
麻纺织及染整精加工	Hemp and Dyeing and Finishing	99.4
化纤织造及印染精加工	Chemical Fiber Weaving and Printing and Dyeing Finishing	108.0
针织或钩针编织物及其制品制造	Manufacture of Knitted or Crocheted Fabrics and Their Products	104.8
家用纺织制成品制造	Domestic Textile Manufactured Goods	100.2
产业用纺织制成品制造	Manufacturing of Industrial Textile Products	88.4
纺织服装、服饰业	Manufacture of Textile, Wearing Apparel and Accessories	100.6
机织服装制造	Woven Clothing Manufacturing	100.0
针织或钩针编织服装制造	Knitting or Crochet Clothing Manufacturing	102.8
服饰制造	Clothing Manufacturing	103.6
皮革、毛皮、羽毛及其制品和制鞋业	Manufacture of Leather, Fur, Feather and Related Products and Footware	100.5
皮革制品制造	Leather Goods Manufacturing	99.1
毛皮鞣制及制品加工	Fur Tanning and Processing of Products	105.2
制鞋业	Shoemaking	95.2
木材加工及木、竹、藤、棕、草制品业	Processing of Timber, Manufacture of Wood, Bamboo, Palm and Straw Products	99.4
人造板制造	Artificial Plank Manufacturing	101.0
木制品制造	Timber Product Manufacturing	97.0
竹、藤、棕、草等制品制造	Bamboo, Rattan, Palm, Grass and Other Products Manufacturing	98.8
家具制造业	Manufacture of Furniture	94.3
木质家具制造	Timber Furniture Manufacturing	92.9
金属家具制造	Metal Furniture Manufacturing	100.9
其他家具制造	Other Furniture Manufacturing	103.6
造纸和纸制品业	Manufacture of Paper and Paper Products	104.3
纸浆制造	Pulp Manufacturing	111.1
造纸	Paper Making	104.6
纸制品制造	Paper Products Manufacturing	103.5
印刷和记录媒介复制业	Printing and Reproduction of Recording Media	100.4
印刷	Printing	100.5
装订及印刷相关服务	Binding and Printing Related Services	99.8
文教、工美、体育和娱乐用品制造业	Manufacture of Articles for Culture, Education, Arts and Crafts, Sport and Entertainment Activities	96.5
乐器制造	Musical Instrument Manufacturing	98.3
工艺美术及礼仪用品制造	Manufacturing of Arts and Crafts and Ceremonial Articles	95.3
体育用品制造	Sporting Goods Manufacturing	114.0
玩具制造	Toy Manufacturing	96.1
石油、煤炭及其他燃料加工业	Processing of Petroleum, Coking and Processing of Other Fuel	122.1
精炼石油产品制造	Refined Coking Petroleum Manufacturing	122.1
化学原料及化学制品制造业	Manufacture of Raw Chemical Materials and Products	115.2
基础化学原料制造	Basic Chemical Material Manufacturing	122.4

Continued

(same month of preceding year=100)

1 月 January	2 月 February	3 月 March	4 月 April	5 月 May	6 月 June	7 月 July	8 月 August	9 月 September	10 月 October	11 月 November	12 月 December
102.1	101.1	101.3	101.4	99.2	98.8	102.1	102.1	102.4	104.3	104.8	104.6
98.4	100.0	103.0	106.9	107.0	107.6	108.0	109.9	110.4	111.8	112.4	112.2
89.5	87.8	92.1	88.4	92.2	96.6	102.2	100.6	108.4	113.6	112.0	115.4
103.2	103.8	103.2	104.7	101.7	104.7	111.2	112.9	112.6	113.0	112.3	113.1
102.9	101.0	100.6	106.2	103.2	102.7	108.7	108.7	107.1	104.8	104.3	107.6
100.3	99.8	100.3	99.7	99.3	99.9	101.3	99.8	99.4	100.1	101.3	101.7
115.7	105.7	97.4	88.2	81.1	78.1	85.9	82.6	82.0	84.8	85.0	84.2
99.2	99.2	99.8	100.9	100.9	101.0	101.8	101.8	102.0	101.0	100.6	99.5
98.8	98.7	99.3	100.2	100.4	100.5	101.3	101.2	101.4	100.2	99.6	98.6
101.4	101.4	101.5	102.3	101.5	101.4	103.4	103.4	103.4	105.2	105.5	103.0
101.2	101.2	102.5	104.5	103.7	104.0	104.4	104.6	104.7	104.5	104.5	103.5
103.0	103.0	103.5	104.6	104.2	104.0	100.7	96.8	98.5	96.3	96.2	96.7
100.9	100.9	101.3	102.6	102.0	102.4	98.6	96.7	97.6	95.5	95.4	96.1
113.1	113.1	113.1	112.5	112.5	112.1	105.1	97.3	100.1	96.3	95.6	96.9
92.2	92.2	93.1	95.8	95.2	95.0	95.8	96.3	96.8	96.6	97.3	96.6
97.2	96.6	97.6	98.2	99.2	99.5	100.2	100.3	100.3	101.1	101.6	100.8
97.1	97.5	99.2	100.0	100.4	101.0	101.9	102.3	102.3	103.6	104.1	102.9
97.4	95.4	95.1	95.6	97.4	97.4	97.7	97.4	97.5	97.6	98.0	97.7
97.1	97.1	97.4	97.8	99.0	98.9	99.6	99.8	99.7	99.8	99.8	100.0
101.4	101.5	101.6	102.3	99.5	86.0	88.8	87.0	92.2	91.0	90.5	90.4
101.7	101.7	101.8	102.9	99.6	83.4	86.5	84.2	90.2	88.6	87.9	87.8
101.7	101.7	102.9	102.6	100.6	100.1	100.5	100.1	100.1	100.0	100.0	100.0
98.1	98.7	99.3	95.2	96.6	102.9	104.7	106.7	107.8	109.8	112.4	112.3
98.7	100.8	102.8	104.6	105.4	105.4	104.7	104.0	104.6	106.1	107.9	106.9
99.7	109.2	110.8	119.3	123.3	122.0	110.2	111.9	108.7	109.2	105.8	103.2
97.4	99.8	102.6	104.9	106.0	107.0	105.5	104.4	105.5	106.6	108.7	107.0
100.7	101.7	102.8	103.2	103.5	102.1	103.2	103.0	103.1	105.2	106.8	106.8
100.2	100.1	99.9	99.8	99.2	99.0	101.2	100.8	101.1	101.5	101.5	101.0
100.2	100.1	99.9	99.8	99.2	99.0	101.2	100.9	101.2	101.5	101.5	101.0
100.1	100.1	99.0	99.1	98.4	98.4	100.3	100.5	100.1	100.5	100.8	100.3
105.3	103.1	101.7	99.2	96.0	96.1	95.0	88.3	91.1	92.3	95.2	96.8
104.5	104.9	106.2	103.0	99.7	99.4	97.9	91.1	92.9	92.8	92.3	98.1
108.4	104.8	102.2	98.7	95.0	95.4	93.6	84.9	88.1	89.1	92.8	94.9
105.2	110.3	117.7	113.9	104.5	103.9	110.2	112.9	118.1	120.7	123.6	126.6
93.8	94.4	95.0	96.5	97.0	96.0	96.0	95.8	96.4	98.1	98.2	96.5
83.3	92.6	111.9	125.0	130.2	131.9	133.2	130.7	131.7	141.9	143.8	129.2
83.3	92.6	111.9	125.0	130.2	131.9	133.2	130.7	131.7	141.9	143.8	129.2
100.0	101.9	104.2	106.6	109.7	113.3	115.6	119.6	122.6	128.5	132.2	129.0
94.5	98.7	103.3	107.3	117.6	121.8	121.4	124.8	130.5	151.2	154.6	148.6

4-13 续表 2

(上年同月=100)

类 别	Item	全 年 Annual Year
肥料制造	Fertilizer Manufacture	122.3
农药制造	Insecticide Manufacture	109.6
涂料、油墨、颜料及类似产品制造	Coating, Printing Ink, Pigment and the Similar Products Manufacture	106.9
合成材料制造	Compounded Material Manufacture	116.6
专用化学产品制造	Specialized Chemical Product Manufacture	105.5
炸药、火工及焰火产品制造	The Manufacture of Explosives, Firework and Fireworks	101.0
日用化学产品制造	Daily Chemical Product Manufacture	91.9
医药制造业	Manufacture of Medicines	95.8
化学药品原药制造	Original Medicine of Chemical Medicine Manufacture	103.8
化学药品制剂制造	Chemical Medicine Agent Manufacture	100.8
中药饮片加工	Processing of Chinese Herbal Pieces	102.7
中成药生产	Medium Patent Manufacture	101.7
兽用药品制造	Medicine in Herbs Manufacture	95.6
生物药品制品制造	Biology, Bio-chemical Product Manufacture	104.6
卫生材料及医药用品制造	Sanitary Materials and Medical Supplies Manufacturing	60.3
化学纤维制造业	Manufacture of Chemical Fibres	105.5
纤维素纤维原料及纤维制造	Cellulose Fiber Raw Materials and Fiber Manufacturing	113.0
合成纤维制造	Synthetic Fiber Manufacturing	100.6
橡胶和塑料制品业	Manufacture of Rubber and Plastics Products	102.7
橡胶制品业	Manufacture of Rubber	100.9
塑料制品业	Manufacture of Plastics	103.0
非金属矿物制品业	Manufacture of Non-metallic Mineral Products	100.4
水泥、石灰和石膏制造	Cement, Lime and Gypsum Manufacture	107.0
石膏、水泥制品及类似制品制造	Cement and Gypsum Product Manufacture	98.0
砖瓦、石材等建筑材料制造	Brick, Stone Material and Other Buildings Material Manufacture	96.0
玻璃制造	Glass Manufacturing	134.2
玻璃制品制造	Glass Goods Manufacturing	96.7
玻璃纤维和玻璃纤维增强塑料制品制造	Manufacture of Fiberglass and Fiberglass-Reinforced Plastic Products	103.3
陶瓷制品制造	Ceramic Product Manufacturing	103.4
耐火材料制品制造	Refractory Products Manufacturing	99.8
石墨及其他非金属矿物制品制造	Graphite and Other Non-metal Mineral Product Manufacture	100.0
黑色金属冶炼及压延加工业	Smelting and Pressing of Ferrous Metals	123.3
炼钢	Steel Making	119.4
钢压延加工	Pressed Steel Processing	124.5
铁合金冶炼	Iron-alloy Smeltering	117.1

Continued

(same month of preceding year=100)

1月 January	2月 February	3月 March	4月 April	5月 May	6月 June	7月 July	8月 August	9月 September	10月 October	11月 November	12月 December
100.0	102.5	103.5	106.4	109.3	116.1	123.2	132.6	139.5	143.6	149.1	145.8
92.9	95.7	96.8	94.1	101.3	99.0	109.2	116.8	119.7	120.4	133.6	139.3
103.8	103.5	103.9	105.6	105.6	106.7	111.2	109.0	109.2	107.0	108.3	108.4
111.3	111.2	118.3	119.9	118.7	120.2	115.1	116.2	114.0	117.2	123.2	113.7
99.9	101.0	102.4	103.7	105.1	106.6	106.3	106.6	106.6	109.9	110.1	108.1
99.0	99.0	99.0	100.0	100.0	100.0	100.0	100.0	100.0	100.0	100.0	115.6
87.8	87.8	87.8	91.6	92.1	92.4	91.7	92.4	92.7	95.6	95.5	95.7
96.7	95.9	93.6	94.5	93.7	95.9	97.8	97.5	96.3	95.8	96.1	95.9
106.8	105.7	106.6	107.1	104.2	102.4	102.2	101.2	101.9	103.2	102.7	102.3
101.2	101.2	101.2	101.7	100.6	100.4	100.3	101.2	100.3	100.3	101.3	100.3
96.6	97.8	97.5	101.0	100.2	104.6	106.7	106.5	105.7	105.1	105.8	106.3
102.0	102.3	101.8	102.2	102.0	101.9	102.3	101.6	100.8	100.7	101.2	101.2
97.5	97.9	97.6	97.2	98.7	92.0	94.2	94.2	94.5	94.1	94.1	94.6
106.2	108.2	108.2	108.5	107.1	106.5	107.8	106.8	97.0	98.3	100.5	101.7
70.1	64.9	51.5	51.3	51.3	59.9	67.6	66.3	66.7	60.5	59.3	59.1
92.0	94.5	102.1	101.6	104.4	106.9	107.2	110.3	110.4	113.9	114.2	112.6
101.4	106.6	106.5	106.5	109.8	113.5	114.6	117.8	122.5	120.2	118.0	119.9
86.4	87.4	99.4	98.4	100.8	102.4	102.3	105.2	102.4	109.4	111.5	107.5
99.9	100.6	101.8	102.3	101.6	101.9	102.2	102.0	102.3	105.6	106.7	105.6
95.9	96.0	100.9	100.3	100.9	101.2	103.0	101.5	103.5	102.1	103.3	103.1
100.5	101.3	102.0	102.5	101.7	102.0	102.1	102.1	102.2	106.1	107.2	106.0
96.6	95.8	95.1	98.1	99.8	99.4	100.3	99.2	100.6	105.6	108.3	106.6
94.0	91.7	90.8	102.5	105.4	103.3	106.0	103.7	108.3	129.7	131.1	120.6
96.6	96.6	94.5	95.6	96.4	97.4	97.0	95.9	98.3	98.8	105.1	104.6
95.2	94.7	94.2	93.8	94.6	94.3	95.7	94.9	94.8	98.1	99.7	101.7
121.1	110.3	119.5	151.1	179.9	155.6	160.3	148.1	139.5	130.2	112.5	105.8
98.6	97.0	97.2	97.3	97.3	95.9	95.8	96.7	98.1	95.9	95.6	95.2
96.6	97.1	97.8	101.2	98.5	99.9	102.1	101.9	102.0	103.2	117.6	121.8
94.7	95.9	97.1	97.5	101.8	101.2	103.3	103.0	105.5	111.5	118.1	113.3
98.1	97.9	97.5	97.5	97.7	99.6	99.7	99.8	99.7	102.3	103.9	104.1
98.8	99.6	99.3	99.3	99.8	99.4	98.7	97.6	97.6	102.5	103.9	103.5
106.5	109.5	113.9	119.9	129.4	128.1	131.9	132.2	131.1	134.1	125.4	118.0
98.1	98.1	98.1	98.1	98.4	97.9	136.9	142.7	142.7	148.7	141.5	134.1
108.2	112.1	117.7	125.5	138.0	136.2	131.4	130.2	128.8	131.3	121.9	114.7
112.7	113.3	115.4	115.7	118.4	118.5	118.6	120.5	122.2	120.8	119.6	109.9

4-13 续表 3

(上年同月＝100)

类　别	Item	全　年 Annual Year
有色金属冶炼及压延加工业	Smelting and Pressing of Non-ferrous Metals	126.6
常用有色金属冶炼	General Non-ferrous Metal Coking	135.5
有色金属合金制造	Non-ferrous Metal Alloy Manufacture	119.1
有色金属压延加工	Non-ferrous Metal Pressing Processing	117.0
金属制品业	Manufacture of Metal Products	105.0
结构性金属制品制造	Structural Metal Product	103.6
金属工具制造	Metal Tools Manufacture	101.8
集装箱及金属包装容器制造	Container and Metal Packing Container Manufacture	104.2
金属丝绳及其制品的制造	Metal Silk Rope and Its Product Manufacture	105.6
建筑、安全用金属制品制造	Manufacture of Metal Products for Construction and Safety	106.1
金属表面处理及热处理加工	Metal Surface Treatment and Heat Treatment Processing	105.5
搪瓷制品制造	Manufacture of Enamel Products	115.6
金属制日用品制造	Metal Producing Manufacture	106.6
锻造及其他金属制品制造	Other Metal Product Manufacture	107.7
通用设备制造业	Manufacture of General Purpose Machinery	100.5
锅炉及原动设备制造	Boiler and Original Equipment	97.7
金属加工机械制造	Metal Process and Machinery Manufacture	97.6
物料搬运设备制造	Material Handling Equipment Manufacturing	106.7
泵、阀门、压缩机及类似机械的制造	Pump, Valve, Compressor and Its Similar Mechanical Manufacture	102.4
轴承、齿轮和传动部件制造	Manufacturing of Bearings, Gears and Transmission Parts	100.9
烘炉、风机、包装等设备制造	Ovens, Fans, Packaging and Other Equipment Manufacturing	99.8
文化、办公用机械制造	Manufacturing of Cultural and Office Machinery	95.7
通用零部件制造	General Parts Manufacturing	101.3
专用设备制造业	Manufacture of Special Purpose Machinery	100.1
采矿、冶金、建筑专用设备制造	Ore Mountain, Metallurgy, Building Special Equipment Manufacture	100.0
化工、木材、非金属加工专用设备制造	Chemical Engineering, Timber, Non-Metal Processed Special Equipments Manufacture	98.2
食品、饮料、烟草及饲料生产专用设备制造	The Food, Beverage, Tobacco and Fodder Production Special Equipments Manufacture	102.8
印刷、制药、日化及日用品生产专用设备制造	Manufacturing of Special Equipment for Printing, Pharmaceuticals, Daily Chemicals and Daily Necessities	105.4
纺织、服装和皮革加工专用设备制造	Manufacture of Special Equipment for Textile, Garment and Leather Processing	97.9
电子和电工机械专用设备制造	Manufacture of Special Equipment for Electronic and Electrical Machinery	99.4
医疗仪器设备及器械制造	Medical Equipment and Equipment Manufacturing	102.0
环保、邮政、社会公共服务及其他专用设备制造	Environmental Protection, Postal Services, Social Public Services and Other Manufacturing of Special Equipment	100.0
汽车制造业	Manufacture of Automobiles	99.7
汽车整车制造	The Car is Made by Car	99.6
汽车用发动机制造	Automobile Engine Manufacturing	99.8
改装汽车制造	Refitted Automobiles	104.0
汽车车身、挂车制造	Car Body, Trailer Manufacturing	101.3
汽车零部件及配件制造	Auto Parts and Accessories Manufacturing	99.0
铁路、船舶、航空航天和其他运输设备制造业	Manufacturing of Railways, Ships, Aerospace and Other Transport Equipment	99.8
铁路运输设备制造	Railway Transport Equipment Manufacturing	100.1
城市轨道交通设备制造	Urban Rail Transit Equipment Manufacturing	99.8
船舶及相关装置制造	Ship and Related Equipment Manufacturing	99.3
摩托车制造	Motorcycle Manufacturing	99.3
助动车制造	Moped Manufacturing	101.4

Continued

(same month of preceding year=100)

1 月 January	2 月 February	3 月 March	4 月 April	5 月 May	6 月 June	7 月 July	8 月 August	9 月 September	10 月 October	11 月 November	12 月 December
110.3	117.1	128.9	137.1	141.0	134.7	125.9	125.0	125.3	129.5	128.1	119.6
115.6	127.2	145.0	154.6	156.5	147.1	133.9	132.8	130.5	135.8	134.0	121.2
105.8	107.1	113.1	122.1	125.4	124.7	121.2	119.8	118.3	115.6	127.7	129.5
104.6	107.0	113.5	119.8	125.8	121.2	116.6	116.1	120.1	124.3	120.4	115.1
102.5	102.7	104.1	103.6	104.2	105.2	105.4	105.8	106.0	106.6	106.6	106.8
103.9	103.8	105.2	103.8	104.3	103.5	102.8	102.9	103.0	103.6	103.2	103.5
99.7	99.7	101.4	101.2	101.4	102.0	102.4	102.5	102.5	102.6	103.4	103.1
100.0	100.8	101.1	100.8	102.0	104.2	104.8	105.8	108.1	107.9	108.2	106.7
101.6	102.9	103.4	104.5	105.1	107.6	106.9	106.1	105.5	107.9	108.1	107.3
101.3	101.3	106.4	105.5	105.3	106.5	106.4	106.2	109.1	107.2	109.0	108.9
104.2	103.1	102.7	105.7	105.7	105.0	105.8	107.9	106.8	109.5	108.2	101.9
101.3	101.3	103.5	99.9	115.9	124.3	124.1	126.8	108.4	127.0	126.9	126.8
104.3	104.7	104.8	104.1	104.6	104.7	107.7	107.8	109.0	108.9	108.9	109.1
101.3	101.9	103.4	104.2	104.7	108.8	110.1	111.2	111.0	111.5	111.6	113.0
100.1	99.8	99.8	100.7	100.7	100.6	100.3	101.6	100.9	100.6	100.1	100.5
99.1	97.6	97.6	97.6	97.6	97.7	97.7	97.7	97.6	97.4	97.4	97.4
99.5	98.1	97.0	97.1	98.0	98.3	96.4	100.0	97.9	97.1	94.4	96.9
105.4	106.8	106.8	108.3	109.3	109.0	109.2	107.9	106.7	104.0	103.8	103.5
100.7	101.3	101.3	103.2	103.0	101.2	101.5	103.9	103.2	103.0	103.2	103.6
97.4	97.4	98.8	100.5	101.4	101.5	101.9	102.2	102.3	103.0	102.6	102.7
100.5	100.2	100.1	100.2	100.3	99.8	99.3	99.4	99.4	99.6	99.4	99.3
100.2	100.3	100.4	101.4	93.8	93.2	93.2	93.8	93.3	93.0	93.0	92.9
99.3	99.1	99.6	100.9	100.1	101.0	101.3	103.0	102.6	102.9	102.9	102.7
98.4	98.5	98.5	99.0	99.2	99.0	100.1	100.9	101.7	101.7	101.6	102.7
95.5	95.5	95.5	97.9	98.4	98.1	101.2	102.3	104.1	104.6	104.0	103.3
100.4	100.4	100.4	95.8	95.0	95.7	95.2	97.7	97.7	97.9	98.0	103.9
100.0	100.0	100.0	100.0	100.0	101.7	103.4	103.4	105.3	105.9	106.9	107.5
100.4	99.9	101.0	104.8	108.3	108.4	109.0	106.8	106.2	104.4	107.7	108.0
97.8	97.8	96.3	97.4	97.6	97.5	98.5	98.4	98.5	98.4	98.3	98.2
97.9	99.1	99.1	104.2	104.1	97.9	98.0	98.0	99.0	98.6	98.5	98.4
98.3	98.5	99.1	102.1	102.1	102.5	103.9	104.1	103.7	104.2	103.0	102.6
100.3	100.2	100.0	100.0	100.0	100.0	100.0	100.0	100.2	99.8	99.6	99.9
99.7	99.4	99.4	99.1	99.6	99.9	99.2	99.3	100.7	99.6	99.7	100.5
98.9	98.6	98.6	98.7	99.0	99.1	99.1	99.2	102.2	99.9	99.7	102.2
99.5	99.5	99.5	99.6	99.5	99.9	99.9	100.1	100.1	100.1	100.1	100.1
102.3	102.0	103.6	103.1	104.9	107.3	103.7	105.8	105.4	103.9	103.3	102.8
100.4	100.6	101.7	101.3	101.2	102.1	102.2	101.0	102.1	101.4	100.8	101.0
100.0	99.5	99.3	98.6	99.3	99.5	98.3	98.4	98.5	98.5	99.0	98.7
98.4	98.4	98.7	98.9	99.0	99.6	99.9	100.3	101.0	101.0	101.2	101.1
100.0	100.1	100.1	100.1	100.1	100.0	100.0	100.1	100.1	100.1	100.1	100.0
98.3	98.4	98.7	98.8	98.8	99.2	99.5	100.8	101.1	101.1	101.3	101.2
96.4	96.4	97.1	97.4	97.5	99.1	99.7	100.6	101.9	102.0	102.3	102.3
98.7	98.5	98.8	98.9	98.9	99.2	99.5	99.6	99.9	99.9	100.0	99.7
98.3	98.6	99.1	100.2	100.5	101.5	101.0	99.7	104.1	104.3	104.4	104.9

4-13 续表 4

(上年同月=100)

类　别	Item	全　年 Annual Year
电气机械及器材制造业	Electricity Machine and Its Equipment Manufacture	102.6
电机制造	Electric Engineering Manufacture	110.9
输配电及控制设备制造	Electricity Mixed and Control Equipments Manufacture	100.5
电线、电缆、光缆及电工器材制造	Wire, Cable, Fiber Optic Cable and the Electric Device Manufacture	101.1
电池制造	Battery Manufacture	101.9
家用电力器具制造	Electric Power Apparatus Manufacture	104.1
非电力家用器具制造	Non-electric Household Appliance Manufacturing	102.8
照明器具制造	Light Manufacture	97.4
计算机、通信和其他电子设备制造业	Manufacture of Computers, Communication and Other Electronic Equipment	100.2
计算机制造	Computer Manufacturing	100.3
通信设备制造	Tele-communication Equipment Manufacture	95.0
非专业视听设备制造	Non-Professional Audio-Visual Equipment Manufacturing	96.1
智能消费设备制造	Smart Consumer Device Manufacturing	97.8
电子器件制造	Electronic Appliances	102.2
电子元件制造及电子专用材料制造	Electronic Components	108.9
其他电子设备制造	Other Electronic Equipment Manufacturing	97.8
仪器仪表制造业	Manufacture of Measuring Instruments and Machinery	99.5
通用仪器仪表制造	General Instrument and Meters	98.7
专用仪器仪表制造	Manufacturing of Special Instruments and Meters	100.7
光学仪器制造	Optical Instrument Manufacturing	97.9
衡器制造	Weighing Apparatus Manufacturing	102.2
其他制造业	Other Manufacturing	97.9
日用杂品制造	Manufacturing of Daily Necessities	97.9
废弃资源综合利用业	Utilization of Waste Resources	114.0
金属废料和碎屑加工处理	Metal Waste and Debris Processing	114.3
非金属废料和碎屑加工处理	Non-Metallic Scrap and Scrap Processing	111.8
金属制品、机械和设备修理业	Repair of Metal Products, Machinery and Equipment	99.0
铁路、船舶、航空航天等运输设备修理	Railway, Ship, Aerospace and Other Transportation Equipment Repair	99.0
电力、热力生产和供应业	Production and Supply of Electric Power and Heat Power	100.2
电力生产	Electric Power Production	100.0
电力供应	Electric Power Supply	100.3
热力生产和供应	Thermal Production and Supply	101.9
燃气生产和供应业	Production and Supply of Gas	97.4
燃气生产和供应业	Production and Supply of Gas	97.4
水的生产和供应业	Production and Supply of Water	101.1
自来水的生产和供应	Tapping-water Production and Supply	101.2
污水处理及其再生利用	Sewage Treatment and Its Recycling	100.8

Continued

(same month of preceding year=100)

1 月 January	2 月 February	3 月 March	4 月 April	5 月 May	6 月 June	7 月 July	8 月 August	9 月 September	10 月 October	11 月 November	12 月 December
96.7	96.5	98.6	99.8	101.4	103.3	103.8	104.4	105.6	105.7	107.3	108.0
101.1	100.2	110.3	110.4	112.7	112.9	114.3	112.5	110.8	111.2	120.1	114.5
98.0	97.8	97.8	101.3	100.3	99.8	101.2	101.7	101.5	101.5	102.4	102.8
93.9	93.9	98.9	98.7	101.4	101.8	100.8	101.6	104.4	105.1	105.4	108.1
99.1	99.0	100.5	101.6	103.5	102.4	101.7	102.1	102.7	101.9	103.8	104.5
95.6	95.2	95.3	95.4	98.7	105.9	107.0	108.6	111.7	111.3	112.7	114.0
96.1	96.1	97.5	98.4	98.6	106.6	107.9	108.2	106.2	107.1	107.1	105.6
95.1	95.1	94.9	99.8	97.9	97.9	97.9	95.9	95.9	99.8	99.8	99.8
96.6	96.7	97.3	98.7	99.2	98.9	100.4	100.4	101.7	103.5	103.9	104.9
99.3	99.2	99.1	99.9	99.9	99.8	99.0	99.8	100.7	102.4	102.4	102.4
93.8	93.9	93.5	93.7	93.0	92.9	94.6	94.8	95.4	96.4	97.0	101.0
98.8	93.5	93.5	95.4	95.6	95.5	96.0	96.2	96.8	97.1	97.3	98.3
96.6	96.7	97.0	97.1	97.3	97.2	97.7	97.9	98.5	98.8	99.0	100.0
96.3	96.7	98.6	100.9	101.8	101.2	104.0	103.2	104.9	106.7	106.9	105.9
101.3	101.8	101.3	104.1	107.7	107.5	106.8	108.7	111.8	117.8	118.8	119.8
96.6	96.7	97.0	97.1	97.3	97.2	97.7	97.9	98.5	98.8	99.0	100.0
97.8	98.0	98.8	98.7	99.5	100.0	99.8	100.6	99.6	99.4	100.2	101.7
97.5	97.6	97.6	97.7	98.9	99.4	98.6	100.1	98.3	97.6	99.8	101.3
97.9	98.7	100.5	100.1	100.2	100.9	101.4	101.5	101.2	101.8	101.8	103.2
98.1	97.4	97.7	97.3	97.6	97.6	97.6	97.5	98.4	98.7	97.9	99.1
98.9	98.3	100.6	101.7	104.5	105.8	105.1	104.7	104.7	105.0	97.6	98.9
98.4	96.9	96.9	96.9	96.9	96.9	95.8	98.5	99.6	99.6	99.6	99.6
98.4	96.9	96.9	96.9	96.9	96.9	95.8	98.5	99.6	99.6	99.6	99.6
104.8	105.1	106.2	116.2	117.1	116.1	113.2	111.2	107.3	111.7	129.5	130.2
105.1	105.4	106.7	116.6	117.7	116.7	113.8	111.8	108.0	111.6	128.6	129.9
102.4	102.4	102.2	113.3	112.1	111.5	107.7	106.1	102.0	112.3	136.5	132.3
100.0	101.2	101.2	101.2	101.2	99.0	96.9	97.3	96.9	98.4	97.6	97.6
100.0	101.2	101.2	101.2	101.2	99.0	96.9	97.3	96.9	98.4	97.6	97.6
99.2	99.2	99.2	99.6	99.6	99.6	99.6	99.6	99.7	99.9	100.3	107.2
99.1	99.1	99.1	100.0	100.0	100.0	100.0	100.0	100.1	100.6	101.4	100.9
99.2	99.2	99.2	99.2	99.2	99.2	99.2	99.2	99.2	99.2	99.2	112.8
99.4	99.2	99.6	99.5	99.6	99.7	99.8	99.9	106.4	106.4	106.4	106.5
91.8	91.8	92.6	94.2	94.2	100.8	100.8	100.8	100.8	100.9	100.9	101.2
91.8	91.8	92.6	94.2	94.2	100.8	100.8	100.8	100.8	100.9	100.9	101.2
100.5	100.5	100.5	101.0	102.0	102.0	102.0	102.1	102.0	100.5	99.8	100.2
100.6	100.6	100.6	101.1	102.1	102.1	102.1	102.2	102.1	100.6	99.9	100.3
100.2	100.2	100.2	100.7	101.7	101.8	101.8	101.8	101.8	100.3	99.6	99.6

4-14 分月工业生产者出厂价格环比指数(2021年)

(上月=100)

类别	Item	全年 Annual Year	1月 January	2月 February
全部工业品	**Total Industrial Products**	**106.8**	**100.5**	**100.4**
#轻工业	Light Industry	101.8	100.5	100.2
以农产品为原料	Agricultural products as raw materials	101.7	100.7	100.5
以非农产品为原料	Non-agricultural Products as Raw Materials	102.0	100.2	99.5
重工业	Heavy Industry	109.3	100.5	100.5
采掘	Mining and Quarrying	112.0	101.4	102.8
原材料	Raw Material	118.7	100.7	101.3
加工	Processing	106.6	100.5	100.2
#生产资料	Means of Production	109.3	100.6	100.6
采掘	Mining and Quarrying	112.0	101.4	102.8
原材料	Raw Material	119.4	100.8	101.3
加工	Processing	106.8	100.5	100.4
生活资料	Consumer Goods	100.9	100.4	99.9
食品	Food	100.5	101.1	100.2
衣着	Clothing	99.3	99.5	100.0
一般日用品	Articles for Daily Use	98.1	99.7	99.4
耐用消费品	Durable Consumers' Goods	104.5	100.1	99.8
按工业部门分	**Grouped by Department of Industry**			
冶金工业	Metallurgical Industry	115.4	102.7	102.0
电力工业	Power Industry	107.2	99.6	100.0
石油工业	Petroleum Industry	124.4	103.4	103.7
化学工业	Chemical Industry	119.2	100.5	100.9
机械工业	Machine Building Industry	102.9	99.9	99.9
建筑材料工业	Building Material Industry	106.3	100.0	99.0
森林工业	Timber Industry	96.6	100.0	99.6
食品工业	Food Industry	101.2	101.1	100.5
纺织工业	Textile Industry	104.6	100.1	100.7
缝纫工业	Tailoring Industry	99.4	99.2	100.0
皮革工业	Leather Industry	96.8	99.4	100.0
造纸工业	Paper Industry	106.9	101.0	102.1
文教艺术用品工业	Cultural, Educational and Handicraft Articles	101.2	99.4	100.2
其他工业	Other Industry	97.9	100.4	98.4

Producer Price Chain Index for Industrial Producers by Month(2021)

(preceding month=100)

3 月 March	4 月 April	5 月 May	6 月 June	7 月 July	8 月 August	9 月 September	10 月 October	11 月 November	12 月 December
100.8	**100.4**	**100.9**	**100.2**	**100.5**	**100.4**	**100.6**	**101.1**	**100.6**	**100.1**
100.2	99.7	99.9	99.8	100.1	100.0	100.0	100.2	100.9	100.3
100.5	99.5	99.8	99.3	99.8	100.0	100.0	100.4	100.8	100.4
99.4	100.2	100.3	100.8	100.7	99.9	100.0	99.9	101.0	100.0
101.1	100.8	101.4	100.5	100.7	100.5	100.9	101.5	100.6	100.0
103.3	101.0	102.7	102.9	103.0	102.3	99.3	97.6	97.7	97.7
102.4	100.8	101.7	100.6	102.3	100.4	100.7	103.7	102.4	100.4
100.7	100.8	101.3	100.3	100.1	100.5	101.1	100.9	100.1	99.9
101.3	100.7	101.3	100.5	100.6	100.5	100.6	101.7	100.7	99.9
103.3	101.0	102.7	102.9	103.0	102.3	99.3	97.6	97.7	97.7
102.6	100.8	101.6	100.6	102.4	100.3	100.8	104.0	102.4	100.3
100.9	100.7	101.2	100.3	100.1	100.5	100.6	101.3	100.4	99.8
99.7	99.8	100.0	99.7	100.2	99.9	100.6	99.5	100.4	100.6
99.8	99.4	99.8	99.2	99.8	99.9	99.8	100.1	100.8	100.6
100.6	100.2	99.8	100.1	100.4	99.4	100.1	99.3	100.1	99.8
99.0	99.9	100.0	100.0	100.1	99.8	99.9	100.2	100.4	99.6
99.9	100.1	100.6	100.3	100.8	100.2	103.0	97.9	100.0	101.9
103.3	102.5	103.6	100.1	102.7	100.6	100.7	100.9	97.7	97.8
100.0	100.0	100.0	100.0	100.0	100.0	100.1	100.0	100.4	107.1
107.2	99.5	102.4	102.2	102.5	98.8	100.2	104.7	101.8	96.1
100.9	101.1	101.3	101.4	101.4	102.0	101.6	103.8	103.0	99.6
100.4	100.1	100.6	100.5	99.9	100.4	100.7	99.7	100.2	100.7
99.3	101.0	101.8	99.7	99.3	99.2	101.2	104.5	102.7	98.6
99.9	100.5	99.7	95.3	100.9	99.3	102.1	100.0	100.1	99.3
100.0	99.4	99.8	99.3	99.8	100.0	99.9	100.1	100.7	100.6
102.1	99.4	99.7	100.0	99.3	100.8	99.7	101.6	101.1	100.2
100.6	100.3	99.9	100.1	100.4	99.9	100.0	99.3	100.1	99.7
100.0	99.6	100.0	99.7	100.5	96.5	101.1	99.8	100.2	100.0
102.1	99.3	99.0	100.3	99.6	99.6	100.4	100.9	102.4	100.0
101.0	100.0	99.8	99.8	100.5	99.9	100.5	99.9	100.0	100.0
98.7	100.1	100.3	100.2	99.9	99.3	100.0	100.1	100.9	99.6

4-15 分行业工业生产者出厂价格环比指数(2021年)

(上月=100)

类 别	Item	全 年 Annual Year
石油和天然气开采业	Oil and Gas Industry	139.3
石油开采	Oil Drilling	139.3
黑色金属矿采选业	Black Metal Mineral Mining and Selecting Industry	103.0
铁矿采选	The Iron Mineral Mining and Selecting	103.0
有色金属矿采选业	Colored Metal Mineral Mining and Selecting	124.2
常用有色金属矿采选	The Regular Colored Metal Mineral Mining and Selecting	124.2
非金属矿采选业	Non-Metal Mineral Mining and Selecting	111.8
土砂石开采	Soil Sand Mining	99.2
化学矿采选	Chemical Mineral Mining and Selecting	142.5
采盐	Salt Mining	116.5
农副食品加工业	Farm and Side-Line Food Processed Industry	100.6
谷物磨制	Corn Whetted	97.9
饲料加工	Forage Processed	108.7
植物油加工	Planting-Oil Processed	112.0
屠宰及肉类加工	Slaughtered Meta and Meat Processes	73.3
水产品加工	Fishery Product Processed	109.4
蔬菜、菌类、水果和坚果加工	Vegetable, Fungus, Fruit and Nut Processing	95.9
其他农副食品加工	Other Farm and Side-line Food Processed	105.8
食品制造业	Manufacture of Foods	103.3
焙烤食品制造	Baked Food Manufacturing	101.8
糖果、巧克力及蜜饯制造	Made of Candy, Chocolate and Preserves	93.5
方便食品制造	Convenient Food Manufacturing	101.7
乳制品制造	Dairy Products Manufacturing	102.3
罐头食品制造	Dairy Products Manufacturing	104.4
调味品、发酵制品制造	Condiment, Ferment Product Manufacturing	112.0
其他食品制造	Other Food Manufacturing	108.3
酒、饮料和精制茶制造业	Manufacture of Liquor, Beverages and Refined Tea	101.2
酒的制造	Wine Manufacturing	100.8
饮料制造	Beverage Manufacturing	100.6
精制茶加工	Refined-tea Process	103.3
烟草制品业	Manufacture of Tobacco	103.2
卷烟制造	Cigarette Manufacturing	103.2
其他烟草制品制造	Other Tobacco Products Manufacturing	100.0

Producer Price Chain Indices for Industrial Producers by Industry(2021)

(preceding month=100)

1 月 January	2 月 February	3 月 March	4 月 April	5 月 May	6 月 June	7 月 July	8 月 August	9 月 September	10 月 October	11 月 November	12 月 December
107.8	109.2	108.2	97.7	103.1	106.6	103.7	96.5	101.8	110.9	100.7	89.6
107.8	109.2	108.2	97.7	103.1	106.6	103.7	96.5	101.8	110.9	100.7	89.6
102.8	110.0	109.1	103.5	103.0	104.1	109.7	103.5	96.6	87.7	89.8	87.3
102.8	110.0	109.1	103.5	103.0	104.1	109.7	103.5	96.6	87.7	89.8	87.3
103.0	107.7	106.1	102.5	108.5	96.7	97.3	99.4	100.9	102.0	100.2	98.3
103.0	107.7	106.1	102.5	108.5	96.7	97.3	99.4	100.9	102.0	100.2	98.3
100.2	99.1	100.2	100.0	101.8	102.8	100.4	102.7	100.3	100.5	100.5	102.8
99.9	98.6	100.1	99.6	101.0	102.9	99.0	100.0	98.8	99.7	99.7	100.0
100.9	100.4	100.5	101.0	103.7	102.4	103.9	108.7	103.3	101.9	101.7	108.1
100.0	100.0	100.0	100.1	100.6	100.0	100.7	99.9	100.0	105.6	111.8	97.4
101.7	100.8	99.7	98.9	99.7	98.9	99.7	99.9	100.0	100.1	101.1	100.2
101.3	101.3	99.6	99.2	99.6	99.6	99.1	98.8	99.9	99.2	100.1	100.3
101.1	103.1	101.2	99.8	100.2	100.8	100.5	100.4	100.5	100.4	100.1	100.2
103.2	101.6	102.7	99.5	99.8	100.2	99.2	100.0	100.9	101.0	103.5	99.9
102.8	95.8	91.4	92.3	94.3	87.0	102.4	100.5	97.0	98.9	107.8	101.1
101.1	99.7	100.2	99.9	100.6	100.9	101.8	102.4	103.2	99.7	99.9	99.7
99.8	98.4	99.6	98.7	102.9	96.8	99.6	98.9	98.6	103.1	100.0	99.7
102.8	100.9	100.3	100.9	101.1	100.0	98.3	101.8	98.8	100.4	100.5	99.8
100.0	100.1	101.1	100.0	100.1	100.0	100.0	100.2	99.6	100.8	101.0	100.4
100.5	99.7	100.0	100.0	100.3	99.9	99.8	100.1	100.2	100.0	100.2	101.2
100.0	100.0	102.3	101.0	100.0	100.0	100.0	100.0	90.5	100.0	100.0	100.0
100.0	101.0	99.9	99.5	100.2	100.1	100.2	99.6	100.5	98.9	101.7	100.0
100.0	99.6	100.0	100.0	98.6	100.0	101.4	100.0	103.1	100.0	99.5	100.0
100.2	100.7	101.8	99.4	100.6	99.5	100.1	100.2	100.8	100.0	99.3	101.5
98.6	100.0	104.5	100.9	100.7	99.9	98.7	101.5	100.2	106.7	100.1	99.9
100.1	100.1	100.8	99.6	100.1	100.1	100.0	100.1	102.1	101.2	103.8	100.0
100.8	99.9	100.2	100.1	100.0	99.7	100.1	100.0	100.1	100.0	100.2	100.2
100.1	100.0	100.0	100.0	100.0	100.0	100.0	99.9	100.1	100.0	100.4	100.0
100.1	99.6	100.4	100.0	100.1	99.7	100.4	99.9	100.1	99.8	100.0	100.4
103.0	100.1	100.2	100.3	99.8	99.1	100.0	100.5	99.9	100.0	100.0	100.4
100.0	100.0	100.0	100.0	100.0	100.0	100.0	100.0	100.0	100.0	100.0	103.2
100.0	100.0	100.0	100.0	100.0	100.0	100.0	100.0	100.0	100.0	100.0	103.2
100.0	100.0	100.0	100.0	100.0	100.0	100.0	100.0	100.0	100.0	100.0	100.0

4-15 续表 1

(上月=100)

类别	Item	全年 Annual Year
纺织业	Manufacture of Textile	104.6
棉纺织及印染精加工	Cotton Textiles and Dyeing and Finishing Processing	112.2
麻纺织及染整精加工	Hemp and Dyeing and Finishing	115.4
化纤织造及印染精加工	Chemical Fiber Weaving and Printing and Dyeing Finishing	113.1
针织或钩针编织物及其制品制造	Manufacture of Knitted or Crocheted Fabrics and Their Products	107.6
家用纺织制成品制造	Domestic Textile Manufactured Goods	101.7
产业用纺织制成品制造	Manufacturing of Industrial Textile Products	84.2
纺织服装、服饰业	Manufacture of Textile, Wearing Apparel and Accessories	99.5
机织服装制造	Woven Clothing Manufacturing	98.6
针织或钩针编织服装制造	Knitting or Crochet Clothing Manufacturing	103.0
服饰制造	Clothing Manufacturing	103.5
皮革、毛皮、羽毛及其制品和制鞋业	Manufacture of Leather, Fur, Feather and Related Products and Footware	96.7
皮革制品制造	Leather Goods Manufacturing	96.1
毛皮鞣制及制品加工	Fur Tanning and Processing of Products	96.9
制鞋业	Shoemaking	96.6
木材加工及木、竹、藤、棕、草制品业	Processing of Timber, Manufacture of Wood, Bamboo, Palm and Straw Products	100.8
人造板制造	Artificial Plank Manufacturing	102.9
木制品制造	Timber Product Manufacturing	97.7
竹、藤、棕、草等制品制造	Bamboo, Rattan, Palm, Grass and Other Products Manufacturing	100.0
家具制造业	Manufacture of Furniture	90.4
木质家具制造	Timber Furniture Manufacture	87.8
金属家具制造	Metal Furniture Manufacturing	100.0
其他家具制造	Other Furniture Manufacturing	112.3
造纸和纸制品业	Manufacture of Paper and Paper Products	106.9
纸浆制造	Pulp Manufacturing	103.2
造纸	Paper Making	107.0
纸制品制造	Paper Products Manufacturing	106.8
印刷和记录媒介复制业	Printing and Reproduction of Recording Media	101.0
印刷	Printing	101.0
装订及印刷相关服务	Binding and Printing Related Services	100.3
文教、工美、体育和娱乐用品制造业	Manufacture of Articles for Culture, Education, Arts and Crafts, Sport and Entertainment Activities	96.8
乐器制造	Musical Instrument Manufacturing	98.1
工艺美术及礼仪用品制造	Manufacturing of Arts and Crafts and Ceremonial Articles	94.9
体育用品制造	Sporting Goods Manufacturing	126.6
玩具制造	Toy Manufacturing	96.5
石油、煤炭及其他燃料加工业	Processing of Petroleum, Coking and Processing of Other Fuel	129.2
精炼石油产品制造	Refined Coking Petroleum Manufacturing	129.2
化学原料及化学制品制造业	Manufacture of Raw Chemical Materials and Products	129.0
基础化学原料制造	Basic Chemical Material Manufacturing	148.6

Continued

(preceding month=100)

1 月 January	2 月 February	3 月 March	4 月 April	5 月 May	6 月 June	7 月 July	8 月 August	9 月 September	10 月 October	11 月 November	12 月 December
100.1	100.7	102.1	99.5	99.7	100.0	99.3	100.8	99.7	101.6	101.0	100.3
101.8	101.7	103.0	100.5	99.9	100.2	100.0	100.8	99.7	101.8	101.5	100.7
99.6	98.0	103.1	102.1	102.3	101.7	98.7	98.7	104.0	105.4	99.4	101.6
100.3	102.5	101.6	101.4	99.2	103.4	101.6	102.5	99.2	99.9	99.8	101.1
100.0	100.0	101.7	105.6	99.3	100.0	101.2	101.0	97.9	97.5	100.0	103.5
100.4	99.5	100.3	99.5	100.9	100.6	100.9	99.0	99.9	100.7	99.7	100.4
95.6	98.2	99.7	96.0	98.6	98.8	96.6	100.9	99.2	100.8	100.2	98.5
99.5	100.0	100.7	100.2	99.8	100.2	100.4	99.9	100.0	99.3	100.1	99.6
99.1	100.0	100.6	100.0	100.0	100.1	100.3	99.8	99.9	99.0	100.0	99.6
100.5	100.0	100.0	100.0	99.6	100.1	102.0	100.0	100.5	101.0	100.1	99.3
101.4	100.0	101.3	101.0	99.1	100.3	100.0	100.0	100.0	100.0	100.5	99.7
98.2	100.0	100.0	99.7	100.2	99.5	100.5	98.0	100.9	99.9	100.0	99.7
96.1	100.0	100.0	100.0	100.0	100.0	100.0	100.0	100.0	100.0	100.0	100.0
100.2	100.0	100.0	99.5	100.0	99.7	100.6	95.7	101.3	99.8	100.2	100.0
96.2	100.0	100.0	100.0	100.6	99.1	100.5	100.5	100.6	100.0	99.7	99.3
100.1	99.4	100.6	100.2	99.8	100.4	100.0	99.9	100.1	100.7	100.5	99.0
100.3	100.4	101.2	100.3	99.7	100.8	99.9	100.1	100.1	101.2	100.6	98.4
99.9	97.9	99.9	100.2	100.0	99.8	100.2	99.6	100.1	100.0	100.3	99.8
100.0	100.0	100.0	100.0	100.0	100.0	100.0	100.0	100.0	100.0	100.0	100.0
99.8	100.0	98.7	100.9	99.6	86.7	102.9	98.3	106.0	98.7	99.5	99.9
99.7	100.0	98.4	101.1	99.5	84.5	103.3	97.8	107.1	98.2	99.2	99.9
100.0	100.0	99.6	99.9	100.5	100.0	99.9	100.0	100.0	100.0	100.0	100.0
101.2	100.6	100.5	99.7	100.0	100.0	101.7	102.1	101.5	102.0	102.4	100.0
101.0	102.1	102.1	99.3	99.0	100.3	99.6	99.6	100.4	100.9	102.4	100.0
102.1	109.5	101.5	105.2	101.5	99.3	90.6	101.8	97.0	99.9	97.5	98.6
101.2	102.5	102.8	98.4	98.5	100.7	98.9	99.4	100.7	100.7	103.7	99.5
100.7	101.0	101.1	100.4	99.6	99.7	101.3	99.8	100.3	101.2	100.7	100.9
100.0	100.0	100.8	99.8	100.0	100.0	100.3	99.4	100.5	100.0	100.0	100.0
100.0	100.0	100.9	99.8	100.0	100.0	100.3	99.4	100.6	100.0	100.0	100.0
100.0	100.0	100.0	100.0	100.0	100.1	100.0	100.0	99.9	100.0	100.3	100.0
100.0	97.9	97.9	100.6	100.3	100.5	100.4	99.1	100.3	99.0	101.5	99.3
99.3	100.4	100.5	100.0	100.3	100.1	100.0	99.2	99.1	97.7	97.9	103.7
101.2	96.7	96.6	100.5	100.7	101.1	100.0	98.2	100.2	98.8	102.1	99.0
100.0	104.8	105.9	99.8	95.0	99.9	107.7	109.3	101.6	100.0	100.7	100.0
95.6	100.6	100.6	101.2	100.0	98.6	100.0	100.0	100.6	99.9	100.3	99.0
104.0	104.2	108.6	99.5	102.8	102.3	102.9	98.8	100.1	105.2	102.2	95.8
104.0	104.2	108.6	99.5	102.8	102.3	102.9	98.8	100.1	105.2	102.2	95.8
100.8	101.6	102.0	101.9	102.2	102.3	101.8	102.8	102.5	105.2	103.5	99.1
99.5	102.8	104.2	102.6	104.0	101.7	99.6	101.9	105.5	116.9	104.4	98.2

4-15 续表 2

(上月=100)

类 别	Item	全 年 Annual Year
肥料制造	Fertilizer Manufacture	145.8
农药制造	Insecticide Manufacture	139.3
涂料、油墨、颜料及类似产品制造	Coating, Printing Ink, Pigment and the Similar Products Manufacture	108.4
合成材料制造	Compounded Material Manufacture	113.7
专用化学产品制造	Specialized Chemical Product Manufacture	108.1
炸药、火工及焰火产品制造	The Manufacture of Explosives, Firework and Fireworks	115.6
日用化学产品制造	Daily Chemical Product Manufacture	95.7
医药制造业	Manufacture of Medicines	95.9
化学药品原药制造	Original Medicine of Chemical Medicine Manufacture	102.3
化学药品制剂制造	Chemical Medicine Agent Manufacture	100.3
中药饮片加工	Processing of Chinese Herbal Pieces	106.3
中成药生产	Medium Patent Manufacture	101.2
兽用药品制造	Medicine in Herbs Manufacture	94.6
生物药品制品制造	Biology, Bio-chemical Product Manufacture	101.7
卫生材料及医药用品制造	Sanitary Materials and Medical Supplies Manufacturing	59.1
化学纤维制造业	Manufacture of Chemical Fibres	112.6
纤维素纤维原料及纤维制造	Cellulose Fiber Raw Materials and Fiber Manufacturing	119.9
合成纤维制造	Synthetic Fiber Manufacturing	107.5
橡胶和塑料制品业	Manufacture of Rubber and Plastics Products	105.6
橡胶制品业	Manufacture of Rubber	103.1
塑料制品业	Manufacture of Plastics	106.0
非金属矿物制品业	Manufacture of Non-metallic Mineral Products	106.6
水泥、石灰和石膏制造	Cement, Lime and Gypsum Manufacture	120.6
石膏、水泥制品及类似制品制造	Cement and Gypsum Product Manufacture	104.6
砖瓦、石材等建筑材料制造	Brick, Stone Material and Other Buildings Material Manufacture	101.7
玻璃制造	Glass Manufacturing	105.8
玻璃制品制造	Glass Goods Manufacturing	95.2
玻璃纤维和玻璃纤维增强塑料制品制造	Manufacture of Fiberglass and Fiberglass-Reinforced Plastic Products	121.8
陶瓷制品制造	Ceramic Product Manufacturing	113.3
耐火材料制品制造	Refractory Products Manufacturing	104.1
石墨及其他非金属矿物制品制造	Graphite and Other Non-metal Mineral Product Manufacture	103.5
黑色金属冶炼及压延加工业	Smelting and Pressing of Ferrous Metals	118.0
炼钢	Steel Making	134.1
钢压延加工	Pressed Steel Processing	114.7
铁合金冶炼	Iron-alloy Smeltering	109.9

Continued

(preceding month=100)

1 月 January	2 月 February	3 月 March	4 月 April	5 月 May	6 月 June	7 月 July	8 月 August	9 月 September	10 月 October	11 月 November	12 月 December
101.8	102.6	102.7	102.9	101.9	104.8	105.4	106.1	103.8	103.2	103.8	99.5
99.4	103.0	99.2	98.8	107.2	99.0	107.3	105.2	102.6	100.5	109.7	102.2
100.7	99.7	100.5	101.5	99.8	100.3	103.5	99.9	101.0	99.5	101.5	100.3
102.7	99.7	100.6	102.4	102.5	101.2	97.3	102.5	99.8	103.4	105.1	96.0
100.0	101.1	101.3	100.2	101.6	101.1	99.4	99.2	100.2	103.1	101.6	99.1
100.0	100.0	100.0	100.0	100.0	100.0	100.0	100.0	100.0	100.0	100.0	115.6
95.7	100.0	100.0	100.0	100.6	100.3	98.8	100.0	100.3	100.2	99.9	100.0
100.2	99.2	97.4	99.9	99.9	99.4	100.4	100.0	99.7	99.2	100.7	99.9
100.0	99.0	100.3	100.7	100.3	100.0	100.9	99.2	100.7	101.1	100.1	100.1
100.0	100.0	100.0	100.5	100.0	99.8	99.9	100.8	99.1	100.0	101.0	99.0
100.5	101.2	99.6	102.3	99.9	101.2	100.2	100.2	100.3	99.1	101.0	100.5
100.7	100.3	99.5	100.4	100.1	100.0	100.4	100.1	99.4	99.8	100.4	100.0
100.0	100.4	100.0	99.9	100.1	94.3	99.9	100.0	100.0	100.0	100.0	100.0
99.3	101.9	100.0	99.6	98.3	99.8	101.4	98.9	99.6	99.4	102.4	101.2
100.3	92.6	79.3	93.9	99.7	95.2	99.9	99.3	100.5	90.6	99.7	99.9
103.3	102.8	107.9	93.2	99.5	99.9	100.2	100.4	101.8	101.6	102.2	99.6
104.8	105.1	100.0	100.0	101.7	100.0	100.6	100.8	104.1	100.0	100.0	101.4
102.4	101.2	113.7	88.9	97.9	99.8	99.8	100.0	100.2	102.8	103.8	98.3
100.1	100.7	100.6	100.2	99.5	100.2	100.5	99.8	99.1	102.8	101.6	100.2
99.8	100.1	100.4	100.0	100.4	99.7	100.8	99.0	100.4	100.9	101.8	100.0
100.2	100.8	100.6	100.2	99.4	100.3	100.5	99.9	99.0	103.1	101.6	100.2
100.0	99.1	99.3	101.0	101.7	99.3	99.4	99.1	101.4	104.8	102.8	98.6
99.5	97.4	98.6	103.4	103.8	96.9	97.2	98.2	106.5	122.3	104.0	93.9
100.8	100.0	97.7	100.8	101.1	100.3	98.9	98.4	101.5	101.5	104.6	99.0
99.3	99.6	99.6	99.8	100.9	98.9	100.1	99.0	99.5	101.4	102.7	101.0
103.4	91.2	107.6	106.4	107.5	104.2	103.9	105.8	99.7	90.9	87.2	100.6
100.0	98.5	99.8	100.0	100.0	100.1	99.5	99.8	101.0	97.7	99.3	99.6
100.4	100.5	100.6	101.4	97.4	101.0	100.5	99.8	100.1	101.1	114.3	103.6
99.8	101.2	101.3	100.8	103.9	98.8	100.5	99.8	100.6	105.7	104.2	96.3
100.1	99.9	99.8	99.9	100.3	100.2	100.0	100.1	99.8	102.7	101.4	100.0
99.9	100.9	99.7	100.2	100.5	99.4	99.3	98.7	99.6	104.5	101.2	99.6
104.2	102.2	102.7	103.9	104.9	100.3	105.3	100.5	101.1	102.1	93.7	96.3
100.0	100.0	100.0	100.0	100.0	100.0	139.8	102.1	100.0	104.2	95.2	94.8
105.4	102.7	103.4	104.9	106.0	100.4	99.2	100.1	101.4	101.6	92.9	96.6
100.5	100.6	101.8	100.3	102.4	99.6	100.0	101.7	101.4	100.1	102.3	99.0

4-15 续表 3

(上月=100)

类　　别	Item	全　年 Annual Year
有色金属冶炼及压延加工业	Smelting and Pressing of Non-ferrous Metals	119.6
常用有色金属冶炼	General Non-ferrous Metal Coking	121.2
有色金属合金制造	Non-ferrous Metal Alloy Manufacture	129.5
有色金属压延加工	Non-ferrous Metal Pressing Processing	115.1
金属制品业	Manufacture of Metal Products	106.8
结构性金属制品制造	Structural Metal Product	103.5
金属工具制造	Metal Tools Manufacture	103.1
集装箱及金属包装容器制造	Container and Metal Packing Container Manufacture	106.7
金属丝绳及其制品的制造	Metal Silk Rope and Its Product Manufacture	107.3
建筑、安全用金属制品制造	Manufacture of Metal Products for Construction and Safety	108.9
金属表面处理及热处理加工	Metal Surface Treatment and Heat Treatment Processing	101.9
搪瓷制品制造	Manufacture of Enamel Products	126.8
金属制日用品制造	Metal Producing Manufacture	109.1
锻造及其他金属制品制造	Other Metal Product Manufacture	113.0
通用设备制造业	Manufacture of General Purpose Machinery	100.5
锅炉及原动设备制造	Boiler and Original Equipment	97.4
金属加工机械制造	Metal Process and Machinery Manufacture	96.9
物料搬运设备制造	Material Handling Equipment Manufacturing	103.5
泵、阀门、压缩机及类似机械的制造	Pump, Valve, Compressor and Its Similar Mechanical Manufacture	103.6
轴承、齿轮和传动部件制造	Manufacturing of Bearings, Gears and Transmission Parts	102.7
烘炉、风机、包装等设备制造	Ovens, Fans, Packaging and Other Equipment Manufacturing	99.3
文化、办公用机械制造	Manufacturing of Cultural and Office Machinery	92.9
通用零部件制造	General Parts Manufacturing	102.7
专用设备制造业	Manufacture of Special Purpose Machinery	102.7
采矿、冶金、建筑专用设备制造	Ore Mountain, Metallurgy, Building Special Equipment Manufacture	103.3
化工、木材、非金属加工专用设备制造	Chemical Engineering, Timber, Non-Metal Processed Special Equipments Manufacture	103.9
食品、饮料、烟草及饲料生产专用设备制造	The Food, Beverage, Tobacco and Fodder Production Special Equipments Manufacture	107.5
印刷、制药、日化及日用品生产专用设备制造	Manufacturing of Special Equipment for Printing, Pharmaceuticals, Daily Chemicals and Daily Necessities	108.0
纺织、服装和皮革加工专用设备制造	Manufacture of Special Equipment for Textile, Garment and Leather Processing	98.2
电子和电工机械专用设备制造	Manufacture of Special Equipment for Electronic and Electrical Machinery	98.4
医疗仪器设备及器械制造	Medical Equipment and Equipment Manufacturing	102.6
环保、邮政、社会公共服务及其他专用设备制造	Environmental Protection, Postal Services, Social Public Services and Other Manufacturing of Special Equipment	99.9
汽车制造业	Manufacture of Automobiles	100.5
汽车整车制造	The Car is Made by Car	102.2
汽车用发动机制造	Automobile Engine Manufacturing	100.1
改装汽车制造	Refitted Automobiles	102.8
汽车车身、挂车制造	Car Body, Trailer Manufacturing	101.0
汽车零部件及配件制造	Auto Parts and Accessories Manufacturing	98.7
铁路、船舶、航空航天和其他运输设备制造业	Manufacturing of Railways, Ships, Aerospace and Other Transport Equipment	101.1
铁路运输设备制造	Railway Transport Equipment Manufacturing	100.0
城市轨道交通设备制造	Urban Rail Transit Equipment Manufacturing	101.2
船舶及相关装置制造	Ship and Related Equipment Manufacturing	102.3
摩托车制造	Motorcycle Manufacturing	99.7
助动车制造	Moped Manufacturing	104.9

Continued

(preceding month=100)

1 月 January	2 月 February	3 月 March	4 月 April	5 月 May	6 月 June	7 月 July	8 月 August	9 月 September	10 月 October	11 月 November	12 月 December
101.0	103.1	106.4	102.3	105.0	98.9	99.3	100.8	101.0	101.7	99.5	99.2
101.1	104.3	108.2	102.5	104.6	99.3	98.3	100.4	100.2	102.1	100.6	98.4
106.9	101.2	104.9	103.1	105.2	100.8	103.8	101.1	99.7	92.3	100.2	107.8
99.7	101.9	104.3	101.9	105.5	97.8	99.9	101.3	102.6	103.4	97.7	98.5
101.2	100.2	101.2	100.3	100.8	101.1	100.3	100.5	100.3	100.2	100.1	100.3
102.2	99.9	101.3	100.1	100.5	99.8	99.6	100.2	100.2	99.8	99.6	100.2
100.0	100.0	101.7	99.9	100.0	100.4	100.3	100.2	100.0	100.0	100.8	99.7
99.9	100.9	100.4	99.8	100.6	101.3	100.5	100.5	102.3	100.0	101.1	99.1
100.3	101.3	100.4	101.8	100.8	102.4	99.5	99.4	99.5	102.0	100.2	99.4
100.0	100.0	104.9	100.0	100.0	101.3	100.0	100.0	102.8	98.0	101.8	100.0
103.1	99.0	99.6	102.3	100.1	99.6	100.9	102.0	98.7	103.4	98.6	94.8
100.0	100.0	102.1	97.2	116.3	107.3	100.0	102.3	85.6	116.9	100.0	100.0
100.8	100.4	100.7	100.5	100.6	100.7	103.1	100.4	101.3	100.0	100.0	100.2
100.4	100.6	101.0	100.7	101.4	103.3	101.3	101.4	99.8	100.7	100.3	101.6
100.1	99.7	99.9	100.2	100.3	100.3	99.7	100.8	99.7	99.9	99.5	100.5
99.0	98.5	100.0	100.0	100.0	100.2	100.0	100.0	99.8	100.0	100.0	100.0
100.0	98.6	98.9	100.2	100.9	100.4	98.0	103.3	97.9	99.2	97.3	102.7
101.6	101.3	100.0	101.4	100.9	100.0	100.4	98.7	99.3	99.7	99.8	100.4
99.7	100.6	99.9	100.0	100.4	100.5	100.4	100.7	100.7	100.1	100.2	100.4
100.1	100.0	101.0	100.3	101.2	100.4	99.8	100.2	100.2	100.3	99.3	99.9
100.2	99.7	99.9	100.1	100.1	99.5	99.8	100.1	100.0	100.2	99.8	99.9
100.0	100.0	100.0	100.0	92.9	100.0	100.0	100.0	100.0	100.0	100.0	100.0
100.2	99.6	100.2	100.0	100.0	101.0	100.3	101.1	100.0	100.0	100.2	99.9
100.2	100.0	100.0	99.7	100.4	99.8	100.2	100.6	100.4	100.2	100.0	101.2
100.1	100.0	99.9	100.5	100.6	100.0	100.5	100.6	100.9	101.0	99.5	99.6
100.0	100.0	100.0	95.4	100.0	100.0	99.6	102.9	100.0	100.0	100.0	106.2
100.0	100.0	100.0	100.0	100.0	101.7	101.6	100.0	101.9	100.5	101.0	100.6
102.5	99.5	101.1	102.7	103.4	100.2	99.6	97.7	99.0	98.5	103.3	100.4
99.8	100.0	98.4	100.2	100.3	100.0	100.0	99.7	99.7	100.1	100.0	100.0
100.0	101.2	99.9	104.1	100.0	94.1	99.2	99.7	100.6	99.8	100.0	100.0
100.4	100.2	100.6	101.9	100.1	100.6	100.4	99.9	99.2	100.7	98.9	99.7
100.0	99.9	99.8	100.0	100.0	100.2	100.0	100.0	100.1	99.6	100.0	100.3
99.7	99.7	99.9	99.6	100.4	100.3	99.3	100.3	101.3	98.8	99.9	101.2
99.2	99.7	99.9	100.1	100.4	100.0	100.0	100.1	103.0	97.6	99.8	102.5
100.0	100.0	100.0	100.1	99.9	100.0	100.0	100.1	100.0	100.0	100.0	100.0
100.1	99.7	101.9	99.6	101.5	102.8	96.3	102.2	100.6	98.7	99.2	100.4
100.0	100.2	100.0	100.1	100.0	100.2	100.1	100.1	100.8	99.7	99.5	100.2
100.1	99.5	99.7	99.1	100.5	100.3	98.9	100.3	100.0	99.9	100.2	100.2
100.0	100.0	100.1	100.0	100.1	100.3	100.0	100.3	100.4	100.0	100.0	100.0
100.0	100.0	100.0	100.0	100.0	100.0	100.0	100.0	100.0	100.0	100.0	100.0
100.0	100.0	100.1	100.0	100.0	100.0	100.0	101.2	100.0	100.0	100.0	100.0
100.0	100.0	100.2	100.0	100.2	100.8	100.0	100.6	100.5	100.0	100.0	100.0
100.4	99.7	100.0	100.0	100.0	99.9	100.0	99.9	100.0	100.0	99.9	99.8
100.0	100.2	100.3	101.0	100.2	100.6	99.3	98.6	104.0	100.2	100.0	100.5

4-15 续表 4

(上月=100)

类 别	Item	全 年 Annual Year
电气机械及器材制造业	Electricity Machine and Its Equipment Manufacture	108.0
电机制造	Electric Engineering Manufacture	114.5
输配电及控制设备制造	Electricity Mixed and Control Equipments Manufacture	102.8
电线、电缆、光缆及电工器材制造	Wire, Cable, Fiber Optic Cable and the Electric Device Manufacture	108.1
电池制造	Battery Manufacture	104.5
家用电力器具制造	Electric Power Apparatus Manufacture	114.0
非电力家用器具制造	Non-electric Household Appliance Manufacturing	105.6
照明器具制造	Light Manufacture	99.8
计算机、通信和其他电子设备制造业	Manufacture of Computers, Communication and Other Electronic Equipment	104.9
计算机制造	Computer Manufacturing	102.4
通信设备制造	Tele-communication Equipment Manufacture	101.0
非专业视听设备制造	Non-Professional Audio-Visual Equipment Manufacturing	98.3
智能消费设备制造	Smart Consumer Device Manufacturing	100.0
电子器件制造	Electronic Appliances	105.9
电子元件制造及电子专用材料制造	Electronic Components	119.8
其他电子设备制造	Other Electronic Equipment Manufacturing	100.0
仪器仪表制造业	Manufacture of Measuring Instruments and Machinery	101.7
通用仪器仪表制造	General Instrument and Meters	101.3
专用仪器仪表制造	Manufacturing of Special Instruments and Meters	103.2
光学仪器制造	Optical Instrument Manufacturing	99.1
衡器制造	Weighing Apparatus Manufacturing	98.9
其他制造业	Other Manufacturing	99.6
日用杂品制造	Manufacturing of Daily Necessities	99.6
废弃资源综合利用业	Utilization of Waste Resources	130.2
金属废料和碎屑加工处理	Metal Waste and Debris Processing	129.9
非金属废料和碎屑加工处理	Non-Metallic Scrap and Scrap Processing	132.3
金属制品、机械和设备修理业	Repair of Metal Products, Machinery and Equipment	97.6
铁路、船舶、航空航天等运输设备修理	Railway, Ship, Aerospace and Other Transportation Equipment Repair	97.6
电力、热力生产和供应业	Production and Supply of Electric Power and Heat Power	107.2
电力生产	Electric Power Production	100.9
电力供应	Electric Power Supply	112.8
热力生产和供应	Thermal Production and Supply	106.5
燃气生产和供应业	Production and Supply of Gas	101.2
燃气生产和供应业	Production and Supply of Gas	101.2
水的生产和供应业	Production and Supply of Water	100.2
自来水的生产和供应	Tapping-water Production and Supply	100.3
污水处理及其再生利用	Sewage Treatment and Its Recycling	99.6

Continued

(preceding month=100)

1月 January	2月 February	3月 March	4月 April	5月 May	6月 June	7月 July	8月 August	9月 September	10月 October	11月 November	12月 December
100.1	99.8	102.1	100.1	101.5	101.9	100.4	100.4	99.8	99.9	101.6	100.1
99.9	99.1	111.3	100.1	101.9	100.2	101.2	99.1	99.1	99.1	107.0	96.5
99.8	99.7	100.0	100.3	100.2	99.8	101.4	100.2	100.2	100.1	100.9	100.2
100.5	100.0	104.8	99.6	102.5	100.7	98.6	100.4	99.5	100.3	101.2	100.0
100.6	99.8	100.7	100.3	101.4	100.0	99.6	100.4	100.6	99.1	101.2	100.6
100.3	99.9	100.1	100.1	102.3	106.5	101.5	101.4	99.5	99.7	101.2	101.0
100.0	100.0	101.4	100.0	100.0	106.2	98.6	100.2	99.3	100.0	100.0	100.0
97.9	100.0	99.8	100.5	98.3	100.0	100.0	98.9	100.0	104.6	100.0	100.0
99.8	100.1	100.4	101.3	100.4	99.7	101.2	99.8	100.8	101.4	100.0	99.9
100.0	99.9	100.4	101.2	100.9	100.2	99.7	100.2	100.8	100.5	99.5	99.2
98.8	99.9	99.8	100.3	99.4	99.5	101.9	100.2	100.3	101.0	100.1	99.9
102.2	94.7	99.7	101.9	100.1	100.0	100.0	100.0	100.0	100.0	100.0	100.0
100.0	100.0	100.0	100.0	100.0	100.0	100.0	100.0	100.0	100.0	100.0	100.0
100.0	100.5	101.2	101.9	100.3	99.6	101.5	99.0	100.8	101.6	100.1	99.3
101.2	100.6	99.5	102.4	103.4	100.0	101.2	100.8	102.7	104.0	100.1	102.3
100.0	100.0	100.0	100.0	100.0	100.0	100.0	100.0	100.0	100.0	100.0	100.0
99.1	100.3	100.8	99.9	100.8	100.6	99.8	100.8	99.1	99.8	100.8	100.1
98.9	100.1	100.0	100.0	101.3	100.5	99.3	101.5	98.3	99.2	102.2	100.1
99.2	100.9	101.8	99.6	100.1	100.8	100.5	100.1	99.7	100.6	100.0	100.0
99.4	99.3	100.3	99.7	100.3	100.0	100.0	99.9	101.0	100.3	99.1	99.9
100.3	99.5	102.3	101.1	102.7	101.3	99.3	99.6	100.0	100.3	92.9	100.0
98.4	98.4	100.0	100.0	100.0	100.0	98.9	102.8	101.1	100.0	100.0	100.0
98.4	98.4	100.0	100.0	100.0	100.0	98.9	102.8	101.1	100.0	100.0	100.0
102.3	100.3	101.3	101.9	101.7	99.7	100.9	99.7	100.5	102.5	116.0	100.8
102.6	100.3	101.4	101.8	101.9	99.7	101.0	99.7	100.5	101.8	115.3	101.3
100.0	100.0	100.0	103.2	100.0	100.0	100.0	100.0	100.0	108.6	121.5	97.2
100.0	101.2	100.0	100.0	100.0	97.8	97.8	100.5	99.6	101.5	99.3	100.0
100.0	101.2	100.0	100.0	100.0	97.8	97.8	100.5	99.6	101.5	99.3	100.0
99.6	100.0	100.0	100.0	100.0	100.0	100.0	100.0	100.1	100.0	100.4	107.1
100.0	100.0	100.0	100.0	100.0	100.0	100.0	100.0	100.0	100.0	100.9	100.0
99.2	100.0	100.0	100.0	100.0	100.0	100.0	100.0	100.0	100.0	100.0	113.7
100.0	100.0	100.0	100.0	100.0	100.0	100.0	100.0	106.5	100.0	100.0	100.0
100.0	100.0	100.9	100.0	100.0	100.0	100.0	100.0	100.0	100.0	100.0	100.3
100.0	100.0	100.9	100.0	100.0	100.0	100.0	100.0	100.0	100.0	100.0	100.3
99.9	100.0	100.0	100.0	100.0	100.0	100.0	100.1	99.9	100.0	100.0	100.3
100.0	100.0	100.1	99.9	100.0	99.9	100.0	100.1	99.9	99.9	100.1	100.4
99.6	100.0	100.0	100.0	100.0	100.0	100.0	100.0	100.0	100.0	100.0	100.0

4-16 工业生产者购进价格指数(1995-2021年)
Purchasing Price Indices for Industrial Producers(1995-2021)

(上年=100) (preceding year=100)

年 份 Year	总指数 General Index	燃料、动力类 Fuel and Power	黑色金属材料类 Ferrous Metals	钢 材 Rolle Steel	有色金属材料和电线类 Nonferrous Metals and Wires	化工原料类 Raw Chemical Materials
1995	118.2	109.4	98.6	100.3	130.2	118.2
1996	108.4	108.9	101.0	100.5	92.7	106.6
1997	100.7	107.6	98.8	99.2	98.7	97.4
1998	95.2	96.3	96.4	97.6	96.1	92.3
1999	95.6	98.3	95.6	96.4	101.5	94.8
2000	105.6	121.4	99.2	100.6	108.8	106.2
2001	100.2	103.2	101.6	100.0	94.4	98.9
2002	97.7	99.0	99.2	98.2	98.5	96.4
2003	108.2	109.0	111.5	108.5	106.2	104.9
2004	113.1	109.0	120.6	118.2	117.5	111.2
2005	107.0	114.3	106.5	105.1	112.1	107.9
2006	104.9	112.2	95.2	96.9	125.3	101.6
2007	104.6	104.1	105.7	103.3	109.1	105.1
2008	110.9	113.1	119.3	115.4	101.0	113.2
2009	93.4	93.4	92.1	92.7	83.3	86.9
2010	110.4	115.3	107.2	105.0	124.1	106.6
2011	111.5	115.0	110.7	104.1	108.7	114.3
2012	98.9	101.9	91.7	94.8	97.0	96.9
2013	98.2	97.5	94.5	95.5	95.5	95.6
2014	97.8	96.8	95.9	96.3	95.2	98.9
2015	92.8	88.1	90.7	93.2	92.8	97.3
2016	98.3	95.0	103.5	102.8	98.6	97.3
2017	108.3	116.2	119.2	116.5	117.1	107.2
2018	104.8	108.0	107.1	109.3	105.0	105.6
2019	99.3	96.3	100.4	97.9	97.9	95.8
2020	98.4	89.6	100.6	99.4	100.3	94.1
2021	108.5	112.8	121.6	115.6	129.8	109.6

4-16 续表 Continued

(上年＝100) (preceding year=100)

年 份 Year	木材及纸浆类 Timber and Paper Pulp	建筑材料及非金属矿类 Building Material and Non-metal Ore	其他工业原材料及半成品类 Other Materials and Semi-finished Category	农副产品类 Agricultural Products	纺织原料类 Textile Materials
1995	112.6	108.0	97.7	159.3	124.3
1996	95.1	105.7	100.1	124.5	92.1
1997	103.5	93.8	91.1	100.3	97.7
1998	98.9	101.1	93.5	93.9	95.1
1999	102.3	100.7	95.4	86.8	94.8
2000	104.3	97.4	98.3	97.2	102.4
2001	96.6	98.7	101.2	99.5	97.5
2002	96.5	99.3	98.9	92.0	97.7
2003	100.7	101.0	100.9	115.7	103.0
2004	107.2	110.0	114.0	113.0	103.6
2005	102.3	112.3	102.3	96.0	101.4
2006	103.5	99.4	104.5	103.8	102.0
2007	106.3	101.9	112.0	98.9	101.4
2008	108.7	110.3	108.1	105.3	104.4
2009	91.7	95.5	97.6	99.6	97.2
2010	105.8	104.2	106.2	106.9	109.5
2011	106.8	110.0	106.9	108.5	114.5
2012	100.8	104.7	101.1	103.3	94.1
2013	100.0	99.4	100.8	105.4	102.4
2014	99.6	97.5	98.8	102.4	99.3
2015	100.2	97.0	96.9	99.8	91.3
2016	98.8	98.1	97.4	101.2	99.7
2017	108.8	104.7	101.6	102.1	106.9
2018	107.5	111.1	102.1	98.9	104.1
2019	95.3	104.6	100.2	103.8	99.1
2020	95.9	98.5	100.5	108.6	99.0
2021	104.3	106.0	103.5	106.6	112.2

4-17 分月工业生产者购进价格同比指数(2021年)

(上年同月=100)

类别	Item	1月 January	2月 February	3月 March
总指数	**General Index**	**100.0**	**100.4**	**102.6**
燃料、动力类	Fuels and Power	90.7	92.6	97.5
黑色金属材料类	Material of Black Metal	110.1	113.5	115.7
#钢材	Rolled Steel	104.0	106.1	107.3
其他	Other	122.8	128.9	133.3
有色金属材料和电线类	Material of Non-ferrous Metal Material and Electric Wire	115.0	119.1	130.9
化工原料类	Chemical Material	88.5	87.9	91.4
木材及纸浆类	Wood and Paper Pulp	101.1	101.5	102.1
建筑材料及非金属矿类	Building Material and Non-metal Ore	97.3	95.9	96.5
其他工业原材料及半成品类	Other Industrial Raw Material and Semi-finished Category	100.1	100.4	100.8
农副产品类	Agricultural and Side-line Produces	105.4	105.1	107.1
纺织原料类	Raw Textile Material	103.6	104.3	106.7

4-18 分月工业生产者购进价格环比指数(2021年)

(上月=100)

类别	Item	1月 January	2月 February	3月 March
总指数	**General Index**	**100.8**	**100.6**	**101.5**
燃料、动力类	Fuels and Power	101.5	103.1	101.2
黑色金属材料类	Material of Black Metal	104.5	103.2	101.9
#钢材	Rolled Steel	102.6	102.0	101.2
其他	Other	107.9	105.4	103.0
有色金属材料和电线类	Material of Non-ferrous Metal Material and Electric Wire	102.0	102.2	107.1
化工原料类	Chemical Material	98.4	99.2	103.8
木材及纸浆类	Wood and Paper Pulp	100.4	100.6	100.7
建筑材料及非金属矿类	Building Material and Non-metal Ore	101.0	98.6	100.7
其他工业原材料及半成品类	Other Industrial Raw Material and Semi-finished Category	100.2	100.3	100.4
农副产品类	Agricultural and Side-line Produces	101.7	100.1	101.1
纺织原料类	Raw Textile Material	100.8	101.1	102.2

Purchasing Price Indices for Industrial Producer by Month(2021)

(same month of preceding year=100)

4 月 April	5 月 May	6 月 June	7 月 July	8 月 August	9 月 September	10 月 October	11 月 November	12 月 December
105.7	**108.6**	**109.3**	**109.4**	**111.1**	**110.8**	**113.7**	**115.4**	**115.3**
109.4	115.1	116.2	116.4	118.2	117.7	124.6	130.0	132.3
120.4	126.0	129.2	130.5	130.2	129.9	122.0	117.8	114.2
111.8	117.8	119.4	120.8	121.2	122.0	121.4	118.8	117.0
138.7	142.8	149.7	150.3	148.0	145.2	123.2	116.0	109.0
137.9	142.8	138.8	130.5	129.4	129.8	134.2	131.1	120.9
96.5	100.6	104.9	105.6	117.6	113.2	129.7	137.2	148.5
104.4	104.1	105.8	105.1	105.0	104.5	105.1	106.2	106.2
100.2	103.0	105.1	107.0	109.8	112.6	116.1	115.9	114.1
102.1	104.3	104.5	104.5	104.7	104.6	105.3	105.9	104.6
107.0	108.5	106.8	106.6	106.1	105.7	105.7	108.4	107.4
107.2	111.2	111.3	113.4	115.8	116.8	118.0	118.9	119.7

Purchasing Price Chain Indices for Industrial Producer by Month(2021)

(preceding year=100)

4 月 April	5 月 May	6 月 June	7 月 July	8 月 August	9 月 September	10 月 October	11 月 November	12 月 December
101.4	**101.7**	**100.5**	**100.8**	**101.1**	**100.7**	**103.3**	**102.0**	**100.1**
104.4	101.5	101.0	101.6	101.6	101.3	105.5	104.2	101.7
102.6	104.2	102.5	101.9	101.8	100.4	96.0	97.1	97.8
103.2	103.9	101.8	101.2	101.1	101.2	100.5	98.3	99.0
101.7	104.7	103.6	103.0	102.9	99.2	88.7	94.7	95.5
101.9	104.9	99.2	99.3	100.8	102.1	102.8	98.3	98.9
103.8	101.6	101.3	100.7	103.3	102.5	118.6	107.2	101.2
101.3	100.0	101.6	99.4	100.4	100.6	100.5	100.6	99.9
101.9	102.5	101.8	101.4	101.9	101.1	103.1	100.2	99.3
100.7	101.8	100.3	100.1	100.4	100.0	100.8	100.5	99.1
99.5	100.0	99.1	101.0	100.4	99.9	100.1	103.4	100.8
100.3	101.0	100.3	102.3	101.4	101.2	103.2	102.9	101.5

4-19　武汉市房地产价格指数(2021年)

(上年同月＝100)

指　标	Item	1月 January	2月 February	3月 March
新建商品住宅销售价格指数	**Sales Price Indices of New Commercialized Houses**	**104.6**	**105**	**105.5**
$90m^2$及以下	$90m^2$ and Below	105.1	105.4	105.9
90-$144m^2$	90-$144m^2$	104.3	104.8	105.2
$144m^2$以上	Above $144m^2$	105.9	105.9	106.2
二手住宅销售价格指数	**Sales Price Indices of Second-hand Housing**	**101.1**	**101.6**	**102**
$90m^2$及以下	$90m^2$ and Below	100.3	100.4	101.1
90-$144m^2$	90-$144m^2$	101.9	102.6	102.9
$144m^2$以上	Above $144m^2$	100.7	101.6	101.6

4-20　宜昌市房地产价格指数(2021年)

(上年同月＝100)

指　标	Item	1月 January	2月 February	3月 March
新建商品住宅销售价格指数	**Sales Price Indices of New Commercialized Houses**	**102.9**	**103.3**	**104.1**
$90m^2$及以下	$90m^2$ and Below	103.1	103.3	104.1
90-$144m^2$	90-$144m^2$	102.7	103.3	103.9
$144m^2$以上	Above $144m^2$	103.4	103.4	104.9
二手住宅销售价格指数	**Sales Price Indices of Second-hand Housing**	**99.3**	**99.1**	**99.9**
$90m^2$及以下	$90m^2$ and Below	99.6	99.4	100.2
90-$144m^2$	90-$144m^2$	99.1	98.9	99.7
$144m^2$以上	Above $144m^2$	99.8	99.4	100.0

4-21　襄阳市房地产价格指数(2021年)

(上年同月＝100)

指　标	Item	1月 January	2月 February	3月 March
新建商品住宅销售价格指数	**Sales Price Indices of New Commercialized Houses**	**103.6**	**103.7**	**104.1**
$90m^2$及以下	$90m^2$ and Below	103.7	103.9	104.2
90-$144m^2$	90-$144m^2$	103.2	103.4	103.7
$144m^2$以上	Above $144m^2$	105.7	105.9	106.4
二手住宅销售价格指数	**Sales Price Indices of Second-hand Housing**	**98.8**	**98.6**	**99.1**
$90m^2$及以下	$90m^2$ and Below	99.3	98.8	99.1
90-$144m^2$	90-$144m^2$	98.8	98.8	99.4
$144m^2$以上	Above $144m^2$	97.9	97.1	98.0

Price Indices for Real Estate of Wuhan(2021)

(same month of preceding year=100)

4 月 April	5 月 May	6 月 June	7 月 July	8 月 August	9 月 September	10 月 October	11 月 November	12 月 December
106.7	**107.3**	**106.7**	**106.5**	**106.4**	**106**	**105.3**	**104.3**	**103.7**
106.9	107.1	106.3	106.6	106.4	106.4	105.2	104.4	103.7
106.6	107.2	106.8	106.6	106.5	106	105.3	104.3	103.6
107.5	107.9	106.5	105.9	105.8	105.6	105.2	104.2	104.2
102.8	**103.1**	**104.2**	**104.1**	**103.3**	**102.8**	**102.5**	**102.3**	**102.2**
102.3	101.8	103.0	102.8	102.6	102.3	102.3	101.9	101.7
103.0	103.9	105.0	105.1	103.8	103.4	102.7	102.8	102.7
103.8	104.6	104.8	104.7	103.9	102.4	102.0	101.9	101.8

Price Indices for Real Estate of Yichang(2021)

(same month of preceding year=100)

4 月 April	5 月 May	6 月 June	7 月 July	8 月 August	9 月 September	10 月 October	11 月 November	12 月 December
104.6	**104.9**	**105**	**104.8**	**104.7**	**104.2**	**103.2**	**102.6**	**102.2**
104.7	104.7	105.4	105.6	105.6	104.6	103.7	103.2	102.3
104.4	104.8	104.9	104.8	104.7	104.3	103.3	102.9	102.6
105.3	105.6	105.2	104.4	104	103.5	102.5	100.8	100.3
99.9	**100**	**99.9**	**98.9**	**98.9**	**98.4**	**98.1**	**97.7**	**97.5**
100.6	100.6	100.4	99.8	99.5	99.0	98.9	98.7	98.5
99.6	99.6	99.5	98.7	98.9	98.5	98.4	97.9	97.7
99.7	100.3	100.1	97.8	96.8	96.2	94.8	94.0	94.0

Price Indices for Real Estate of Xiangyang(2021)

(same month of preceding year=100)

4 月 April	5 月 May	6 月 June	7 月 July	8 月 August	9 月 September	10 月 October	11 月 November	12 月 December
105	**105.4**	**105.2**	**105**	**104.7**	**104.1**	**103.5**	**102.3**	**101.1**
104.9	106	105.4	105	104.6	103.9	103.5	102.8	101.2
104.8	105.1	105.1	105	104.9	104.3	103.7	102.3	101
106.3	106.5	105.8	104.7	103.8	103.3	102.5	102	101.8
99.6	**99.7**	**100**	**100.5**	**100.1**	**100.1**	**99.7**	**99.7**	**99.5**
99.4	99.9	100	100.2	99.6	99.4	99.0	99.1	99.1
100.1	99.8	100.3	100.8	100.5	100.5	100.1	100.1	99.7
98.0	98.8	99.2	99.7	99.4	99.7	99.6	99.4	99.7

4-22 农产品生产者价格指数(2007-2021年)
Producers Price Indices for Farm Products(2007-2021)

(上年=100) (preceding year=100)

年 份 Year	农业生产者价格指数 Producers Price Indices for Farm Products	年 份 Year	农业生产者价格指数 Producers Price Indices for Farm Products
2007	117.0	2015	99.5
2008	117.0	2016	106.2
2009	96.3	2017	99.3
2010	112.3	2018	96.6
2011	111.7	2019	110.9
2012	103.3	2020	118.3
2013	101.8	2021	101.0
2014	100.0		

4-23 农产品生产者价格指数(2021年)
Producers Price Indices for Farm Products(2021)

(上年＝100) (preceding year=100)

指　标	Item	全年 Annual Year	1季度 First Quarter	2季度 Second Quarter	3季度 Third Quarter	4季度 Fourth Quarter
总指数	**General Index**	**101.0**	**109.0**	**98.7**	**100.3**	**100.4**
农业产品	**Crop Products**	**108.8**	**109.9**	**106.5**	**112.1**	**112.6**
谷物	Cereals	108.2	114.5	107.8	116.6	97.2
稻谷	Rice	105.2	113.9	111.0	103.5	95.3
早籼稻	Early Long Grained Nonglutinous Rice	104.6			104.6	
中籼稻	Mid Long Grained Nonglutinous Rice	106.0	113.5	111.0	103.3	96.3
晚籼稻	Late Long Grained Nonglutinous Rice	102.5	114.8			90.1
小麦	Wheat	106.0		93.8	117.9	
玉米	Corn//Maize	132.9	121.4	144.4	135.0	133.1
薯类	Tubers	99.7	100.7	79.3	106.4	103.0
马铃薯	Potato	98.1	103.2	79.3	106.5	99.8
油料	Oil-bearing Crops	110.7	104.0	114.9	113.0	103.2
花生	Peanuts	103.5	104.0		102.7	103.2
油菜籽	Rapeseeds	114.4		114.9	113.8	
芝麻	Sesames	103.2			97.9	
豆类	Beans	110.2	110.3	106.4	112.8	111.4
大豆	Soybean	110.2	110.3	106.4	112.8	111.4
棉花(籽棉)	Cotton	115.1	111.3		104.3	130.1
蔬菜及食用菌	Vegetable and Edible Mushroom	106.0	109.8	100.8	98.8	119.9
蔬菜	Vegetables	108.3	117.3	100.6	98.6	125.8
叶菜类蔬菜	Leaf Vegetables	104.9	125.1	96.7	99.6	124.3
芹菜	Celery	136.0	180.7	118.3		124.3
菠菜	Spinach	109.6	105.4	66.3		154.6
苋菜	Amaranth	102.4		111.0	95.6	100.0
空心菜	Swamp Morningglory	105.3		103.6		
小白菜	Chinese White Cabbage	102.8		94.0		
大白菜	Chinese Cabbage	101.5	102.6	90.0	102.3	112.1
普通白菜	Cabbage	123.2	95.8	135.9		124.2
菜心(菜薹)	Flowering Chinese Cabbage	111.7	107.2	117.8		110.2
紫菜薹	Purple Tsai-tai	107.6	159.9			79.0
甘蓝类蔬菜	Cabbage Vegetables	110.4	117.2	91.5	94.4	143.1

4-23 续表 1 Continued

(上年＝100) (preceding year=100)

指 标	Item	全年 Annual Year	1季度 First Quarter	2季度 Second Quarter	3季度 Third Quarter	4季度 Fourth Quarter
结球甘蓝	Wild Cabbage	100.3	111.4	119.2	49.4	116.2
花椰菜	Cauliflower	120.9	121.5	72.6	105.7	180.9
根茎类蔬菜	Root and Tuber Vegetable	115.1	112.5	104.9	86.5	116.8
白萝卜	Radish	101.8	92.8	100.0	86.5	120.9
红萝卜	Red Radish	140.0	156.3			120.1
胡萝卜	Carrot	113.5	115.1	119.6		107.7
瓜菜类蔬菜	Gourd Vegetable	107.6	113.6	105.1	98.2	121.3
黄瓜	Cucumber	111.2	113.6	107.3	96.3	128.1
冬瓜	White Gourd	100.6		91.5	102.5	110.6
苦瓜	Balsam Pear	105.6				
南瓜	Pumpkin	110.7		104.3		
丝瓜	Towed Gourd	105.1		101.8		
豆类蔬菜	Garden Beans	108.7		121.5	99.4	106.8
豇豆	Cowpeas	107.9		123.6	98.8	102.4
四季豆	Kidney Beans	109.1		118.3	99.7	110.8
茄果类蔬菜	Eggplant, Tomato and Chile, etc.	108.8	119.4	96.9	96.8	115.1
茄子	Eggplant	107.0	114.6	96.1	93.9	110.5
青椒	Sweetbell	105.7	117.8	90.2	100.5	106.9
辣椒	Chili	111.7		114.5	91.2	132.0
西红柿	Tomato	111.9	132.5	104.3	99.1	108.7
莴苣及菊苣类蔬菜	Lettuce Vegetables	102.5	96.0	106.6	100.0	105.5
莴笋	Lettuce	102.5	96.0	106.6	100.0	105.5
葱蒜类蔬菜	Onion and Garlic	114.2	132.0	105.2	99.4	144.6
大葱	Scallion	111.4	136.3		99.4	103.8
细香葱	Shallot	127.6		112.2		113.7
大蒜	Garlic Heat	105.5	109.4			100.0
蒜苗	Garlic Bolt	142.9		90.3		219.5
蒜苔	Young Garlic Shoot	108.3		108.3		
水生蔬菜	Water Vegetable	101.9		83.3		
食用菌	Mushroom	99.6	101.9	101.3	100.1	95.6
香菇	Mushroom	100.1	102.7	102.1	101.3	94.6
黑木耳	Black Edible Fungus	100.0	100.0	100.0	100.0	100.0

4-23 续表 2 Continued

(上年＝100) (preceding year=100)

指 标	Item	全年 Annual Year	1季度 First Quarter	2季度 Second Quarter	3季度 Third Quarter	4季度 Fourth Quarter
水果及坚果	Fruits and Nuts	103.8	93.4	100.8	109.3	129.4
水果(园林水果)	Garden Fruits	102.7	94.2	100.8	109.5	129.3
柑橘类水果	Citrus	99.8	94.2	86.9	98.1	130.0
柑橘	Mandarin Orange	101.8	84.9		98.1	132.3
橙	Oranges	95.5	97.9	86.9		117.8
葡萄	Grapes	85.8			99.2	80.0
其他葡萄	Other Grapes	85.8			99.2	80.0
瓜类水果	Melons	114.2		106.3	119.6	118.4
西瓜	Watermelons	114.2		106.3	119.6	118.4
其他水果	Other Fruits	96.1		105.8	82.5	102.4
桃	Peaches	96.1		105.8	82.5	102.4
食用坚果	Edible Nuts	108.5	71.1	100.0	104.2	129.7
核桃	Walnuts	89.5	71.1		105.3	99.0
栗子	Chestnuts	109.2		100.0	104.2	130.9
板栗	Chinese Chestnut	109.2		100.0	104.2	130.9
茶及饮料原料	Tea and Beverage Ingredients	117.0	122.9	111.7	107.3	103.6
茶叶	Tea	117.0	122.9	111.7	107.3	103.6
绿茶	Green Tea	117.0	122.9	111.7	107.3	103.6
中草药材	Chinese Medicinal Materials	100.7	82.4	106.5	103.3	103.5
当归	Angelica	101.9		109.1		
天麻	Gastrodia Elata	102.6	97.9	105.0	106.1	101.2
杜仲	Eucommia Ulmoides	102.5	85.4	107.6	107.9	105.8
茯苓	Poria Cocos	99.1	76.9	103.9	112.0	104.4
林业产品	**Forestry Products**	**101.4**	**102.6**	**97.4**	**104.2**	**98.9**
育种和育苗	Breeding and Seedling Raising	101.9	102.1	97.0	104.5	100.0
苗木类	Seedlings	101.9	102.1	97.0	104.5	100.0
针叶乔木苗类	Coniferous Tree Seedlings	101.7	102.8	93.4	108.3	100.0
杉树树苗	China Fir	102.2	104.2	90.0	111.1	100.0
松树树苗	Pine Tree	100.0	100.0	100.0	100.0	
阔叶乔木苗类	Broadleaf Tree Seedlings	102.2	101.2	101.9	100.1	
樟树类树苗	Camphor	102.2	101.2	101.9	100.1	

4-23 续表 3 Continued

(上年＝100) (preceding year=100)

指　标	Item	全年 Annual Year	1季度 First Quarter	2季度 Second Quarter	3季度 Third Quarter	4季度 Fourth Quarter
木材采伐产品	Felling and Transport of Wood	101.5	103.8			
薪材	Firewood	101.5	103.8			
竹材采伐产品	Felling and Transport of Bamboo	96.4	91.9	100.0	100.0	92.9
竹材	Bamboo	96.4	91.9	100.0	100.0	92.9
毛竹	Mao Bamboo	96.4	91.9	100.0	100.0	92.9
畜牧业产品	**Animal Husbandry Products**	**76.7**	**105.6**	**73.3**	**65.2**	**63.4**
活牲畜	Live Domestic Animals	64.6	99.4	61.9	43.3	51.6
猪	Hogs	62.7	99.1	59.7	41.5	49.6
仔猪	Piglets	79.7	83.9	97.1		
其他活猪	Other Pigs	62.4	99.7	58.6	41.5	49.6
牛	The Cow	102.0	103.7	98.7	104.5	101.1
黄牛	Scalpers	102.0	103.9	98.7	104.5	101.1
水牛	The Water Buffalo	101.4	102.8			
羊	The Sheep	104.4	101.5	115.4	102.6	99.7
山羊	The Goat	104.4	101.5	115.4	102.6	99.7
其他山羊	Other Goats	104.4	101.5	115.4	102.6	99.7
活家禽	Live Poultry	116.8	136.1	113.3	101.8	105.7
活鸡	Chicken	105.6	108.9	113.3	101.8	103.8
蛋鸡	Laying Hens	104.9	106.5	119.1		
其他蛋鸡	Other Layers	104.9	106.5	119.1		
肉鸡	Broiler Chicken	106.2	112.6	107.7	101.8	103.8
其他肉鸡	The Other Broilers	106.2	112.6	107.7	101.8	103.8
活鸭	Duck	131.3	166.7			108.1
成鸭	A Duck	131.3	166.7			108.1
其他成鸭	The Other Ducks	131.3	166.7			108.1
畜禽产品	Livestock and Poultry Products	120.6	123.9	124.9	120.9	114.6
生奶	Raw Milk	106.3		106.0		106.6
生牛奶	Exfarm Milk	106.3		106.0		106.6
禽蛋	Poultry Eggs	122.2	123.9	126.6	120.9	117.3
鸡蛋	Eggs	121.4	122.0	126.4	120.8	117.3
其他鲜鸡蛋	Other Fresh Eggs	121.4	122.0	126.4	120.8	117.3

4-23 续表 4 Continued

(上年=100) (preceding year=100)

指 标	Item	全年 Annual Year	1季度 First Quarter	2季度 Second Quarter	3季度 Third Quarter	4季度 Fourth Quarter
鸭蛋	Duck's Eggs	128.3	127.3	127.1	135.3	124.7
其他鲜鸭蛋	Other Fresh Duck Eggs	128.3	127.3	127.1	135.3	124.7
渔业产品	**Fishery Products**	**120.4**	**114.9**	**130.0**	**131.4**	**108.6**
淡水养殖产品	Freshwater Artificially Cultured Products	120.4	114.9	130.0	131.4	108.6
养殖淡水鱼	Freshwater Fish Cultured Products	120.0	110.7	133.9	129.6	108.1
养殖淡水鲤鱼	Carp	113.0	106.2	130.1	115.9	103.8
养殖淡水草鱼	Grass Carp	127.5	117.1	152.6	129.8	112.2
养殖淡水鳙鱼(胖头鱼)	Variegated Carp	119.3	112.3	138.4		110.3
养殖淡水青鱼	Black Carp	106.8	107.0		106.7	
养殖淡水鲢鱼	Silver Carp	113.8	107.3	120.1	129.1	98.9
养殖淡水鲫鱼	Crucian Carp	125.7	108.0	147.9	128.6	114.2
养殖淡水鳊鲂	Bream	132.2	116.1	133.5	155.8	121.2
养殖淡水鮰鱼	Catfish	100.8	94.2			109.2
养殖淡水黄颡鱼	Yellow Catfish	106.7	104.2	108.4		107.1
养殖淡水黄鳝	Ricefield Eel	113.6	111.3	123.6		96.8
养殖淡水鳜鱼	Mandarin Fish	116.3	109.0	135.5		109.4
养殖淡水泥鳅	Loach	77.0	77.3			76.7
淡水养殖虾	Freshwater Shrimps Cultured	130.3	169.2	111.4	136.9	114.0
淡水养殖罗氏沼虾	Roche Spermatogenesis					
淡水养殖克氏原螯虾	Crataegus Crustaceans	130.5	169.2	111.4	136.9	114.1
其他淡水养殖虾	Other Freshwater Shrimp	96.9				96.7
淡水养殖蟹	Freshwater Crab	95.8	88.1			98.1
淡水养殖活河蟹	Freshwater Crab Cultured	95.8	88.1			98.1
其他淡水养殖产品	Other Freshwater Aquaculture Products	112.7	114.8	115.8		112.0
淡水养殖鳖	Freshwater Turtle	112.7	114.8	115.8		112.0

4-24 农产品集贸市场价格(2021年)

单位：元/公斤

指　标	Item	1 月 January	2 月 February	3 月 March	4 月 April
粮食类	**Grain**				
籼稻	Nonglutinous Rice	2.75	2.75	2.78	2.76
粳稻	Round-Grained Rice	2.74	2.74	2.79	2.78
小麦	Wheat	2.30	2.32	2.32	2.32
玉米	Corn//Maize	2.51	2.59	2.97	2.99
大豆	Soybean	6.81	6.71	6.73	6.72
籼米	Long-Grained Nonglutinous Rice	5.24	5.23	5.22	5.24
粳米	Polished Round-Grained Rice	5.24	5.24	5.21	5.21
经济作物类	**Economic Crops**				
棉花(籽棉)	Cotton	6.05	6.03	6.15	6.15
花生仁	Peanut	14.46	14.32	14.40	14.46
油菜籽	Rapeseeds	5.20	4.91	5.16	5.16
畜产品类	**Livestock Products**				
活猪	Live Hogs	35.51	30.75	28.70	23.77
仔猪	Piglet	94.81	106.18	103.74	94.02
猪肉	Pork	53.80	49.00	45.00	38.00
活牛	Live Cattle	34.78	34.50	35.00	34.47
牛肉	Beef	90.80	89.20	88.90	86.30
活羊	Live Sheep	34.75	35.67	35.83	35.67
羊肉	Mutton	78.78	79.89	79.56	78.89
活鸡	Live Chickens	21.60	21.39	21.06	20.50
鸡蛋	Chicken's Eggs	10.86	10.22	9.93	9.95
水产品类	**Aquatic Products**				
草鱼	Grass Carp	14.96	16.08	16.94	20.96
鲤鱼	Carp	9.25	9.58	9.58	10.08
鲢鱼	Silver Carp	9.75	10.08	10.17	11.50
带鱼	Hairtail	32.60	32.48	32.23	32.85
蔬菜类	**Vegetables**				
大白菜	Chinese Cabbage	3.73	3.48	3.56	3.50
黄瓜	Cucumber	8.36	8.12	7.72	6.68
西红柿	Tomato	7.95	7.44	7.02	7.54
菜椒	Sweetbell	13.85	10.16	8.00	7.92
四季豆	Kidney Beans	13.20	16.68	14.24	12.88
水果类	**Fruits**				
红富士苹果	Hongfushi Apples	11.23	11.03	10.59	10.36
香蕉	Bananas	5.87	6.04	6.72	6.77
橙子	Oranges	10.01	9.89	9.67	9.31

Rural Market Fairs Prices of Agricultural Products(2021)

(yuan/kg)

5 月 May	6 月 June	7 月 July	8 月 August	9 月 September	10 月 October	11 月 November	12 月 December
2.73	2.70	2.66	2.58	2.53	2.51	2.60	2.61
2.75	2.73	2.68	2.58	2.50	2.49	2.50	2.55
2.26	2.18	2.14	2.16	2.18	2.21	2.24	2.18
3.00	2.98	2.88	2.91	2.83	2.84	2.89	2.79
6.72	6.78	6.94	7.10	7.15	7.20	7.20	7.18
5.25	5.22	5.23	5.19	5.20	5.17	5.20	5.23
5.21	5.22	5.20	5.18	5.18	5.17	5.17	5.40
6.13	6.13	6.17	6.20	6.60	7.11	7.26	7.42
14.36	14.14	14.16	14.12	14.12	14.36	14.18	14.29
5.20	5.47	5.47	5.42	5.49	5.54	5.57	5.50
19.79	15.19	14.98	14.74	13.81	13.84	17.79	17.92
81.37	64.23	48.83	42.97	38.03	33.70	33.85	35.02
32.90	27.00	28.60	28.50	26.00	27.38	31.60	31.02
34.23	33.90	33.60	33.60	33.67	33.83	33.83	34.78
84.56	84.89	84.22	84.67	85.56	85.44	86.22	87.30
34.17	33.50	33.37	32.83	33.00	33.33	33.50	38.00
78.50	78.14	77.57	77.00	76.50	76.50	76.88	77.40
20.11	19.72	19.44	19.22	19.22	19.11	19.44	21.50
9.85	9.94	10.15	10.85	10.70	10.69	10.99	10.91
21.90	22.00	21.74	20.64	19.06	18.00	17.65	17.68
10.42	10.32	8.78	8.60	8.60	8.50	8.50	10.39
11.64	11.95	11.74	11.70	11.24	10.92	10.50	10.85
33.23	32.85	32.98	32.98	32.85	32.85	32.73	33.07
3.30	3.68	3.80	4.22	3.98	4.58	3.54	3.06
5.72	4.92	5.11	6.22	6.90	9.95	10.20	9.46
6.60	5.58	5.58	6.79	6.62	7.60	8.31	8.66
7.00	5.34	6.14	7.28	8.22	8.04	10.10	9.68
9.78	9.28	10.70	11.42	11.98	15.04	14.58	14.05
10.50	10.27	10.28	10.00	9.92	10.06	9.98	10.36
6.72	6.68	6.24	6.40	6.50	6.39	6.35	6.46
9.36	9.37	9.86	10.13	10.50	11.05	10.80	10.38

主要统计指标解释

居民消费价格指数 是反映一定时期内城乡居民所购买的生活消费品价格和服务项目价格变动趋势和程度的相对数，是对城市居民消费价格指数和农村居民消费价格指数进行综合汇总计算的结果。该指数可以观察和分析消费品的零售价格和服务价格变动对城乡居民实际生活费支出的影响程度。

城市居民消费价格指数 是反映一定时期内城市居民家庭所购买的生活消费品价格和服务项目价格变动趋势和程度的相对数。该指数可以观察和分析消费品的零售价格和服务项目价格变动对城镇职工货币工资的影响，作为研究职工生活和确定工资政策的依据。

农村居民消费价格指数 是反映一定时期内农村居民家庭所购买的生活消费品价格和服务项目价格变动趋势和程度的相对数。该指数可以观察农村消费品的零售价格和服务项目价格变动对农村居民生活消费支出的影响，直接反映农民生活水平的实际变化情况，为分析和研究农村居民生活问题提供依据。

商品零售价格指数 是反映一定时期内城乡商品零售价格变动趋势和程度的相对数。商品零售价格的变动直接影响到城乡居民的生活支出和国家的财政收入，影响居民购买力和市场供需的平衡，影响到消费与积累的比例关系。因此，该指数可以从一个侧面对上述经济活动进行观察和分析。

农业生产资料价格指数 指反映一定时期内农业生产资料价格变动趋势和程度的相对数。农业生产资料价格指数分为小农具、饲料、产品畜、役畜、半机械化农具、机械化农具、化学肥料、农药及农药械、农机用油、其他农业生产资料十大类。其编制目的是了解农业生产中物质资料投入价格的变动状况，服务于国民经济核算。1994 年以前，农业生产资料价格指数仅仅是商品零售价格指数的一个类别，此后，从商品零售价格指数中分离出来，单独编制。2021 年基期轮换后，不再编制该指数。

农产品生产者价格指数 是反映一定时期内，农产品生产者出售农产品价格水平变动趋势及幅度的相对数。该指数可以客观反映全国农产品生产价格水平和结构变动情况，满足农业与国民经济核算需要。其中某代表品生产价格指数是通过对全部有出售该产品行为的调查单位的个体指数进行几何平均求得的，类价格指数是通过对其所属的类（或代表品）的价格指数进行加权平均求得的。季度累计价格指数的计算方法与分季指数的计算方法相同。

工业生产者出厂价格指数 是反映一定时期内全部工业产品出厂价格总水平的变动趋势和程度的相对数，包括工业企业售给本企业以外所有单位的各种产品和直接售给居民用于生活消费的产品。该指数可以观察出厂价格变动对工业总产值及增加值的影响。

工业生产者购进价格指数 是反映工业企业作为生产投入，而从物资交易市场和能源、原材料生产企业购买原材料、燃料和动力产品时，所支付的价格水平变动趋势和程度的统计指标，是扣除工业企业物质消耗成本中的价格变动影响的重要依据。

目前，我国编制的原材料、燃料和动力购进价格指数所调查的产品包括燃料动力、黑色金属、有色金属、化工、建材等九大类的近 1800 种产品。

固定资产投资价格指数 是反映一定时期内固定资产投资品及项目的价格变动趋势和程度的相对数。固定资产投资额是由建筑安装工程投资完成额、设备工器具购置投资完成额和其他费用投资完成额三部分组成的。编制固定资产投资价格指数应首先分别编制上述三部分投资的价格指数，然后采用加权算术平均法求出固定资产投资价格总指数。

该指数可以准确地反映固定资产投资中涉及的各类投资品和取费项目价格变动趋势和变动幅度，消除按现价计算的固定资产投资指标中的价格变动因素，真实地反映固定资产投资的规模、速度、结构和效益，为国家科学地制定、检查固定资产投资计划并提高宏观调控水平，为完善国民经济核算体系提供科学的、可靠的依据。

房地产价格指数　是反映一定时期内房地产价格变动趋势和程度的相对数，包括新建住宅销售价格指数、二手住宅销售价格指数。

Explanatory Notes on Main Statistical Indicators

Consumer Price Indices reflect the trend and degree of changes in prices of consumer goods and services purchased by urban and rural households during a given period. It can be used to observe and analyze the impact of price changes in consumer goods and services on wages (in monetary terms) of urban and rural staff and workers, and provide basis for policy-making concerning the living cost and wages of staff and workers.

Urban Consumer Price Indices reflect the trend and degree of changes in prices of consumer goods and services purchased by urban households during a given period. It can be used to observe the impact of change in retail prices of consumer goods and service prices in urban areas on the wage of urban workers' money. It provides basis for analysis and research on condition of life in urban areas.

Rural Consumer Price Indices reflect the trend and degree of changes in prices of consumer goods and services purchased by rural households during a given period. It can be used to observe the impact of change in retail prices of consumer goods and service prices in rural areas on living expenditure of rural households, and to show the changes in the living standard of peasants. It provides basis for analysis and research on condition of life in rural areas.

Retail Price Indices reflect the trend and degree of change in retail prices of commodities during a given period. The change in retail prices of commodities directly affect the living expenditure of urban and rural residents, government revenue, purchasing power of residents and the equilibrium of market supply and demand, and the ratio of consumption to accumulation. Therefore, the retail price indices are useful to analyze the changes of the above economic activities.

Price Indices of Means of Agricultural Production reflect the trend and degree of changes in prices of means of agricultural production during a given period. Price indices of means of agricultural production are composed of 10 categories including small farm tools, feeds, domestic animals for meat, draught domestic animals, semi-mechanized farm machinery, mechanized farm machinery, chemical fertilizers, pesticides and spraying machinery, fuels for farm machinery and other means of agricultural production. Compilation of these indices helps to understand the changes in prices of input into agricultural production and facilitate the compilation of national account statistics. Before 1994, price indices of means of agricultural production was a sub-category in the in the retail price indices of commodities, and it has been compiled separately since 1994. After the rotation of the base period in 2021, the index will not be compiled.

Indices of Producers' Prices for Farm Products reflect the trend and degree of changes in producers' prices received by farmers when they sell farm products during a given period. These indices depict the change in the level and structure of producers' prices of farm products of the country and meet the needs of agriculture statistics and national account statistics. The producers' price index of a given product is calculated through geometrical mean of individual indices of all surveyed units who sell such product, and the indices of a product category is obtained through weighted mean of price indices of all products in the category. Method for calculating accumulative quarterly indices is the same as for calculating the distinctive quarterly indices.

Producer Price Indices for Industrial Producers reflect the trend and degree of changes in general ex-factory prices of all industrial products during a given period, including sales of industrial products by an industrial enterprise to all units outside the enterprise, as well as sales of consumer goods to residents. It can be used to analyze the impact of ex-factory prices on gross output value and value-added of the industrial sector.

Purchasing Price Indices for Industrial Producers reflect changes in the level and degree of prices paid by industrial enterprises when they purchase production input such as raw materials, fuels and power from the market or from other energy or raw materials producing enterprises. These indices provide important basis for measuring the material consumption of industrial enterprises after removing influence of price changes.

At present, close to 1800 products in 9 categories, including fuels and power, ferrous metals, non-ferrous metals, chemicals, building materials, are covered in China for the survey to produce indices of purchasing prices of raw materials, fuels and power.

Price Indices of Investment in Fixed Assets reflect the trend and degree of changes in prices of investment goods and projects in fixed assets during a given period. The investment in fixed assets consists of three components, namely the investment in construction and installation, the investment in purchases of equipment and instrument, and the investment in other items. Price indices of investment in fixed assets are calculated as the weighted arithmetic mean of the price indices of the three components of investment in fixed assets.

Removing the factor of price change in the aggregates of investment at current prices, this indicator shows the changes in the prices of commodities and fees involved in the investment of fixed assets, and can be used to observe the actual size, growth, structure, and efficiency of investment in fixed assets and provides reliable and scientific data for government planning, management, decision-making, and further improving the current national accounting system.

Price Indices for Real Estate reflect the trend and degree of changes in prices of real estate during a given period, including sales price indices of new houses，sales price indices of second-hand housing.

全国及各省（自治区、直辖市）主要指标

Chapter 5

Main Statistics of Provinces (autonomous regions, municipalities) in the Whole Country

资料整理：盛　坤　赵艳君　李　鹏
蔡燕妮　邱　慧　朱　豆

附录1　全国及各省区市城镇居民家庭人均可支配收入
Per Capita Disposable Income of Urban Households by Provinces and Regions

单位：元 (yuan)

地　区	Region	2015	2016	2017	2018	2019	2020	2021
全　国	**National**	**31194.8**	**33616.2**	**36396.2**	**39251**	**42359**	**43834**	**47412**
北　京	Beijing	52859.2	57275.3	62406.3	67990	73849	75602	81518
天　津	Tianjin	34101.3	37109.6	40277.5	42976	46119	47659	51486
河　北	Hebei	26152.2	28249.4	30547.8	32977	35738	37286	39791
山　西	Shanxi	25827.7	27352.3	29131.8	31035	33262	34793	37433
内蒙古	Inner Mongolia	30594.1	32974.9	35670.0	38305	40782	41353	44377
辽　宁	Liaoning	31125.7	32876.1	34993.4	37342	39777	40376	43051
吉　林	Jilin	24900.9	26530.4	28318.7	30172	32299	33396	35646
黑龙江	Heilongjiang	24202.6	25736.4	27446.0	29191	30945	31115	33646
上　海	Shanghai	52961.9	57691.7	62595.7	68034	73615	76437	82429
江　苏	Jiangsu	37173.5	40151.6	43621.8	47200	51056	53102	57743
浙　江	Zhejiang	43714.5	47237.2	51260.7	55574	60182	62699	68487
安　徽	Anhui	26935.8	29156.0	31640.3	34393	37540	39442	43009
福　建	Fujian	33275.3	36014.3	39001.4	42121	45620	47160	51140
江　西	Jiangxi	26500.1	28673.3	31198.1	33819	36546	38556	41684
山　东	Shandong	31545.3	34012.1	36789.4	39549	42329	43726	47066
河　南	Henan	25575.6	27232.9	29557.9	31874	34201	34750	37095
湖　北	Hubei	27051.5	29385.8	31889.4	34455	37601	36706	40278
湖　南	Hunan	28838.1	31283.9	33947.9	36698	39842	41698	44866
广　东	Guangdong	34757.2	37684.3	40975.1	44341	48118	50257	54854
广　西	Guangxi	26415.9	28324.4	30502.1	32436	34745	35859	38530
海　南	Hainan	26356.4	28453.5	30817.4	33349	36017	37097	40213
重　庆	Chongqing	27238.8	29610.0	32193.2	34889	37939	40006	43502
四　川	Sichuan	26205.3	28335.3	30726.9	33216	36154	38253	41444
贵　州	Guizhou	24579.6	26742.6	29079.8	31592	34404	36096	39211
云　南	Yunnan	26373.2	28610.6	30995.9	33488	36238	37500	40905
西　藏	Tibet	25456.6	27802.4	30671.1	33797	37410	41156	46503
陕　西	Shaanxi	26420.2	28440.1	30810.3	33319	36098	37868	40713
甘　肃	Gansu	23767.1	25693.5	27763.4	29957	32323	33822	36187
青　海	Qinghai	24542.3	26757.4	29168.9	31515	33830	35506	37745
宁　夏	Ningxia	25186.0	27153.0	29472.3	31895	34328	35720	38291
新　疆	Xinjiang	26274.7	28463.4	30774.8	32764	34664	34838	37642

附录2　全国及各省区市城镇居民家庭人均可支配收入与支出
Per Capita Disposable Income and Expenditure of Urban Households by Provinces and Regions

单位：元　　(yuan)

地区	Region	人均可支配收入 Per Capita Disposable Income		人均消费支出 Per Capita Consumption Expenditure	
		2020	2021	2020	2021
全　国	**National**	**43834**	**47412**	**27007**	**30307**
北　京	Beijing	75602	81518	41726	46776
天　津	Tianjin	47659	51486	30895	36067
河　北	Hebei	37286	39791	23167	24192
山　西	Shanxi	34793	37433	20332	21965
内蒙古	Inner Mongolia	41353	44377	23888	27194
辽　宁	Liaoning	40376	43051	24849	28438
吉　林	Jilin	33396	35646	21623	24421
黑龙江	Heilongjiang	31115	33646	20397	24422
上　海	Shanghai	76437	82429	44839	51295
江　苏	Jiangsu	53102	57743	30882	36558
浙　江	Zhejiang	62699	68487	36197	42193
安　徽	Anhui	39442	43009	22683	26495
福　建	Fujian	47160	51140	30487	33942
江　西	Jiangxi	38556	41684	22134	24587
山　东	Shandong	43726	47066	27291	29314
河　南	Henan	34750	37095	20645	23178
湖　北	Hubei	36706	40278	22885	28506
湖　南	Hunan	41698	44866	26796	28294
广　东	Guangdong	50257	54854	33511	36621
广　西	Guangxi	35859	38530	20907	22555
海　南	Hainan	37097	40213	23560	27565
重　庆	Chongqing	40006	43502	26464	29850
四　川	Sichuan	38253	41444	25133	26971
贵　州	Guizhou	36096	39211	20587	25333
云　南	Yunnan	37500	40905	24569	27441
西　藏	Tibet	41156	46503	24927	28159
陕　西	Shaanxi	37868	40713	22866	24784
甘　肃	Gansu	33822	36187	24615	25757
青　海	Qinghai	35506	37745	24315	24513
宁　夏	Ningxia	35720	38291	22379	25386
新　疆	Xinjiang	34838	37642	22952	25724

附录3　全国及各省区市农村居民家庭人均可支配收入

Per Capita Disposable Income of Country Households by Provinces and Regions

单位：元 (yuan)

地　区	Region	2015	2016	2017	2018	2019	2020	2021
全　国	**National**	**11421.7**	**12363.4**	**13432.4**	**14617.0**	**16021.0**	**17131.5**	**18931.1**
北　京	Beijing	20568.7	22309.5	24240.5		28928.0	30125.7	33302.7
天　津	Tianjin	18481.6	20075.6	21753.7	23065.2	24804.0	25690.6	27954.5
河　北	Hebei	11050.5	11919.4	12880.9	14030.9	15373.0	16467.0	18178.9
山　西	Shanxi	9453.9	10082.5	10787.5	11750.0	12902.0	13878.0	15308.3
内蒙古	Inner Mongolia	10775.9	11609.0	12584.3	13802.6	15283.0	16566.9	18336.8
辽　宁	Liaoning	12056.9	12880.7	13746.8	14656.3	16108.0	17450.3	19216.6
吉　林	Jilin	11326.2	12122.9	12950.4	13748.2	14936.0	16067.0	17641.7
黑龙江	Heilongjiang	11095.2	11831.9	12664.8	13803.7	14982.0	16168.4	17888.3
上　海	Shanghai	23205.2	25520.4	27825.0	30374.7	33195.0	34911.3	38520.7
江　苏	Jiangsu	16256.7	17605.6	19158.0	20845.1	22675.0	24198.5	26790.8
浙　江	Zhejiang	21125.0	22866.1	24955.8	27302.4	29876.0	31930.5	35247.4
安　徽	Anhui	10820.7	11720.5	12758.2	13996.0	15416.0	16620.2	18368.4
福　建	Fujian	13792.7	14999.2	16334.8	17821.2	19568.0	20880.3	23228.9
江　西	Jiangxi	11139.1	12137.7	13241.8	14459.9	15796.0	16980.8	18684.2
山　东	Shandong	12930.4	13954.1	15117.5	16297.0	17775.0	18753.2	20793.9
河　南	Henan	10852.9	11696.7	12719.2	13830.7	15164.0	16107.9	17533.3
湖　北	Hubei	11843.9	12725.0	13812.1	14977.8	16391.0	16305.9	18259.0
湖　南	Hunan	10992.5	11930.4	12935.8	14092.5	15395.0	16584.6	18295.2
广　东	Guangdong	13360.4	14512.2	15779.7	17167.7	18818.0	20143.4	22306.0
广　西	Guangxi	9466.6	10359.5	11325.5	12434.8	13676.0	14814.9	16362.9
海　南	Hainan	10857.6	11842.9	12901.8	13988.9	15113.0	16278.8	18076.3
重　庆	Chongqing	10504.7	11548.8	12637.9	13781.2	15133.0	16361.4	18099.6
四　川	Sichuan	10247.4	11203.1	12226.9	13331.4	14670.0	15929.1	17575.3
贵　州	Guizhou	7386.9	8090.3	8869.1	9716.1	10756.0	11642.3	12856.1
云　南	Yunnan	8242.1	9019.8	9862.2	10767.9	11902.0	12841.9	14197.3
西　藏	Tibet	8243.7	9093.8	10330.2	11449.8	12951.0	14598.4	16935.3
陕　西	Shaanxi	8688.9	9396.4	10264.5	11212.8	12326.0	13316.5	14744.8
甘　肃	Gansu	6936.2	7456.9	8076.1	8804.1	9629.0	10344.3	11432.8
青　海	Qinghai	7933.4	8664.4	9462.3	10393.3	11499.0	12342.5	13604.2
宁　夏	Ningxia	9118.7	9851.6	10737.9	11707.6	12858.0	13889.4	15336.6
新　疆	Xinjiang	9425.1	10183.2	11045.3	11974.5	13122.0	14056.1	15575.3

注：北京市不公布2018年农村居民收支数据。

Note:Beijing does not publish the Income and Expenditure of Rural Households in 2018.

附录4 全国及各省区市农村居民家庭人均可支配收入与支出

Per Capita Disposable Income and Expenditure of Country Households by Provinces and Regions

单位：元 (yuan)

地 区	Region	人均可支配收入 Per Capita Disposable Income		人均消费支出 Per Capita Consumption Expenditure	
		2020	2021	2020	2021
全 国	**National**	**17131.5**	**18931.1**	**13713.4**	**15915.6**
北 京	Beijing	30125.7	33302.7	20912.7	23574.0
天 津	Tianjin	25690.6	27954.5	16844.1	19285.5
河 北	Hebei	16467.0	18178.9	12644.2	15390.7
山 西	Shanxi	13878.0	15308.3	10290.1	11410.1
内蒙古	Inner Mongolia	16566.9	18336.8	13593.7	15691.4
辽 宁	Liaoning	17450.3	19216.6	12311.2	14605.9
吉 林	Jilin	16067.0	17641.7	11863.6	13411.0
黑龙江	Heilongjiang	16168.4	17888.3	12360.0	15225.0
上 海	Shanghai	34911.3	38520.7	22095.5	27204.8
江 苏	Jiangsu	24198.5	26790.8	17021.7	21130.1
浙 江	Zhejiang	31930.5	35247.4	21555.4	25415.2
安 徽	Anhui	16620.2	18368.4	15023.5	17163.3
福 建	Fujian	20880.3	23228.9	16338.9	19290.4
江 西	Jiangxi	16980.8	18684.2	13579.4	15663.1
山 东	Shandong	18753.2	20793.9	12660.4	14298.7
河 南	Henan	16107.9	17533.3	12201.1	14073.2
湖 北	Hubei	16305.9	18259.0	14472.5	17646.9
湖 南	Hunan	16584.6	18295.2	14974.0	16950.7
广 东	Guangdong	20143.4	22306.0	17132.3	20011.8
广 西	Guangxi	14814.9	16362.9	12431.1	14165.3
海 南	Hainan	16278.8	18076.3	13169.3	15487.3
重 庆	Chongqing	16361.4	18099.6	14139.5	16095.7
四 川	Sichuan	15929.1	17575.3	14952.6	16444.0
贵 州	Guizhou	11642.3	12856.1	10817.6	12557.0
云 南	Yunnan	12841.9	14197.3	11069.5	12386.3
西 藏	Tibet	14598.4	16935.3	8917.1	10576.6
陕 西	Shaanxi	13316.5	14744.8	11375.7	13158.0
甘 肃	Gansu	10344.3	11432.8	9922.9	11206.1
青 海	Qinghai	12342.5	13604.2	12134.2	13300.2
宁 夏	Ningxia	13889.4	15336.6	11724.3	13535.7
新 疆	Xinjiang	14056.1	15575.3	10778.2	12821.4

注：北京市不公布2018年农村居民收支数据。
Note:Beijing does not publish the Income and Expenditure of Rural Households in 2018.

附录5 湖北与全国主要分类价格指数
Consumer Price Indices by Category in China and Hubei

(上年=100) (preceding year=100)

指标	Item	2016		2017		2018	
		全国平均 National Average	湖北 HuBei	全国平均 National Average	湖北 HuBei	全国平均 National Average	湖北 HuBei
居民消费价格指数	**Consumer Price Index**	**102.0**	**102.2**	**101.6**	**101.5**	**102.1**	**101.9**
食品烟酒	Food, Tobacco and Liquor	103.8	104.0	99.6	99.4	101.9	101.8
粮食	Grain	100.5	100.7	101.5	101.9	100.8	100.9
鲜菜	Fresh Vegetables	111.7	116.2	91.9	91.5	107.1	107.3
畜肉	Meal, Poultry and Processed Products	111.0	111.2	95.0	93.9	96.2	96.3
水产品	Aquatic Products	104.6	106.4	104.4	105.9	102.3	98.6
蛋	Eggs	96.8	97.6	96.0	97.6	112.0	110.1
鲜果	Fresh Fruits	97.4	97.7	103.8	101.4	105.6	108.2
衣着	Clothing	101.4	102.3	101.3	100.8	101.2	100.8
居住	Residence	101.6	102.8	102.6	102.0	102.4	102.5
生活用品及服务	Articles for Daily Use and Services	100.5	100.4	101.1	100.6	101.6	101.3
交通通信	Transport and Communication	98.7	97.2	101.1	101.0	101.7	102.2
教育文化娱乐	Education, Culture and Recreation	101.6	102.2	102.4	101.7	102.2	101.5
医疗保健	Health Care	103.8	101.9	106.0	110.6	104.3	103.5
其他用品服务	Other Supplies and Services	102.8	102.8	102.4	101.6	101.2	100.6
商品零售价格指数	**Retail Price Index**	**100.7**	**100.8**	**101.1**	**100.3**	**101.9**	**101.2**
食品	Food	103.9	104.7	99.4	98.9	102.1	101.9
饮料、烟酒	Beverages, Tobacco and Liquor	101.2	101.3	100.9	100.8	101.5	101.0
服装、鞋帽	Garments, Shoes and Hats	101.3	101.9	101.1	100.6	101.3	100.6
纺织品	Textiles	100.5	101.1	100.4	99.7	100.8	99.7
家用电器及音像器材	Household Appliances, Music and Video Equipment	98.2	98.0	99.8	98.8	99.5	99.0
文化办公用品	Cultural and Office Appliances	98.9	99.7	99.6	98.9	100.0	98.9
日用品	Articles for Daily Use	100.2	100.7	100.5	100.4	101.1	100.8
体育娱乐用品	Sports and Recreation Articles	100.4	101.5	100.6	99.7	100.8	101.2
交通、通信用品	Transport and Communication Appliances	97.8	95.3	98.5	97.9	98.6	98.1
家具	Furniture	100.7	100.6	102.0	102.9	102.5	103.1
化妆品	Cosmetics	101.1	102.0	101.2	102.1	101.0	101.6
金银珠宝	Gold, Silver and Jewelry	106.8	107.3	101.9	101.5	97.9	97.2
中西药品及医疗保健用品	Traditional Chinese and Western Medicines and Health Care Articles	104.1	103.4	105.4	102.9	104.5	102.3
书报杂志及电子出版物	Books, Newspapers, Magazines and Electronic Publications	101.3	99.5	101.7	100.7	103.5	100.4
燃料	Fuels	97.0	96.4	108.4	106.2	109.7	108.2
建筑材料及五金电料	Building Materials and Hardware	100.3	101.3	102.1	101.4	102.8	102.1
农业生产资料价格指数	**Price Index of Means of Agricultural Production**	**100.1**	**100.3**	**100.6**	**100.9**	**103.1**	**100.9**

附录5 续表 continued

(上年=100) (preceding year=100)

指 标	Item	2019 全国平均 National Average	2019 湖北 HuBei	2020 全国平均 National Average	2020 湖北 HuBei	2021 全国平均 National Average	2021 湖北 HuBei
居民消费价格指数	**Consumer Price Index**	**102.9**	**103.1**	**102.5**	**102.7**	**100.9**	**100.3**
食品烟酒	Food, Tobacco and Liquor	107.0	107.0	108.3	109.3	99.7	98.5
粮食	Grain	100.5	100.4	101.2	101.3	101.1	100.9
鲜菜	Fresh Vegetables	104.1	105.5	107.1	109.6	105.6	100.3
畜肉类	Meal, Poultry and Processed Products	129.1	127.8	138.4	143.8	82.8	79.1
水产品	Aquatic Products	100.3	99.5	103.0	106.4	109.4	114.6
蛋类	Eggs	105.1	105.8	90.6	93.5	110.8	104.7
鲜果	Fresh Fruits	112.3	116.9	88.9	87.0	102.8	101.6
衣着	Clothing	101.6	101.6	99.8	99.7	100.3	100.0
居住	Residence	101.4	101.9	99.6	99.2	100.8	100.0
生活用品及服务	Articles for Daily Use and Services	100.9	100.4	100.0	100.1	100.4	100.4
交通通信	Transport and Communication	98.3	99.3	96.5	96.5	104.1	104.0
教育文化娱乐	Education, Culture and Recreation	102.2	102.5	101.3	100.9	101.9	102.4
医疗保健	Health Care	102.4	101.8	101.8	102.2	100.4	100.1
其他用品及服务	Other Supplies and Services	103.4	102.6	104.3	104.8	98.7	97.7
商品零售价格指数	**Retail Price Index**	**102.0**	**102.6**	**101.4**	**102.2**	**101.6**	**101.2**
食品	Food	107.8	108.7	109.0	111.0	99.7	98.3
饮料、烟酒	Beverages, Tobacco and Liquor	101.3	101.1	101.2	100.4	101.5	100.7
服装、鞋帽	Garments, Shoes and Hats	101.6	101.5	99.7	99.2	100.3	100.0
纺织品	Textiles	100.7	101.3	99.8	100.4	100.4	101.8
家用电器及音像器材	Household Appliances, Music and Video Equipment	98.8	97.3	98.0	96.9	101.1	101.3
文化办公用品	Cultural and Office Appliances	99.9	98.2	100.2	101.4	101.5	100.7
日用品	Articles for Daily Use	100.7	100.4	100.2	100.6	99.8	99.9
体育娱乐用品	Sports and Recreation Articles	100.3	100.8	99.8	100.2	100.8	101.6
交通、通信用品	Transport and Communication Appliances	98.4	99.9	98.6	97.4	100.5	100.8
家具	Furniture	101.1	101.7	99.8	100.5	101.3	100.8
化妆品	Cosmetics	101.5	101.9	101.3	102.8	98.7	99.1
金银珠宝	Gold, Silver and Jewelry	108.3	107.7	117.0	116.1	99.5	97.5
中西药品及医疗保健用品	Traditional Chinese and Western Medicines and Health Care Articles	103.9	103.5	100.9	102.3	99.6	98.8
书报杂志及电子出版物	Books, Newspapers, Magazines and Electronic Publications	104.6	106.8	101.5	100.2	100.6	100.8
燃料	Fuels	97.0	98.2	91.1	92.7	114.3	113.4
建筑材料及五金电料	Building Materials and Hardware	101.0	100.8	100.3	100.4	101.8	100.9
农业生产资料价格指数	**Price Index of Means of Agricultural Production**	**104.6**	**103.0**	**106.1**	**106.4**	**—**	**—**

附录6 全国及各省区市居民消费价格指数
Consumer Price Indices by Provinces and Regions

(上年=100) (preceding year=100)

地区	Region	2016 指数 Index	2016 排位 Rank	2017 指数 Index	2017 排位 Rank	2018 指数 Index	2018 排位 Rank	2019 指数 Index	2019 排位 Rank	2020 指数 Index	2020 排位 Rank	2021 指数 Index	2021 排位 Rank
全国平均	**National Average**	**102.0**		**101.6**		**102.1**		**102.9**		**102.5**		**100.9**	
北京	Beijing	101.4	25	101.9	6	102.5	1	102.3	27	101.7	28	101.1	10
天津	Tianjin	102.1	7	102.1	3	102.0	16	102.7	16	102.0	25	101.3	5
河北	Hebei	101.5	21	101.7	7	102.4	6	103.0	8	102.1	24	101.0	12
山西	Shanxi	101.1	31	101.1	28	101.8	24	102.7	16	102.9	3	101.0	12
内蒙古	Inner Mongolia	101.2	30	101.7	7	101.8	24	102.4	24	101.9	27	100.9	14
辽宁	Liaoning	101.6	18	101.4	20	102.5	1	102.4	24	102.4	15	101.1	10
吉林	Jilin	101.6	18	101.6	11	102.1	13	103.0	8	102.3	16	100.6	23
黑龙江	Heilongjiang	101.5	21	101.3	25	102.0	16	102.8	15	102.3	16	100.6	23
上海	Shanghai	103.2	1	101.7	7	101.6	29	102.5	21	101.7	28	101.2	7
江苏	Jiangsu	102.3	4	101.7	7	102.3	7	103.1	6	102.5	13	101.6	1
浙江	Zhejiang	101.9	10	102.1	3	102.3	7	102.9	11	102.3	16	101.5	2
安徽	Anhui	101.8	14	101.2	26	102.0	16	102.7	16	102.7	7	100.9	14
福建	Fujian	101.7	17	101.2	26	101.5	31	102.6	20	102.2	22	100.7	22
江西	Jiangxi	102.0	9	102.0	5	102.1	13	102.9	11	102.6	9	100.9	14
山东	Shandong	102.1	7	101.5	16	102.5	1	103.2	4	102.8	4	101.2	7
河南	Henan	101.9	10	101.4	20	102.3	7	103.0	8	102.8	4	100.9	14
湖北	Hubei	102.2	6	101.5	16	101.9	23	103.1	6	102.7	7	100.3	26
湖南	Hunan	101.9	10	101.4	20	102.0	16	102.9	11	102.3	16	100.5	25
广东	Guangdong	102.3	4	101.5	16	102.2	12	103.4	2	102.6	9	100.8	21
广西	Guangxi	101.6	18	101.6	11	102.3	7	103.7	1	102.8	4	100.9	14
海南	Hainan	102.8	2	102.8	1	102.5	1	103.4	2	102.3	16	100.3	26
重庆	Chongqing	101.8	14	101.0	29	102.0	16	102.7	16	102.3	16	100.3	26
四川	Sichuan	101.9	10	101.4	20	101.7	27	103.2	4	103.2	2	100.3	26
贵州	Guizhou	101.4	25	100.9	30	101.8	24	102.4	24	102.6	9	100.1	31
云南	Yunnan	101.5	21	100.9	30	101.6	29	102.5	21	103.6	1	100.2	30
西藏	Tibet	102.5	3	101.6	11	101.7	27	102.3	27	102.2	22	100.9	14
陕西	Shaanxi	101.3	28	101.6	11	102.1	13	102.9	11	102.5	13	101.5	2
甘肃	Gansu	101.3	28	101.4	20	102.0	16	102.3	27	102.0	25	100.9	14
青海	Qinghai	101.8	14	101.5	16	102.5	1	102.5	21	102.6	9	101.3	5
宁夏	Ningxia	101.5	21	101.6	11	102.3	7	102.1	30	101.5	30	101.4	4
新疆	Xinjiang	101.4	25	102.2	2	102.0	16	101.9	31	101.5	30	101.2	7

附录7 全国及各省区市商品零售价格指数
Retail Price Indices by Provinces and Regions

(上年=100) (preceding year=100)

地区	Region	2016		2017		2018		2019		2020		2021	
		指数 Index	排位 Rank	指数 Index	排位 Rank	指数 Index	排位 Rank	指数 Index	排位 Rank	指数 Index	排位 Rank	指数 Index	排位 Rank
全国平均	**National Average**	**100.7**		**101.1**		**101.9**		**102.0**		**101.4**		**101.6**	
北京	Beijing	98.1	31	99.2	31	101.1	28	100.5	30	101.0	22	101.7	11
天津	Tianjin	100.5	23	100.8	23	101.6	17	101.7	21	101.0	22	101.5	16
河北	Hebei	101.2	5	101.4	6	102.2	7	101.8	19	101.4	15	101.9	8
山西	Shanxi	100.5	23	101.3	11	101.7	15	101.8	19	100.9	24	102.7	2
内蒙古	Inner Mongolia	100.6	21	101.2	16	101.6	17	101.5	25	100.5	31	103.8	1
辽宁	Liaoning	101.0	7	100.7	26	101.4	24	101.7	21	101.1	21	101.9	8
吉林	Jilin	101.3	2	101.4	6	102.4	5	102.1	11	100.7	28	101.8	10
黑龙江	Heilongjiang	101.1	6	99.9	30	101.1	28	102.1	11	101.5	14	101.6	12
上海	Shanghai	100.8	12	100.9	20	101.6	17	100.4	31	100.9	24	101.3	25
江苏	Jiangsu	100.8	12	101.9	2	102.6	3	102.6	3	101.8	9	102.3	3
浙江	Zhejiang	101.0	7	101.4	6	102.1	9	102.5	5	101.2	20	102.2	4
安徽	Anhui	100.8	12	101.7	4	101.9	13	101.9	15	101.6	10	101.6	12
福建	Fujian	100.7	18	100.6	27	101.5	21	101.9	15	101.3	17	101.1	30
江西	Jiangxi	100.6	21	101.0	19	101.0	30	101.9	15	101.6	10	101.2	27
山东	Shandong	101.3	2	100.8	23	102.2	7	102.2	10	102.0	6	101.4	24
河南	Henan	100.3	28	101.3	11	102.9	1	102.4	7	100.9	24	101.5	16
湖北	Hubei	100.8	12	100.3	29	101.2	26	102.6	3	102.2	4	101.2	27
湖南	Hunan	101.0	7	101.3	11	102.3	6	102.3	9	101.3	17	101.6	12
广东	Guangdong	100.8	12	101.6	5	102.1	9	101.4	27	100.8	27	101.4	20
广西	Guangxi	100.4	26	101.2	16	101.6	17	103.2	1	101.4	15	101.1	30
海南	Hainan	101.0	7	102.0	1	102.5	4	102.5	5	101.6	10	101.3	25
重庆	Chongqing	101.3	2	100.8	23	101.2	26	101.6	24	102.2	4	101.4	22
四川	Sichuan	100.8	12	100.5	28	101.4	24	102.7	2	102.7	1	101.4	23
贵州	Guizhou	100.2	30	100.9	20	101.8	14	101.7	21	101.6	10	101.2	27
云南	Yunnan	100.7	18	101.3	11	101.5	21	101.5	25	102.4	2	101.4	21
西藏	Tibet	102.1	1	101.4	6	101.5	21	102.0	13	102.0	6	101.5	16
陕西	Shaanxi	100.3	28	101.3	11	102.1	9	102.4	7	101.9	8	101.6	12
甘肃	Gansu	100.9	11	101.4	6	101.7	15	101.9	15	101.3	17	102.0	5
青海	Qinghai	100.4	26	101.2	16	102.1	9	102.0	13	102.4	2	101.5	16
宁夏	Ningxia	100.7	18	101.8	3	102.9	1	101.1	29	100.6	29	102.0	5
新疆	Xinjiang	100.5	23	100.9	20	100.9	31	101.3	28	100.6	29	102.0	5

附录8　全国和36个大中城市居民消费价格指数
Price Indices of Consumer in China and 36 Large and Medium-sized Cities

（上年=100）　　(preceding year=100)

地区	Region	2016		2017		2018		2019		2020		2021	
		指数 Index	排位 Rank	指数 Index	排位 Rank	指数 Index	排位 Rank	指数 Index	排位 Rank	指数 Index	排位 Rank	指数 Index	排位 Rank
全国平均	**National Average**	**102.2**		**101.8**		**102.2**		**102.8**		**102.1**		**101.1**	
北京	Beijing	101.4	29	101.9	14	102.5	6	102.3	31	101.7	32	101.1	18
天津	Tianjin	102.1	15	102.1	6	102.0	21	102.7	18	102.0	24	101.3	10
石家庄	Shijiazhuang	101.6	27	101.4	25	102.3	13	102.7	18	102.3	14	100.9	24
太原	Taiyuan	101.2	33	101.8	17	101.8	28	102.7	18	102.6	3	101.0	22
呼和浩特	Hohhot	101.4	29	101.4	25	102.1	19	102.6	24	102.0	24	100.9	24
沈阳	Shenyang	101.7	23	101.4	25	103.0	1	102.4	29	102.3	14	101.3	10
大连	Dalian	101.9	19	102.1	6	103.0	1	102.4	29	102.1	21	101.4	7
长春	Changchun	101.4	29	101.3	32	102.0	21	102.9	13	101.9	28	100.5	30
哈尔滨	Harbin	101.8	21	101.6	23	102.5	6	102.6	24	101.4	35	100.6	27
上海	Shanghai	103.2	1	101.7	21	101.6	33	102.5	26	101.7	32	101.2	16
南京	Nanjing	102.7	3	101.9	14	102.4	9	103.1	7	102.4	8	101.5	4
杭州	Hangzhou	102.6	6	102.5	3	102.3	13	103.1	7	102.1	21	101.3	10
宁波	Ningbo	102.1	15	101.8	17	102.2	16	103.0	10	101.9	28	102.1	1
合肥	Hefei	102.6	6	101.4	25	102.0	21	102.9	13	102.3	14	101.7	2
福州	Fuzhou	102.5	9	101.4	25	101.5	34	102.5	26	102.4	8	100.6	27
厦门	Xiamen	101.7	23	102.0	9	101.8	28	103.0	10	102.5	5	101.2	16
南昌	Nanchang	102.1	15	102.1	6	102.3	13	102.8	16	102.5	5	101.0	22
济南	Jinan	102.7	3	102.0	9	102.6	5	103.3	3	102.4	8	101.5	4
青岛	Qingdao	102.5	9	102.0	9	102.1	19	103.3	3	102.4	8	101.5	4
郑州	Zhengzhou	102.3	13	101.8	17	102.4	9	103.1	7	102.3	14	101.1	18
武汉	Wuhan	102.4	11	101.9	14	101.9	26	103.2	6	102.4	8	100.6	27
长沙	Changsha	101.9	19	101.3	32	102.0	21	102.9	13	101.8	30	101.1	18
广州	Guangzhou	102.7	3	102.3	4	102.4	9	103.0	10	102.6	3	101.1	18
深圳	Shenzhen	102.4	11	101.4	25	102.8	3	103.4	1	102.3	14	100.9	24
南宁	Nanning	101.4	29	102.3	4	102.5	6	103.4	1	102.3	14	101.4	7
海口	Haikou	103.0	2	103.3	1	102.4	9	103.3	3	101.6	34	100.5	30
重庆	Chongqing	101.8	21	101.0	34	102.0	21	102.7	18	102.3	14	100.3	35
成都	Chengdu	102.2	14	102.0	9	101.4	35	102.8	16	102.5	5	100.5	30
贵阳	Guiyang	101.1	34	101.0	34	101.7	30	102.7	18	102.4	8	100.5	30
昆明	Kunming	101.7	23	100.5	36	101.7	30	102.3	31	103.1	1	100.2	36
拉萨	Lhasa	102.6	6	101.4	25	101.1	36	102.2	33	102.0	24	100.5	30
西安	Xi'an	100.9	35	102.0	9	101.9	26	102.7	18	102.1	21	101.7	2
兰州	Lanzhou	100.8	36	101.5	24	101.7	30	102.2	33	102.0	24	101.3	10
西宁	Xining	102.1	15	101.8	17	102.7	4	102.5	26	102.7	2	101.3	10
银川	Yinchuan	101.7	23	101.7	21	102.2	16	102.2	33	101.8	30	101.4	7
乌鲁木齐	Urumqi	101.5	28	102.8	2	102.2	16	102.0	36	100.9	36	101.3	10

附录9 全国和36个大中城市商品零售价格指数

Price Indices of Retail in China and 36 Large and Medium-sized Cities

(上年=100) (preceding year=100)

地区	Region	2016		2017		2018		2019		2020		2021	
		指数 Index	排位 Rank	指数 Index	排位 Rank	指数 Index	排位 Rank	指数 Index	排位 Rank	指数 Index	排位 Rank	指数 Index	排位 Rank
全国平均	**National Average**	**100.7**		**100.9**		**101.7**		**101.6**		**101.2**		**101.6**	
北京	Beijing	98.1	36	99.2	36	101.1	29	100.5	35	101.0	20	101.7	15
天津	Tianjin	100.5	27	100.8	27	101.6	22	101.7	22	101.0	20	101.5	21
石家庄	Shijiazhuang	101.7	5	100.9	24	101.9	15	101.6	23	101.3	16	101.7	15
太原	Taiyuan	100.8	15	101.7	4	101.7	18	101.5	26	100.5	31	102.8	3
呼和浩特	Hohhot	101.1	12	101.2	16	101.6	22	101.3	29	99.9	36	105.3	1
沈阳	Shenyang	100.6	24	101.0	20	101.7	18	101.4	28	100.8	25	102.5	4
大连	Dalian	102.0	2	101.5	9	101.5	25	102.1	15	101.4	13	102.0	7
长春	Changchun	101.2	10	101.2	16	102.9	2	102.2	12	100.0	35	101.8	12
哈尔滨	Harbin	101.6	6	99.7	34	100.7	34	102.2	12	101.5	9	101.8	12
上海	Shanghai	100.8	15	100.9	24	101.6	22	100.4	36	100.9	22	101.3	28
南京	Nanjing	100.5	27	101.6	8	102.8	3	102.1	15	101.4	13	102.1	6
杭州	Hangzhou	101.5	7	101.0	20	102.0	12	103.1	1	100.9	22	101.6	18
宁波	Ningbo	101.8	4	101.1	19	102.1	11	102.3	9	100.2	34	103.3	2
合肥	Hefei	100.8	15	102.3	1	101.7	18	101.6	23	101.3	16	101.9	11
福州	Fuzhou	100.7	22	100.3	32	101.5	25	101.8	21	100.8	25	100.9	36
厦门	Xiamen	100.0	33	100.8	27	101.8	16	102.5	4	102.1	6	101.5	20
南昌	Nanchang	100.4	29	101.0	20	100.8	33	101.3	29	101.5	9	101.6	18
济南	Jinan	100.8	15	101.0	20	102.6	5	102.5	4	101.9	8	101.3	28
青岛	Qingdao	102.0	2	100.8	27	101.8	16	102.4	7	101.5	9	101.4	23
郑州	Zhengzhou	100.2	31	101.7	4	103.6	1	103.0	3	100.8	25	101.3	28
武汉	Wuhan	101.3	8	100.1	33	101.4	27	102.5	4	102.2	3	101.3	28
长沙	Changsha	100.9	13	101.4	12	102.5	6	102.2	12	100.8	25	102.0	7
广州	Guangzhou	101.2	10	102.0	2	102.2	9	100.6	34	100.6	30	101.3	28
深圳	Shenzhen	100.3	30	101.5	9	102.0	12	101.3	29	100.5	31	101.8	12
南宁	Nanning	99.8	34	100.9	24	101.1	29	103.1	1	100.9	22	101.1	34
海口	Haikou	100.9	13	101.7	4	102.4	7	102.4	7	101.3	16	101.4	23
重庆	Chongqing	101.3	8	100.8	27	101.2	28	101.6	23	102.2	3	101.4	23
成都	Chengdu	100.8	15	99.4	35	100.7	34	101.9	19	102.2	3	101.1	34
贵阳	Guiyang	99.5	35	101.4	12	102.3	8	102.3	9	101.2	19	101.7	15
昆明	Kunming	100.8	15	101.3	15	101.1	29	101.5	26	102.3	2	101.5	20
拉萨	Lhasa	102.4	1	101.2	16	101.1	29	102.3	9	102.1	6	101.4	23
西安	Xi'an	100.1	32	101.7	4	102.2	9	102.1	15	101.5	9	101.4	23
兰州	Lanzhou	100.7	22	101.8	3	101.7	18	102.0	18	101.4	13	102.0	7
西宁	Xining	100.6	24	101.4	12	102.0	12	101.9	19	102.4	1	101.3	28
银川	Yinchuan	100.8	15	101.5	9	102.7	4	101.1	33	100.5	31	102.0	7
乌鲁木齐	Urumqi	100.6	24	100.7	31	100.5	36	101.2	32	100.7	29	102.2	5

附录10　全国及各省区市工业生产者出厂价格指数(2021年)
Producer Price Indices for Industrial Products by Provinces and Regions(2021)

(上年同月=100)　　(same month of preceding year=100)

地　区	Region	全年 Annual Year	1 月 January	2 月 February	3 月 March	4 月 April	5 月 May	6 月 June	7 月 July	8 月 August	9 月 September	10 月 October	11 月 November	12 月 December
全　国	**National**	**108.1**	**100.3**	**101.7**	**104.4**	**106.8**	**109.0**	**108.8**	**109.0**	**109.5**	**110.7**	**113.5**	**112.9**	**110.3**
北　京	Beijing	101.1	98.8	99.4	99.8	101.3	101.8	101.8	101.9	101.8	101.6	101.5	102.0	102.2
天　津	Tianjin	110.9	98.8	101.7	107.8	113.8	115.0	112.7	112.3	112.7	113.5	116.9	115.5	111.6
河　北	Hebei	116.4	104.1	107.9	112.9	117.9	121.7	119.5	118.9	119.2	120.2	122.4	118.8	113.5
山　西	Shanxi	130.2	107.2	110.3	110.5	114.1	124.8	127.7	130.7	137.4	147.2	160.4	153.2	138.5
内蒙古	Inner Mongolia	128.5	107.2	107.8	110.6	117.2	125.2	127.8	129.6	135.1	141.7	158.2	146.8	134.1
辽　宁	Liaoning	113.6	101.2	104.1	110.0	112.3	115.5	115.9	116.0	116.5	116.3	118.9	120.7	116.5
吉　林	Jilin	105.1	100.9	101.5	103.3	106.2	106.9	105.8	105.0	105.9	106.2	107.3	106.8	105.8
黑龙江	Heilongjiang	112.3	94.5	100.1	108.2	115.5	119.1	115.3	115.2	114.3	114.1	118.7	120.8	114.7
上　海	Shanghai	102.1	98.3	98.8	100.4	101.7	102.6	102.8	102.5	102.7	103.2	104.2	104.2	103.6
江　苏	Jiangsu	106.3	99.9	100.8	103.1	105.4	107.2	107.3	107.4	107.7	108.2	110.2	110.4	108.7
浙　江	Zhejiang	106.3	98.9	99.9	103.3	105.6	107.2	107.2	107.5	107.7	108.2	110.2	111.0	109.2
安　徽	Anhui	107.7	101.2	102.4	104.9	106.7	108.5	109.1	108.8	108.8	109.5	111.5	111.6	109.9
福　建	Fujian	104.9	99.2	100.3	102.5	104.4	105.7	105.4	105.7	106.1	106.7	108.0	108.2	106.7
江　西	Jiangxi	110.5	102.4	104.1	108.1	111.0	113.6	112.7	111.4	111.3	112.0	114.0	113.7	111.4
山　东	Shandong	110.3	100.6	103.1	106.3	109.6	112.5	112.0	111.9	111.8	112.9	116.5	115.4	111.6
河　南	Henan	107.8	100.6	101.2	103.5	105.7	108.9	108.4	108.0	108.9	110.6	114.1	113.8	110.3
湖　北	Hubei	104.1	100.0	100.5	101.7	103.0	104.0	104.3	104.8	104.9	105.6	106.9	107.3	106.8
湖　南	Hunan	105.9	101.1	102.2	104.1	105.0	106.4	106.2	106.5	106.5	107.5	109.6	108.5	107.0
广　东	Guangdong	103.4	99.1	99.7	101.4	102.8	103.8	103.5	104.0	104.2	104.9	105.8	106.3	105.5
广　西	Guangxi	108.9	101.3	102.7	106.3	108.1	109.8	108.9	108.6	109.4	111.8	115.3	113.8	110.4
海　南	Hainan	113.5	96.2	100.7	107.4	111.8	114.0	116.0	117.1	117.4	116.7	122.4	125.0	119.8
重　庆	Chongqing	103.2	99.8	100.2	101.1	102.2	102.8	103.0	103.3	104.0	104.5	106.0	106.0	105.4
四　川	Sichuan	105.9	101.1	102.1	103.3	104.3	106.1	106.4	106.5	106.9	107.7	109.7	109.5	108.4
贵　州	Guizhou	106.5	100.4	101.1	102.5	103.8	104.6	105.7	105.8	106.8	109.1	111.8	114.7	111.7
云　南	Yunnan	110.0	100.7	103.1	105.8	108.2	109.9	110.1	110.3	110.5	113.1	118.8	116.5	113.4
西　藏	Tibet	101.5	100.1	100.2	103.6	105.3	105.5	105.2	100.8	97.1	98.6	101.3	99.7	101.3
陕　西	Shaanxi	116.9	99.7	101.9	105.5	111.4	117.5	117.0	119.6	120.5	125.9	136.0	127.6	121.4
甘　肃	Gansu	116.4	97.2	102.8	111.0	117.7	122.3	119.4	119.2	119.0	120.6	125.7	125.6	118.8
青　海	Qinghai	114.5	98.6	101.1	106.8	112.1	116.8	115.9	116.2	117.3	120.9	125.4	123.9	119.9
宁　夏	Ningxia	119.9	105.5	108.0	110.1	112.1	116.1	117.1	119.1	122.9	130.5	139.6	133.1	125.3
新　疆	Xinjiang	119.4	97.1	100.7	109.1	117.6	122.9	121.4	120.9	122.5	126.0	134.8	135.8	126.8

附录11 全国及各省区市工业生产者购进价格指数(2021年)
Purchasing Price Indices for Industrial Producers by Provinces and Regions(2021)

(上年同月=100) (same month of preceding year=100)

地区	Region	全年 Annual Year	1月 January	2月 February	3月 March	4月 April	5月 May	6月 June	7月 July	8月 August	9月 September	10月 October	11月 November	12月 December
全国	**National**	**111.0**	**100.9**	**102.4**	**105.2**	**109.0**	**112.5**	**113.1**	**113.1**	**113.6**	**114.3**	**117.1**	**117.4**	**114.2**
北京	Beijing	103.7	97.1	97.8	98.6	103.5	106.1	105.0	105.1	105.0	106.0	106.1	106.8	107.5
天津	Tianjin	114.7	102.6	104.6	109.1	116.4	121.3	120.0	118.3	118.0	116.9	118.9	118.5	113.4
河北	Hebei	119.8	104.0	107.7	111.8	117.3	123.8	124.9	124.0	123.2	125.0	128.9	127.6	119.6
山西	Shanxi	116.3	101.4	102.3	104.2	106.6	112.0	113.8	117.0	121.2	127.1	134.3	131.4	126.0
内蒙古	Inner Mongolia	128.0	106.6	109.6	111.4	116.5	124.6	126.8	128.8	130.4	136.0	151.3	151.9	141.3
辽宁	Liaoning	115.0	102.1	103.9	108.7	113.2	117.5	117.2	118.6	118.9	119.0	121.1	122.1	118.0
吉林	Jilin	106.2	102.5	103.2	105.4	106.7	108.2	106.5	106.4	106.3	106.1	107.5	108.9	107.2
黑龙江	Heilongjiang	110.5	99.8	101.8	106.4	110.9	113.4	111.2	111.3	111.2	113.2	116.1	117.7	113.7
上海	Shanghai	107.3	98.4	99.6	101.8	105.8	109.6	109.3	109.6	109.5	109.7	112.3	112.9	109.5
江苏	Jiangsu	113.8	102.1	104.1	107.7	112.0	115.8	116.8	116.8	117.4	117.7	119.2	120.3	116.6
浙江	Zhejiang	114.5	100.5	102.6	107.5	113.3	118.3	118.7	118.2	118.0	117.6	120.9	122.2	117.7
安徽	Anhui	111.5	102.6	104.0	106.8	109.9	112.8	113.9	113.8	113.6	114.0	116.4	116.8	113.9
福建	Fujian	109.2	99.9	100.9	104.2	108.2	111.5	111.8	111.8	111.2	111.4	113.4	115.0	112.0
江西	Jiangxi	112.3	101.2	103.3	106.2	108.9	111.9	113.5	113.5	114.1	114.8	118.7	122.3	118.9
山东	Shandong	109.5	100.9	102.7	106.0	109.0	111.5	111.5	111.2	111.3	111.8	113.8	113.7	111.4
河南	Henan	109.5	101.5	102.5	104.2	107.8	110.6	110.7	110.5	111.1	112.3	115.6	115.4	111.9
湖北	Hubei	108.5	100.0	100.4	102.6	105.7	108.6	109.3	109.4	111.1	110.8	113.7	115.4	115.3
湖南	Hunan	108.1	102.6	103.5	105.6	107.4	109.2	109.0	109.4	108.9	109.8	111.2	111.3	109.7
广东	Guangdong	108.0	100.2	101.2	102.4	106.0	108.8	110.6	110.2	111.5	111.6	113.1	111.6	109.4
广西	Guangxi	110.7	102.2	103.3	105.9	109.3	111.4	111.3	111.8	112.1	113.5	116.2	117.0	114.1
海南	Hainan	116.5	90.2	92.4	102.0	114.7	125.1	121.6	126.4	123.1	121.0	126.1	132.1	134.1
重庆	Chongqing	107.2	99.9	101.1	103.1	105.1	107.4	107.4	107.7	108.7	110.1	112.2	112.8	111.1
四川	Sichuan	107.5	99.8	101.0	103.3	105.1	107.9	107.8	108.0	108.8	110.3	112.7	114.1	111.9
贵州	Guizhou	112.0	101.3	102.4	105.3	108.1	111.4	111.9	113.0	113.9	115.1	118.7	121.7	121.2
云南	Yunnan	108.9	100.6	101.5	104.1	107.1	110.2	110.5	110.7	110.1	110.6	113.7	115.1	113.0
西藏	Tibet													
陕西	Shaanxi	116.3	102.2	103.2	105.3	109.2	116.2	116.8	118.1	120.5	124.8	135.1	126.1	118.4
甘肃	Gansu	118.1	99.2	103.8	110.6	118.3	122.6	118.6	118.7	119.3	121.6	129.0	131.6	126.0
青海	Qinghai	111.5	99.1	100.4	104.0	106.7	109.6	110.4	110.0	111.1	114.3	123.1	126.2	123.6
宁夏	Ningxia	120.8	98.9	103.2	109.3	115.2	120.1	121.3	123.8	126.2	129.5	136.1	137.4	131.0
新疆	Xinjiang	115.0	97.6	99.4	103.3	110.7	115.4	117.0	117.1	118.3	120.3	125.3	129.7	127.8

附录12 全国及各省区市工业生产者出厂价格指数
Producer Price Indices for Industrial Products by Provinces and Regions

(上年＝100) (preceding year=100)

地 区	Region	2015	2016	2017	2018	2019	2020	2021
全 国	**National**	**94.8**	**98.6**	**106.3**	**103.5**	**99.7**	**98.2**	**108.1**
北 京	Beijing	96.9	98.1	100.7	100.0	99.6	99.1	101.1
天 津	Tianjin	90.3	97.9	108.4	105.4	99.3	97.1	110.9
河 北	Hebei	89.1	99.9	115.0	106.2	100.2	98.5	116.4
山 西	Shanxi	87.7	96.8	119.4	106.7	99.7	96.7	130.2
内蒙古	Inner Mongolia	94.0	98.9	110.6	103.2	102.1	99.7	128.5
辽 宁	Liaoning	93.9	98.8	108.1	104.8	99.5	97.0	113.6
吉 林	Jilin	95.3	98.4	103.1	102.8	98.9	98.6	105.1
黑龙江	Heilongjiang	86.0	95.1	109.3	109.0	98.2	93.4	112.3
上 海	Shanghai	96.1	98.8	103.5	101.7	98.8	98.3	102.1
江 苏	Jiangsu	95.3	98.1	104.8	102.8	98.9	97.8	106.3
浙 江	Zhejiang	96.4	98.3	104.8	103.4	98.9	96.9	106.3
安 徽	Anhui	93.9	98.5	108.0	103.0	100.3	99.1	107.7
福 建	Fujian	97.0	99.1	104.1	102.8	100.6	98.4	104.9
江 西	Jiangxi	93.7	98.6	107.9	104.2	98.9	98.3	110.5
山 东	Shandong	95.2	98.5	105.5	103.7	99.7	98.1	110.3
河 南	Henan	95.4	99.0	106.8	103.6	100.2	99.2	107.8
湖 北	Hubei	96.7	99.0	105.6	104.2	100.2	99.1	104.1
湖 南	Hunan	96.3	98.9	105.8	103.2	99.6	99.0	105.9
广 东	Guangdong	96.8	99.4	103.3	101.8	100.2	99.0	103.4
广 西	Guangxi	97.0	99.1	107.6	103.2	99.3	99.4	108.9
海 南	Hainan	89.8	96.0	108.8	108.2	97.4	93.8	113.5
重 庆	Chongqing	97.2	98.6	104.1	102.1	99.8	99.1	103.2
四 川	Sichuan	96.4	98.9	106.5	103.6	100.4	98.8	105.9
贵 州	Guizhou	96.1	97.9	107.2	101.8	99.8	98.3	106.5
云 南	Yunnan	94.9	97.6	105.2	102.4	100.0	98.6	110.0
西 藏	Tibet	93.2	102.9	110.0	100.1	98.9	99.4	101.5
陕 西	Shaanxi	90.8	97.6	110.8	105.4	100.8	95.1	116.9
甘 肃	Gansu	87.0	94.9	114.5	109.5	98.3	93.9	116.4
青 海	Qinghai	93.1	98.5	116.7	104.8	98.5	96.6	114.5
宁 夏	Ningxia	93.7	99.1	112.1	107.3	99.4	96.9	119.9
新 疆	Xinjiang	82.4	94.5	113.7	111.2	98.5	91.6	119.4

附录13 全国及各省区市粮食作物播种面积、总产量
Sown Area and Total Output of Grain Crops by Provinces and Regions

单位：千公顷、万吨 (1000 hectares, 10000 tons)

地区	Region	粮食播种面积 Sown Area of Grain Crop				粮食总产量 Total Output of Grain Crop			
		2020	2021	2021年比2020年增长 Increase Rate in 2021 over 2020		2020	2021	2021年比2020年增长 Increase Rate in 2021 over 2020	
				绝对数 Value	%			绝对数 Value	%
全　国	**National**	**116768.0**	**117631.5**	**863.5**	**0.7**	**66949.0**	**68285.1**	**1336.1**	**2.0**
北　京	Beijing	49.0	60.9	11.9	24.3	31.0	37.8	6.8	21.9
天　津	Tianjin	350.0	373.5	23.5	6.7	228.0	249.9	21.9	9.6
河　北	Hebei	6389.0	6428.6	39.6	0.6	3796.0	3825.1	29.1	0.8
山　西	Shanxi	3130.0	3138.1	8.1	0.3	1424.0	1421.2	-2.8	-0.2
内蒙古	Inner Mongolia	6833.0	6884.3	51.3	0.8	3664.0	3840.3	176.3	4.8
辽　宁	Liaoning	3527.0	3543.6	16.6	0.5	2339.0	2538.7	199.7	8.5
吉　林	Jilin	5682.0	5721.3	39.3	0.7	3803.0	4039.2	236.2	6.2
黑龙江	Heilongjiang	14438.0	14551.3	113.3	0.8	7541.0	7867.7	326.7	4.3
上　海	Shanghai	114.0	117.4	3.4	3.0	91.0	94.0	3.0	3.3
江　苏	Jiangsu	5406.0	5427.5	21.5	0.4	3729.0	3746.1	17.1	0.5
浙　江	Zhejiang	993.0	1006.7	13.7	1.4	606.0	620.9	14.9	2.5
安　徽	Anhui	7290.0	7309.6	19.6	0.3	4019.0	4087.6	68.6	1.7
福　建	Fujian	834.0	835.1	1.1	0.1	502.0	506.4	4.4	0.9
江　西	Jiangxi	3772.0	3772.8	0.8	0.0	2164.0	2192.3	28.3	1.3
山　东	Shandong	8282.0	8355.1	73.1	0.9	5447.0	5500.7	53.7	1.0
河　南	Henan	10739.0	10772.3	33.3	0.3	6826.0	6544.2	-281.8	-4.1
湖　北	Hubei	4645.0	4686.0	41.0	0.9	2727.0	2764.3	37.3	1.4
湖　南	Hunan	4755.0	4758.4	3.4	0.1	3015.0	3074.4	59.4	2.0
广　东	Guangdong	2205.0	2213.0	8.0	0.4	1268.0	1279.9	11.9	0.9
广　西	Guangxi	2806.0	2822.9	16.9	0.6	1370.0	1386.5	16.5	1.2
海　南	Hainan	271.0	271.4	0.4	0.1	145.0	146.0	1.0	0.7
重　庆	Chongqing	2003.0	2013.2	10.2	0.5	1081.0	1092.8	11.8	1.1
四　川	Sichuan	6313.0	6357.7	44.7	0.7	3527.0	3582.1	55.1	1.6
贵　州	Guizhou	2754.0	2787.7	33.7	1.2	1058.0	1094.9	36.9	3.5
云　南	Yunnan	4167.0	4191.4	24.4	0.6	1896.0	1930.3	34.3	1.8
西　藏	Tibet	182.0	187.2	5.2	2.9	103.0	106.5	3.5	3.4
陕　西	Shaanxi	3001.0	3004.3	3.3	0.1	1275.0	1270.4	-4.6	-0.4
甘　肃	Gansu	2638.0	2676.8	38.8	1.5	1202.0	1231.5	29.5	2.5
青　海	Qinghai	290.0	302.4	12.4	4.3	107.0	109.1	2.1	2.0
宁　夏	Ningxia	679.0	689.3	10.3	1.5	380.0	368.4	-11.6	-3.1
新　疆	Xinjiang	2230.0	2371.7	141.7	6.4	1583.0	1735.8	152.8	9.7
湖北居全国位次	**Order of Precedence of Hubei in the Country**	**11**	**11**			**11**	**11**		

附录14 全国及各省区市粮食单位面积产量

Output of Grain Crop per Hectare by Provinces and Regions

单位：公斤/公顷 (kg/hectare)

地区	Region	粮食单位面积产量 Output of Grain Crop per Hectare		
		2020	2021	2021年比2020年增长 Increase Rate in 2021 over 2020(%)
全国	**National**	**5734.00**	**5805.00**	**1.2**
北京	Beijing	6244.00	6196.80	-0.8
天津	Tianjin	6516.00	6690.30	2.7
河北	Hebei	5941.00	5950.10	0.2
山西	Shanxi	4550.00	4529.10	-0.5
内蒙古	Inner Mongolia	5362.00	5578.30	4.0
辽宁	Liaoning	6631.00	7164.40	8.0
吉林	Jilin	6694.00	7060.10	5.5
黑龙江	Heilongjiang	5223.00	5406.90	3.5
上海	Shanghai	8003.00	8004.70	0.0
江苏	Jiangsu	6898.00	6902.00	0.1
浙江	Zhejiang	6097.00	6167.60	1.2
安徽	Anhui	5514.00	5592.00	1.4
福建	Fujian	6020.00	6064.00	0.7
江西	Jiangxi	5736.00	5810.80	1.3
山东	Shandong	6577.00	6583.70	0.1
河南	Henan	6356.00	6075.00	-4.4
湖北	Hubei	5871.00	5899.10	0.5
湖南	Hunan	6341.00	6461.00	1.9
广东	Guangdong	5749.00	5783.30	0.6
广西	Guangxi	4882.00	4911.70	0.6
海南	Hainan	5373.00	5379.80	0.1
重庆	Chongqing	5399.00	5428.40	0.5
四川	Sichuan	5588.00	5634.30	0.8
贵州	Guizhou	3840.00	3927.50	2.3
云南	Yunnan	4549.00	4605.40	1.2
西藏	Tibet	5648.00	5688.00	0.7
陕西	Shaanxi	4248.00	4228.70	-0.5
甘肃	Gansu	4557.00	4600.60	1.0
青海	Qinghai	3704.00	3607.40	-2.6
宁夏	Ningxia	5602.00	5345.20	-4.6
新疆	Xinjiang	7100.00	7318.90	3.1
湖北居全国位次	**Order of Precedence of Hubei in the Country**	**14**	**14**	

附录15 全国及各省区市农产品生产价格指数
Producers Price Indices for Farm Products by Provinces and Regions

地区	Region	农产品生产价格总指数 Producers Price Indices for Farm Products	种植业产品 Planting Products	林业产品 Forestry Products	畜牧业产品 Animal Husbandry Products	渔业产品 Fishery Products
全国	**National**	**97.8**	**110.6**	**102.4**	**82.1**	**108.8**
北京	Beijing	98.2	104.7		90.3	109.5
天津	Tianjin	109.8	118.3		93.2	120.3
河北	Hebei	108.1	111.0	108.6	100.9	132.1
山西	Shanxi	104.8	111.2	60.0	94.5	96.5
内蒙古	Inner Mongolia	107.6	116.3	98.9	98.8	109.6
辽宁	Liaoning	105.1	113.0	105.4	95.0	108.1
吉林	Jilin	109.3	117.8	101.0	83.7	98.4
黑龙江	Heilongjiang	111.1	117.3	99.4	79.2	109.6
上海	Shanghai	104.4	108.3	100.7	87.9	109.0
江苏	Jiangsu	100.3	106.5	100.8	88.6	105.8
浙江	Zhejiang	99.3	105.5	101.9	73.9	102.9
安徽	Anhui	101.3	107.6	102.2	83.7	109.2
福建	Fujian	104.5	101.9	115.2	85.7	116.4
江西	Jiangxi	96.1	102.1	104.7	77.4	110.6
山东	Shandong	104.2	110.7	101.5	89.5	110.7
河南	Henan	98.0	108.8	114.5	81.0	111.6
湖北	Hubei	101.0	108.8	101.4	76.7	120.4
湖南	Hunan	90.1	101.3	99.5	74.3	112.3
广东	Guangdong	98.8	100.8	109.3	88.2	105.0
广西	Guangxi	94.9	103.3	104.2	78.3	105.6
海南	Hainan	106.3	114.6	104.6	87.7	108.5
重庆	Chongqing	98.4	105.0	100.0	83.3	122.2
四川	Sichuan	94.3	104.6	102.3	83.7	110.0
贵州	Guizhou	86.4	106.1	101.0	71.4	99.9
云南	Yunnan	96.8	105.1	118.4	80.3	108.6
西藏	Tibet					
陕西	Shaanxi	99.3	103.8	90.4	90.9	113.4
甘肃	Gansu	101.9	105.9	100.0	93.2	100.3
青海	Qinghai	104.1	111.9		91.6	108.7
宁夏	Ningxia	106.5	111.6		100.2	118.6
新疆	Xinjiang	114.2	117.8	110.2	104.3	117.2